Warum der Kaiser von China gelbe Hosenträger trug,

oder warum Tatsachen wichtiger sind als Erklärungen ...

W0073468

Warum der Kaiser von China gelbe Hosenträger trug,

oder warum Tatsachen
wichtiger sind als Erklärungen ...

... erklärt von
Hans Jakob Beranek

Ein Psychologiebuch für Besserwisser

Novitäten & Raritäten

NORA

ISBN 978-3-86557-249-3

2. überarbeitete und ergänzte Neuausgabe
© NORA Verlagsgemeinschaft Dyck & Westerheide (2011)
Torstr. 145, 10119 Berlin
Tel.: 0 30 20 45 49 90 Fax: 0 30 20 45 49 91
E-mail: kontakt@nora-verlag.de
Web: www.nora-verlag.de
Alle Rechte vorbehalten
Satz und Layout: Buch-Werkstatt GmbH, Bad Aibling
Druck: GGP media on demand, Pößneck
Printed in Germany

Inhaltsverzeichnis

3. Kapitel: Wege zur Befreiung

Ich widme dieses Buch meiner wunderbaren Frau Renate.
Durch ihren Beistand ist es mir leichter gelungen,
mein Leben endlich in ruhigere Bahnen zu lenken.
Weiterhin danke ich neben meinen großartigen Eltern
allen anderen Mitmenschen, die in der Lage waren,
mich in irgendeiner Weise an- und aufzuregen,
denn so konnte ich durch sie vieles erkennen.

Ganz grundsätzlich danke ich vor allem Gott,
der mich wunschgemäß durch meine Eltern
auf diesem Planeten erscheinen ließ,
damit ich mich hier in völliger Freiheit
mit Hilfe meiner Mitmenschen
noch einmal selbst erschaffen kann,
um dadurch zu erfahren, dass auch ich Gott bin.
Genau wie Sie.
(Jetzt sind Sie aber erschrocken, nicht wahr?)

Einleitung

Wer denkt, bleibt dumm.

(Ibn el Arabi)

Nun: Warum also trug der Kaiser von China gelbe Hosenträger?
Neueste archäologische Befunde brachten es jetzt an den Tag:
Damit ihm seine Hose nicht runter rutscht.

Ohne Einsicht in den Zusammenhang von Hose und Hosenträger und der entsprechenden Anwendung wäre der gelbe Kaiser
vom gelben China schnell dumm da gestanden, wenn er mal von
seinem gelben Thron aufgestanden wäre. Die entstehende Pein-
lichkeit wäre vermutlich etwas milder ausgefallen, falls er wenigstens eine adrette Unterhose getragen hat oder zumindest im Besitz
eines tollen Pimmels war, wäre für einen Kaiser von China aber
trotzdem nicht wirklich ein echter Hit gewesen. Sitzen zu bleiben
und zu warten, bis alle heimgegangen sind oder bis es endlich finster wird, wäre auch heutzutage noch hinderlich, ebenso, wenn er
seine Hose andauernd festhalten hätte müssen: Wie sollte er denn
da seine gelbe Kaiserin in seine gelben Arme nehmen? Das wäre ja
ein schönes Bild gewesen.

Es ist wohl ratsam, Tatsachen (etwa rutschende Hosen) und
wichtige Zusammenhänge zwischen Tatsachen (Hosen *und* rutschende Hosen festhaltende Hosenträger) anzuerkennen und sie
klug zum eigenen *und* anderer Leute Nutzen anzuwenden.

In meinem bis Ende der Neunzigerjahre auf oft unangenehme
Weise turbulenten Leben hatte ich mir wiederholt große Probleme geschaffen, eben weil ich Tatsachen nicht unterschieden hatte

von meinen mitunter skurrilen Erklärungen dazu. Ich hielt sogar – wohl aus unbewusster Solidarität zu meinen diesbezüglich sehr ähnlich gearteten Mitmenschen – meine Erklärungen für Tatsachen. Unvermeidlich auftretende Zweifel versuchte ich zu unterdrücken, wodurch ich die Dauer meiner Misserfolge und Schwierigkeiten meist deutlich verlängerte.

Tatsachen zu ignorieren führt *notwendig* zu unangenehmen Folgen, damit man diesen krassen Fehler erkennt und korrigiert. Seit ich durch viele schmerzliche Erfahrungen, dem natürlichen Ergebnis von Dummheit, den Unterschied zwischen Theorie und Praxis – genauer: zwischen *Denken* und *Wirklichkeit* – kennen und zunehmend akzeptieren lernte, bin ich jetzt wenigstens in der Lage, auftretende Probleme schneller zu erfassen und meist recht ökonomisch zu lösen. Probleme lassen sich, rechtzeitig angepackt, einfach und gewöhnlich ohne viel Energieverschwendung erledigen – vorzugsweise durch ruhiges, klares Entscheiden, sowie folgendem konsequentem Handeln; dass ruhiges und klares Entscheiden »richtiger« ist erkennen Sie daran, dass nach einer klaren Entscheidung *sofort alles* leichter und einfacher wird, dass Sie sich *sofort* besser fühlen, noch ehe Sie überhaupt etwas getan haben – und dass auch bald wieder angenehme Überraschungen auftreten. Bedauerlicherweise klappt das bei mir nicht reibungslos, denn ich bin gelegentlich etwas wankelmütig. Ganz im Gegensatz zu Ihnen selbstverständlich.

Eines ist jedenfalls sicher: *Wenn eine Angelegenheit kompliziert, schwierig und störanfällig ist, können Sie getrost davon ausgehen, dass der Wurm drin ist.*

Sie sollten akzeptieren, dass Erklärungen mit der Wirklichkeit *überhaupt nichts* zu tun haben, besonders, wenn es sich um ganz genaue Erklärungen handelt. Erklärungen sind quasi das direkte Gegenteil von Wirklichkeit: Es handelt sich dabei nämlich um Gedankenkonstruktionen. Und sogar Sie tun meist etwas völlig anderes, als Sie denken zu tun – und haben danach sofort mindestens eine überzeugende Erklärung parat, dass Sie trotzdem richtig liegen, obwohl die Sache am Ende nicht funktioniert hat. Genau wie ein Politiker. Schauen Sie *ruhig* nach.

Erklärungen, Behauptungen, Theorien, Glaubenssätze usw., egal, wie wissenschaftlich sie sich anhören, haben also den immensen Nachteil, dass sie falsch sind – falsch in dem Sinn, dass sie nicht funktionieren, wenn Sie damit essentielle Probleme lösen und ein gutes Leben führen wollen, denn sie stellen Ansichten des jeweiligen Betrachters dar. Wahr im Sinne von »wirklich« sind beobachtbare Tatsachen und Zusammenhänge zwischen ihnen, *die aber nichts über Ursache und Wirkung aussagen, wie so oft behauptet wird, sondern eben nur darüber, dass es Zusammenhänge gibt.*

Über Tatsachen kann man nicht mehr debattieren. Man kann sie entweder korrekt wahrnehmen oder ignorieren und sich stattdessen etwas einbilden. Letzteres führt allerdings zu unangenehmen Konsequenzen, beispielsweise derjenigen, dass Ihr Leben nicht richtig funktioniert. Das wird dann ebenfalls eine beobachtbare Tatsache sein. Aber Sie können hinterher sicher gut erklären, warum es wieder einmal nicht geklappt hat.

Abgesehen von den wichtigsten Lehrern in meinem Leben, nämlich meinen Eltern, hatte und habe ich noch jede Menge weiterer Lehrer zur Verfügung, oft meine Frau, die mir helfen, das nachzulernen, was ich von den ersten Lehrern, meinen Eltern eben, bis jetzt noch nicht richtig gelernt habe. Ich erkenne diese »Nachhilfelehrer« schnell daran, dass ich *mit ihrer Hilfe* in Schwierigkeiten gerate, weil sie mich in Aufregung versetzen können: Ich werde mit ihnen ärgerlich und ungeduldig – bei ganz speziellen Lehrern oft sogar wütend. (Wut ist übrigens eine der vielen Erscheinungsform von Angst, weil sie meistens ausgelöst wird durch das Gefühl, eingeschränkt zu werden.) Dann erinnere ich mich aufgrund meiner Übung wieder daran, dass *ich* hier etwas zu lernen habe, nicht diese Lehrer. Das hilft mir, am richtigen Ort zu korrigieren – bei mir selbst – statt meine jeweiligen Lehrer belehren oder in anderer Weise verändern zu wollen. Wer seine Lehrer belehren will, der demonstriert eigene Dummheit und lernt selber nichts.

Genau genommen gibt es aber nichts Wesentliches zu lernen! Lernen ist nur was für den Verstand. *Es geht darum, sich wieder an das Wesentliche zu erinnern,* es also innen, in sich selber und damit *gleichzeitig in der Welt* zu erkennen und es mit anderen Lebewesen zu kommunizieren. Wer das kann, der macht alles richtig. Das bedeutet, dass alles funktioniert, was er anpackt. *Allerdings weiß er auch gut, was er besser nicht anpackt.*

Ich möchte hier meinen (leider gelegentlich weniger) geliebten Mitmenschen neu gewonnene Einsichten über das Wesentliche im Leben auf diesem Planeten und Verfahrensweisen der Annäherung daran mitteilen, damit diejenigen, die bereit sind, wieder *genau* zu schauen, ebenfalls ihren Nutzen daraus ziehen. Und ich will hier ganz grundsätzliche Probleme der Menschwerdung skizzieren, damit Sie sich nicht irrtümlich einbilden, dass Sie der einzige Trottel auf diesem Planeten sind. (Was, Sie sind gar kein Trottel, sondern nur von Trotteln umgeben und der einzige, der hier wirklich durchblickt? Gratuliere! Werfen Sie dieses Buch sofort weg und gründen Sie eine Sekte.) Mein Anliegen ist es auch, einfache Mittel anzubieten, damit für jeden, der sich entschieden hat, nicht weiterhin Recht haben zu wollen, unnötige Irrtümer und deren unangenehme Folgen vermeidbar werden.

Beachten Sie dabei: *Einfach ist zunächst nicht immer leicht!*

Sie sollten vorerst noch davon ausgehen, dass Sie keine echte Ahnung haben, was überhaupt los ist und wovon hier die Rede sein soll. Die ganze Sache ist nämlich verzwickter, als Sie sich derzeit wahrscheinlich vorstellen können.

Ich werde die Wörter »lernen« und »programmieren« meist als gleichbedeutend verwenden, womit Sie bereits eine erste Ahnung davon bekommen, dass ich Ihnen noch eine weitere Alternative vorschlage, nämlich *erkennen.* Erkenntnis ist jenseits aller Arten von Lernen und Programmierung. Damit könnten Sie selber zum Chef all Ihrer Programme werden, anstatt ein nur cleverer Bio-Roboter zu bleiben, und Sie kämen in die Lage, sich eigene Programme zu basteln, wenn die bisherigen nicht mehr funktionieren. Programme sind zwar lebensnotwendig auf unserem Planeten, aber wir sollten damit zumindest angemessen handeln können, anstatt weiterhin automatisch wie in längst vergangenen Situationen zu *re*-agieren, in denen wir noch abhängig, bedürftig und dem Mutterprinzip unterworfen waren, weil wir dabei die Gegenwart nicht mehr sehen, wie sie jetzt ist, *sondern weil wir uns nur noch unbewusst erinnern, anstatt immer wieder genau zu schauen.*

Ich hoffe, dass Sie mir meine unverkennbare Neigung zu Wiederholungen nachsehen. Mit dieser Methode ist jedoch nicht die alte

Idee des Einbläuens verbunden, sondern die Absicht, gewisse Zusammenhänge zu wiederholen und aus unterschiedlichen Sichtweisen darzustellen, damit sie sich mit der Zeit bei Ihnen einprägen. Ich will Ihnen nichts einbläuen, sondern Sie nur beharrlich indoktrinieren (von lat. doctrina: Lehre, Grundsatz), um Sie in Richtung Selbstprogrammierung zu programmieren.

Ebenfalls bitte ich Sie, mir freundlich nachzusehen, dass ich Sie ab dem ersten Kapitel mit »du« anreden werde. Ich habe dafür meine Gründe.

Kolbermoor, im August 2010

Eine etwas längere Vorbemerkung:

Es gibt hier Irdische und Außerirdische, oder »Der Planet der Affen«.

Nichts ist so offensichtlich wie das,
was man verbergen will.
(JAPANISCH)

In den Sechzigerjahren kam ein Film raus mit dem Titel »Planet der Affen«. (O Gott, ist das ein Deutsch: »Ein Film kam raus«. Aus wem kam der denn raus? – Ach was, scheiß' drauf.) Charlton Heston spielte darin einen Astronauten, der auf einem Planeten notlanden musste und anfangs überhaupt keine Ahnung hatte, wo er nun war. Ehe er das herausfand – es war die gute alte Erde nach einem Atomkrieg – wurde er von zivilisierten sprechenden Affen gefangen genommen. Es gab zwar auch Menschen, aber die konnten nicht sprechen und wurden von den jetzt herrschenden Affen eher als eine Art von Wild angesehen, das man jagte oder vielleicht bei entsprechender Eignung als Sklaven verwendete.

Der Film stellt die Sachlage auf unserem Planeten recht anschaulich dar: Hier herrschen nach wie vor die Gesetze der Affen. Wer da als Mensch erscheint, der lebt gefährlich: Sobald die Affen das nämlich bemerken, wird er zum Verstummen gebracht oder gar getötet. Genau wie in diesem Film. Nur wenn er vor den Affen weiter Angst hat und sprachlos bleibt, kann er wenigstens überleben, wenn auch unter recht unangenehmen Umständen.

Aber auf diese Weise bleibt dieser Mensch selber nur ein nackter Affe, wie Desmond Morris ihn bezeichnet hat, und steht in der

Hierarchie weit unten. Er ist daher wie ein Kind diesen Mächten ausgeliefert und machtlos und führt eher ein Hundeleben. Da ist das Leben eines Oberaffen zweifelsohne deutlich angenehmer.

Hier existiert also eine Lebensform, die mehrheitlich zwar als nackter Affe erscheint, aber trotzdem über eine Besonderheit verfügt, wodurch sie sich von all den anderen Lebensformen unterscheidet: Sie verfügt *eigentlich* über einen freien Willen.

Das soll bedeuten: Diese nackten Affen *könnten* frei wählen, wenn sie erkennen würden, dass sie bisher eine Art von Bio-Roboter sind und nur nach ihren Programmen funktionieren; dann würden sie nämlich lernen, sogar ihre Säugetier-Programme, wo nötig, zu überwinden.

Wie dir sicher aufgefallen ist, wird ein freier Wille von dieser erwähnten Lebensform selbst meist stark bestritten und durch ihre schlauen Wissenschaftler sogar als falsch bewiesen. Das gelingt ihnen deswegen, weil die bei ihren diversen Forschungen Körper und Geist auf völlig verkehrte Weise miteinander verbinden: Geistige Prozesse werden von ihnen als Folgen von Nervenprozessen angesehen, anstatt umgekehrt. Der Geist wirkt aber auf die Materie ein. Er formt sie, er »informiert« und er »transformiert« sie. *Materie erzeugt nie geistige Prozesse, sondern bringt sie zum Ausdruck.* Zusätzlich wird von diesen Forschern angenommen, dass Geist, den sie gewöhnlich mit dem Verstand verwechseln, zeitlich linear funktionieren würde, dass also ein geistiger Impuls *nach* dem anderen auftreten würde.

Richtig: Wir nehmen diese Prozesse des Verstandes – wenn überhaupt – als nackte Affen zwar auf einer gewissen Ebene nacheinander wahr, weil wir ein materielles Nervensystem haben und daher auch »in der Zeit« sind. Unser wahres Wesen ist jedoch *der totale Geist jenseits von Zeit und Raum,* und nicht unser Verstand. Der ist nämlich Teil des Problems. (Das ist bis jetzt einfach eine weitere Behauptung, die es noch zu überprüfen gilt. Glaub's erstmal.)

Aufgrund ihrer Programmierungen und ihrer *natürlichen* aggressiven Art ist diese Spezies jedenfalls Herr über all die anderen Lebensformen auf diesem schönen Planeten geworden – bedauerlicherweise, könnte man sagen, wenn man auf das bisherige Ergebnis schaut. Sie ist nicht mehr nur ein Geschöpf der Mutter Natur und von ihr durch die Evolution programmiert, sondern hat sich von dieser Mutter abgetrennt und wäre bereits fähig zur Selbstprogrammierung.

Die kleinen nackten Äffchen werden gleich ab der Geburt im Lauf von fünf bis sechs Jahren noch fertig programmiert, gewöhnlich durch ihre zuständigen »Alpha-Tiere«, damit sie gut an ihre jeweilige Umgebung angepasst sind, die ja nicht mehr natürlich ist, sondern »kultiviert«. Diese notwendige Nach-Programmierung geschieht in den wichtigsten Bereichen meist unbewusst und sie unterliegt daher sehr selten einer wirklichen Kontrolle, denn die Programmierer sind selber programmiert.

Würden die nackten Affen jedoch durch eine Art Wunder später in die Lage versetzt, diesen Sachverhalt zu erkennen, könnten sie sich allmählich *bewusst und gezielt selber programmieren und so mit der Zeit zu dem Punkt gelangen, an dem der Sprung zum Außerirdischen gelingen kann.* Bis dahin aber bleiben sie, genau wie alle anderen Lebensformen auf diesem Planeten, programmierte Bio-Roboter, die von der Mutter Natur vorprogrammiert wurden und die anschließend durch hypnotisierende Einflüsse fertigprogrammiert werden, damit sie dort, wo sie zunächst überleben

17

müssen, auch halbwegs gut überleben können. Dieser zusätzliche Teil ihrer Programmierung wird in einer grandiosen Selbstüberschätzung beispielsweise Erziehung, Bildung oder Sozialisierung genannt. Dabei sind die erwachsenen nackten Affen in der Praxis etwa so sozial wie die Mitglieder einer Schimpansenhorde, damit *die Horde insgesamt* bessere Überlebenschancen hat. Bei günstiger Gelegenheit tricksen sie einander aber auch aus wie Schimpansen – und sie »lausen« sich gegenseitig, damit der Zusammenhalt trotzdem gewahrt bleibt:

»Hallo Maria! Wie geht's dir denn so?« (Das sind jetzt zwei Lauseinheiten.)

»Danke, geht schon. Und wie geht's dir?« (Zwei Lauseinheiten zurück – passt.)

Sagt sie jedoch nur »danke, geht schon«, dann fehlt eine Lauseinheit und schon kommt es zu Irritationen: »Was hat sie denn heute? Ist sie etwa sauer auf mich?«

Durch ihre Programmierungen bleiben die nackten Affen derzeit ein Zwischenstadium zum wirklichen Menschen, wie eine Art von Larve: Einerseits sind sie wie Tiere, aber eben nicht mehr wie richtige Tiere, andererseits sind sie seit einigen tausend Jahren bereits mit allen Anlagen für die nächste Stufe ihrer Evolution zum Außerirdischen ausgestattet, allerdings ohne dass sie das bisher realisieren würden. Gelegentlich dämmert es ihnen zwar in gewissen außerordentlichen Situationen, was sie aber meist bald wieder vergessen oder verdrängen oder weg erklären.

Die Transformation zum Außerirdischen wird jedoch nicht mehr automatisch durch die Mutter Natur vorangebracht. Sie muss durch die Larven selbst erfolgen. Darin besteht ihre Freiheit.

Die nackten Affen sind auf diesem Planeten in der überwiegenden Mehrheit. Sie sind die Irdischen, also die nicht manifestierten Außerirdischen, die Larven. Sie sind diejenigen, die noch fast komplett affenartig sind, sich jedoch genau deshalb als überaus menschlich und überlegen vorkommen, weil sie symbolisch kommunizieren können und eine hoch entwickelte Technologie haben, mit der sie sich derzeit eher selber umzubringen scheinen. Einen Außerirdischen würden sie grundsätzlich als Bedrohung ansehen, falls sie ihn überhaupt erkennen.

Zuständig für die Irdischen wäre eigentlich der »Alienist« (von englisch »fremd, fremdartig«, zu Deutsch: Irrenarzt). Leider sind fast alle von denen selber Irdische und sie können daher nicht helfen, deren grundsätzliches Problem zu lösen. Sie erkennen es nicht einmal und so verschlimmern sie es meist erheblich. Aber sogar das kann unter gewissen Umständen nützlich sein. Jedenfalls sind Irrenärzte in der Regel die Art von Irdischen, die deutlich zeigt, worum es geht: Um soziale Kontrolle.

Ich will die Affenartigen des Weiteren möglichst nicht zu oft als Affen, sondern als Irdische bezeichnen, denn ich habe durch gewisse Erlebnisse ihre enorme narzisstische Kränkbarkeit respektieren gelernt. Und ich möchte vermeiden, dass du denkst, ich bilde mir ein, selber bereits ein verwirklichter Außerirdischer zu sein. Aber ich glaube, dass ich wenigstens das Problem erfasst habe und mich deshalb selbst einigermaßen realistisch einordnen kann.

Irdische sind gefährlich, denn sie sind *komplett* wahnsinnig: Sie sind zutiefst überzeugt, dass sie von allem Leben und der übrigen Welt völlig abgetrennte Wesen seien. Sie verhalten sich wie Roboter, die um jeden Preis überleben wollen, aber andauernd befürchten, dass ihnen doch noch eines Tages der Sprit ausgeht und sie sterben müssen, denn Sterben betrachten sie als völlige Vernichtung und sie fürchten sich daher enorm davor. Am liebsten wollen sie sich damit überhaupt nicht befassen, sondern ewig jung bleiben. Für ein jugendliches Aussehen ihres Körpers wenden sie viel Geld und sonstige Energie auf.

Angst ist überhaupt die Basis ihrer vielen Programme. Sie ist eigentlich das Hauptprogramm, das sie selber erzeugt haben durch ihre erfundenen Einschränkungen und auf dem die übrigen Programme weiter installiert werden.

Irdische bilden sich beispielsweise ein, dass ihnen etwas Lebenswichtiges fehlen würde und dass sie sich das von anderen Irdischen oder von sonstigen äußeren Tankstellen besorgen müssen, damit sie nicht wieder absterben. Sie roboten selbst als biologisch voll ausgereifte Irdische weiter mit der Überzeugung durch ihre Roboterwelt, dass sie sogar nach ihrer Reifung weiter abhängig wie Säuglinge wären – und sie sind überzeugt, dass all diese anderen Roboter genauso sind wie sie und daher ihre Mängel ebenfalls dadurch beseitigen wollen, indem sie durch allerlei raffinierte Methoden Kontrolle über jedes Wesen in ihrer Umgebung zu gewinnen suchen, von dem sie sich eine Art von Nahrung erhoffen.

Natürlich fürchten sie sich mit einer derartigen Überzeugung, wollen sich dauernd absichern und bekämpfen aus diesem Grund alles und jeden, von dem sie sich in irgendeiner Weise bedroht fühlen. Besonders gründlich bekämpfen sie Außerirdische, falls sie einen entdecken, weil der vielleicht nicht aufgepasst hat oder weil er sich aus Liebe zu den Noch-Irdischen als Außerirdischer zeigte, denn die Irdischen sind ja nur schlafende Außerirdische, die sich noch nicht durch eine Art Metamorphose wieder zum Außerirdischen zurückverwandelt haben. Sie werden daher von den Außerirdischen »trotzdem« geliebt.

Irdische fühlen sich von allem bedroht, was sich nicht kontrollieren lässt. Außerirdische sind grundsätzlich nicht kontrollierbar, weil sie absolut frei sind; sie wirken auf Irdische deswegen sehr bedrohlich. Irdische fürchten sich vor jeder Erscheinung, die nicht ist wie sie, also nicht berechenbar wie eine Maschine. Sie fühlen sich fast dauernd von irgendetwas bedroht – selbst von ihrem eigenen Roboterkörper und im Schlaf von ihren eigenen Träumen.

Besonders vor Lebewesen fürchten sie sich, denn die sind anders als Maschinen: Leben ist überraschend und nicht wirklich berechenbar, obwohl Irdische sich das vehement einbilden. Daher wollen sie jedes Lebewesen möglichst schnell berechenbar machen. Die Verfahren, die sie anwenden, werden von ihnen – je nach Lebewesen – Dressur, bzw. Erziehung, Bildung und in gewissen Fällen sogar Psychotherapie genannt.

Irdische hassen Überraschung, wie der Teufel das Weihwasser. Sie wollen daher Kontrolle, indem sie Macht über ihre (fantasierte) Außenwelt anstreben, ganz besonders über diejenigen Lebewesen, von denen sie sich abhängig fühlen. Sie sind überzeugt, dass es eine von ihnen unabhängige Außenwelt tatsächlich geben würde. Ihrem Wahn entsprechend gehört sogar ihr eigener Körper zu dieser Außenwelt, obwohl sie sich andererseits völlig mit ihm identifiziert haben; sie wollen ihn daher ebenfalls beherrschen und kontrollieren. Auch hierbei scheitern Irdische meist grandios, bringen es damit zwar zu oft erstaunlichen sportlichen Leistungen, hören aber nicht auf mit diesem Unsinn, obwohl sie ihre biologische Maschine damit stark stören (»krank machen«). Sie glauben inbrünstig an

Abgetrenntheit und lebensgefährlichen Mangel, denn sie sind in ihren ersten Lebensjahren auf eine Weise programmiert worden, dass sie sogar überzeugt sind, grundsätzlich nicht okay, sondern irgendwie schuldig zu sein. (Franz Kafka hat die Wirkung solcher Programme auf eine oft beklemmende Weise genau beschrieben.) Wer jedoch schuldig ist, dem wird von den guten Irdischen zur Strafe der Sprit abgedreht – es sei denn, er kann klar beweisen, dass ein anderer schuldig ist. Dann wird natürlich dem der Sprit abgedreht und darüber ist der Unschuldige äußerst erleichtert, weil er jetzt wieder gelaust wird.

Irdische glauben inbrünstig an Ungerechtigkeit und an das Böse auf dieser Welt und wollen beides beseitigen. Sie haben nämlich zu allem Übel auch noch eine Moral.

Anstatt zu erkennen, dass sie eins sind mit allem und daher unermesslich reich, bilden sich diese Bio-Roboter ihr ganzes Leben lang ein, weiterhin abhängig wie ein kleines Kind und mangelhaft zu sein. *Sie haben bald nach ihrer Geburt angefangen zu vergessen, dass sie in Wirklichkeit Außerirdische sind.* Etwa ab ihrem fünften Lebensjahr ist dieses Vergessen (nahezu) total.

Irdische sind aufgrund ihres Wahns natürlich fast andauernd offen oder versteckt gewalttätig (Letzteres nennt man »manipulierend«), und zwar nicht nur gegenüber anderen, sondern auch gegen sich selber. Sie versuchen tatsächlich verzweifelt, sich selber zu manipulieren, indem sie sich »zu etwas bringen« wollen, von dem sie *gelernt haben zu denken,* dass es gut und richtig sei. Weil das nicht funktionieren kann, haben Irdische einen Dauerstress, der sie noch aggressiver macht, als sie ohnehin schon sind, weil sie sich ja fürchten. Auf diese Weise brauchen sie ihre eigene Angst nicht selber zu spüren, sondern *teilen* sie anderen *mit,* so dass die sich dann vor ihnen fürchten: »Besser du Angst, statt ich!«

Viele haben sich allerdings angewöhnt, lieber brav oder furchtsam zu reagieren, anstatt offen aggressiv zu sein, quasi genau so, wie das kleine Kinder in ihrer natürlichen Abhängigkeit oft machen müssen, damit sie überleben. Oder genau wie ein pubertierender Schimpanse, wenn der Oberschimpanse auftaucht, um ihm eins auf den Deckel zu geben, weil er gerade versucht hat, eine tolle Schimpansen-Lady zu ficken. Da setzt er sofort sein »Angstgrinsen« auf und macht sich klein, denn das ist deutlich gesünder für den jungen Affen. Ihre Wut richten die nackten Affen danach in aller Unschuld gegen sich selber, anstatt gegen diejenigen, die sie für böse halten:

»Das hast *du* nun davon! Jetzt bin ich krank geworden!« Oder: »So, jetzt hab' ich mir *wegen dir* wieder wehgetan!«

Oder:

»*Wegen dir* hab' ich mich wieder besaufen müssen!«

Das Grundprinzip wurde bereits im letzten Jahrhundert von dem berühmten Psychologen Stan Laurel gegenüber seinem Assistenten Oliver Hardy formuliert:

»Jetzt schau nur her, was du mich hast anrichten lassen!«

Irdische fürchten sich vor ihren eigenen Einbildungen, die sie für die Wirklichkeit halten. *In der Welt an sich gibt es jedoch nichts zu fürchten.* Die Welt ist einfach da, doch keines der Dinge der Welt bedeutet etwas; sie sind alle gleichermaßen gültig – *gleichgültig.* Was soll das denn sein: ein »negatives Gefühl« oder ein »negativer Gedanke«? Alles ist, was es ist und hängt mit anderen Sachverhalten zusammen. Wenn dir etwas daran nicht passt, dann korrigiere *dich.*

Ein Irdischer gibt jedoch allen Dingen eine eingebildete Bedeutung von unterschiedlichster Wichtigkeit; je nach dem regt er sich entsprechend auf und macht Lärm. Wie er dadurch die Welt erlebt, das ist aber nur seine eigene Erfindung. Für die ist er selber verantwortlich, sonst niemand, am allerwenigsten ein Gott oder gar seine Ehefrau. Das glaubt er aber nicht.

Irdische fürchten sich entweder vor ihren eigenen frei erfundenen Schöpfungen oder beten sie gewissermaßen an, weil sie nicht bemerken, dass sie selber die Schöpfer ihrer Einbildungen sind. Sie halten ihre letztlich *gelernten* Einbildungen für objektive Realität und identifizieren sich damit, oder sie bekämpfen sie und kämpfen damit gegen sich selber, ohne es zu bemerken.

Irdische sind also definitiv wahnsinnig, selbst wenn sie manchmal recht nett sein können zu denen, die sie als nützliche Objekte für ihre Zwecke oder als ungefährlich einschätzen. Auch KZ-Wächter waren nett zu ihren Kindern, zu ihrer Frau und zu ihren Freunden. Vor allem aber waren sie nett und sehr beflissen gegenüber ihren Vorgesetzten. Sobald Irdische dich jedoch als fremdartig (englisch »alien«) einschätzen – und das kann schnell geschehen, etwa wenn du sie erschreckst – werden sie sofort damit beginnen, sich mit anderen Irdischen zusammenzurotten, um dich zu bekämpfen. Sie halten nämlich jeden für einen Alien, der nicht so ist wie sie und der sich nicht kontrollieren lässt wie ein Roboter. Nur sich selber nicht.

Eigentlich komisch.

Okay, von einem gewissen Standpunkt aus sind sie ja tatsächlich komisch, wie sie sich abplagen mit ihren Einbildungen. Manche von ihnen ahnten das und wurden daher *ernsthafte* Komiker wie etwa Buster Keaton oder Karl Valentin. Irdische haben jedoch trotzdem nicht kapiert, dass nur das wahr ist, worüber man lachen kann. (Aber das kann man erst, wenn man vorher darüber geweint hat.) Sie lachen zwar, allerdings lachen sie lieber andere aus, anstatt befreit zu lachen, weil sie die Wahrheit erkannt haben.

Außerirdische hingegen haben Mitgefühl und *echten* Humor. Sie lachen nie jemanden aus, sondern sie lachen über all die verrückten Spiele auf der Bühne der Welt, anstatt sie ernst zu nehmen und sich darüber aufzuregen. Manchmal allerdings sind sie darüber auch tief traurig.

So – nun weiter mit den Problemen im Umgang mit Irdischen:

Wenn du nicht aufpasst und ihnen daher als ein Außerirdischer erscheinst, kann es manchmal geschehen, dass ein Haufen Irdischer dich sofort anbetet, weil sie dich für einen echt großen Magier halten. Sie denken dann, dass du sie durch irgendwelche deiner scheinbar magischen Fähigkeiten, etwa durch Hypnose, von den unangenehmen Folgen ihrer Dummheit befreien könntest. Das bedeutet, dass du jetzt ihre Guru-Mutti sein sollst. In dem Fall bekämpfen dich erst, wenn du am Ende nicht das machst, was sie von dir erwartet haben. (Falls du tatsächlich ein Guru bist, weißt du dir natürlich bereits vorher zu helfen.)

Solltest du scharf darauf sein, deinen Mit-Irdischen als ein Außerirdischer zu erscheinen, um sie zu missionieren, bist du definitiv ein Irdischer, denn nur die wollen auf diese dumme Weise wichtig sein.

»Seid klug wie die Schlange und friedfertig wie die Taube.« So lautete der Tipp eines recht bekannten Außerirdischen für den Umgang mit Irdischen. Ignorierst du diesen Tipp, kann das nicht nur dein gesellschaftliches, sondern sogar dein biologisches Ende bedeuten, denn Irdische gehen bei Bedarf guten Gewissens über Leichen. Du brauchst sie deswegen aber weder zu fürchten, noch zu bekämpfen, geschweige denn zu missionieren. Du musst nur wissen, wie sie ticken und dass sie im Innersten sind wie du; äußerlich allerdings sind sie noch wie Roboter-Schlafwandler. Oder eben wie nackte Affen.

Irdische sind im Prinzip recht einfach zu identifizieren, obwohl sie manchmal fast wie ein Außerirdischer wirken können: *Du erkennst sie daran, dass sie sich wie Maschinen benehmen,* dass sie quasi nach Programmen reagieren. Sie werden beispielsweise aufgeregt, wenn eine Sache nicht so läuft, wie sie sich das vorgestellt haben, wollen auf Kosten anderer Vorteile haben, fühlen sich im Recht und halten ihre Ansichten und Überzeugungen für die Wirklichkeit. Sie führen komplizierte Rituale und schlaue Manöver aus, mit denen sie das erreichen wollen, was sie zu brauchen glauben – besonders ausreichend viele Lauseinheiten. Deshalb ist mit ihnen nur in seltenen lichten Momenten ein echter Kontakt möglich.

Gewöhnlich sind Irdische also berechenbar wie Maschinen, denn sie erzählen und machen immer dieselben Dinge, obwohl nichts von dem wahr ist, was sie daherreden und nichts wirklich funktioniert, was sie tun. Sie geben dabei ihr Bestes und denken, dass sie es richtig machen und dass es anders sowieso nicht klappen würde. Weil sie sich fürchten, gehen sie ständig auf Nummer Sicher. Manche von ihnen werden dadurch richtiggehend schlau. Schlauheit ist die höchste Form von Intelligenz, die Irdische entwickeln können. Es gelingt ihnen damit häufig, in ihrer Horde die Position eines Alpha-Tieres einzunehmen, denn das ist für sie äußerst erstrebenswert. Hordenchef zu werden ist für sie ein Maximalziel.

Irdische werden trotzdem bald langweilig, selbst wenn sie dich anfangs vielleicht faszinieren, denn sie laufen nach ihren Programmen. Sie bleiben jedoch latent gefährlich, sogar wenn du sie zum Freund hast: Bist du nicht achtsam, so drückst du vielleicht versehentlich auf einen ihrer Schalter, der bei ihnen ein Unterprogramm des Überlebensschaltkreises aktiviert. Dann greifen sie dich an oder du bist für sie »gestorben«.

Du brauchst sie deswegen aber nicht zu fürchten, sondern du solltest nur bald herausfinden, wo die Schalter bei deinem Gegenüber sitzen. Am besten fängst du erst mal damit an, deine eigenen Schalter zu suchen, bei deren Betätigung du selber zündest.

Natürlich gibt es auch Irdische, die sehr viel riskieren. Beobachtest du sie genauer, kannst du sehen, dass sie auf dumme Weise riskant leben und sich dabei am Ende selber schaden – und all den anderen, die sich in dieses kindische »Spielen mit dem Leben« hineinziehen lassen. Das hat damit zu tun, dass sie wegen ihres Wahns keine wirkliche Liebe zum Leben und zu anderen Lebewesen haben. Sie *verspielen* sich daher.

Irdische verfügen über keinerlei Verständnis für das Wesentliche, sind aber der Ansicht, dass sie klug seien und alles und jeden manipulieren könnten, sobald sie die richtigen Tricks dafür gelernt haben. Sie glauben an Magie und sind in ihrem ängstlichen Kleinheitswahn und in ihrer programmierten Beschränktheit trotzdem größenwahnsinnig: »Wenn ich das Richtige mache, kann ich meinen Mann noch vom Alkohol weg bringen und dann wird alles gut. Die Kinder brauchen ihn ja als Vater. Ich werd's mit Hilfe seines Suchtberaters schon schaffen.« Das ist kindliches magisches Denken.

Besonders gut solltest du im Umgang mit Irdischen auf deine Grenzen achten, denn Irdische sind Energieräuber. Sie sind fast wie Vampire und nähren sich von der Energie anderer Lebewesen. Sobald sie auf andere Wesen treffen, machen sie sich sofort daran, sie zu diesem Zweck zu kontrollieren – außer, sie fühlen sich gerade satt. Gelingt es ihnen, dich zum Zweck des Energieabzapfens zu hypnotisieren, *indem sie deine Aufmerksamkeit fixieren,* geht es ihnen gut; gelingt ihnen das bei dir nicht, ärgern sie sich oder sie fürchten dich, weil du für sie nicht manipulierbar bist. Bei günstiger Gelegenheit werden sie versuchen, dich in irgendeiner Weise zu eliminieren. Wenn du Glück hast, verschwinden sie jedoch nach einiger Zeit wieder, weil bei dir auf diese Art nicht viel zu holen ist.

Da sie sich als von der Welt abgetrennt erfahren, sind sie darauf aus, Macht über andere zu gewinnen, um von ihnen Energie zapfen zu können, denn sie sind überzeugt, dass sie die benötigte Energie niemals freiwillig und gerne von jemandem bekommen würden – etwa aus Liebe. Sie sind überzeugt, dass alle so sind, wie sie selber: dass ihnen etwas Lebenswichtiges fehlen würde und dass alle anderen daher ebenfalls gefährlich seien, weil sie aus ihrer Not ebenfalls sofort Energie stehlen werden – es sei denn, sie halten diese anderen für harmlos.

Sie haben vergessen, dass sie in Wahrheit immens reich, unzerstörbar und vollkommen sind. Aufgrund ihres Irrglaubens sind sie paranoid und ständig auf der Hut, damit sie nicht selber angezapft werden. Am besten gelingt ihnen das Anzapfen, sobald sie andere einschüchtern können, was sie beispielsweise mit ihrem Partner oder ihren Kindern häufig machen. Wenn sie Energieraub in großem Stil und mit gegenseitigem Umbringen betreiben, nennen sie es Krieg. Sterben die Beteiligten dabei langsam, zum Beispiel an Hunger, nennen sie es Weltwirtschaft. Im Alltag heißt es Ehekrieg oder Kampf für Gerechtigkeit. Auch dabei kann es Tote geben. Oft rotten sie sich zusammen, um gefährlichen Irrgläubigen das Handwerk zu legen; das nennen sie zum Beispiel Kampf gegen Sekten oder gegen unwissenschaftliche Therapiemethoden. Meist kämpfen sie gegen sich selber und nennen das Kampf gegen ein Laster oder gegen eine Krankheit.

Außerirdische sind anders. Allerdings nicht wesentlich. Der Unterschied ist jedoch enorm wichtig: Außerirdische haben nämlich erkannt, wer sie wirklich sind. Sie haben sich bereits wieder daran erinnert, dass sie Götter sind und sie wissen, dass in diesem Universum alles mit allem in einem Ewigen Jetzt verbunden ist, dass es also überhaupt keine Trennung gibt, sondern dass jegliche Erfahrung von Trennung nur eingebildet sein kann. Aus diesem Grund fürchten sie sich vor nichts und niemand mehr. Sie sind liebevoll, offen, interessiert an allem und jedem – und *friedlich*. Sie erkennen die Wirklichkeit an wie sie ist und wissen auch, dass Irdische nichts anderes sind als schlafende Außerirdische; dass diese nur an ihrer enormen Unwissenheit leiden über ihr wahres Wesen als göttliche Schöpfer. Sie leiden, weil sie nach ihrer Geburt vergessen haben, wer sie wirklich sind und sich nicht wieder daran erinnert haben. Sie wurden, wie wir alle, schon bald nach der Geburt in einen Schlaf hypnotisiert, aus dem sie nicht mehr erwacht sind. Nun halten sie ihre Einbildungen für objektive Wirklichkeit, sind wie Schlafwandler und nehmen nur noch wahr, was sie sich gerade wieder einbilden: Sie sehen nicht wirklich, sie hören nicht wirklich und sie fühlen und handeln daher entsprechend ihrer Einbildungen. Sie nehmen nicht war, was *ist,* sondern das, was sie sich zusammenträumen – in Gesellschaft mit anderen programmierten Schlafwandlern.

Die Außerirdischen jedoch haben sich im Lauf ihres Lebens wieder daran erinnert, dass sie niemals abgetrennt waren, dass sie in Wahrheit ewig eins sind mit der unendlichen Quelle, aus der sie stammen und sich hier auf diesem Planeten materialisieren durften: Sie haben sich wieder daran erinnert, dass sie ihrem wahren Wesen nach göttliches Nichts sind, das jede beliebige Form annehmen und alles frei erschaffen kann, was es will. Sie sind erwacht zu sich selbst als Buddhas – oder meinetwegen als Christus – und sie haben erkannt, dass sogar Irdische in Wahrheit Buddhas sind. Aber eben schlafende Buddhas.

Erwachte Irdische sind dann automatisch wieder Außerirdische. Sie sehen die Welt so, wie sie wirklich ist, anstatt Einbildungen für die Wirklichkeit zu halten und sie haben erkannt, dass sie selbst der Ursprung ihrer Welterfahrung sind. Sie sind nun als Götter auch jenseits von Gut und Böse, denn diese Unterscheidung ist reine Einbildung. Das Böse existiert nicht, denn es handelt sich dabei um eine Bewertung, nicht um einen Sachverhalt. *Bewertungen sind aber ein Beweis für die Unwissenheit des Bewertenden.*

Vor allem sind die Außerirdischen als erwachte Götter endlich Programmierer, anstatt Programmierte. Sie wissen, dass sie vollkommen frei sind und sich aus diesem Grund selbst frei erschaffen, selbst frei programmieren dürfen. *Und sie wissen, dass jedes Programmieren überflüssig wird, sobald sie sich wieder an das Große Programm Gott anschließen, es in ihrem Inneren erkennen, anstatt es weiterhin draußen zu suchen.*

Irdische wären ebenfalls frei, sich selber zu programmieren, sobald sie sich selbst als programmierten Bio-Roboter erkannt haben. Jeder kann tun, was er will *und jeder tut auch, was er tatsächlich will.* Irdische bestreiten das vehement, denn sie sind überzeugt, dass sie äußeren Mächten oder gar ihrer Vergangenheit unterworfen seien. Sie erkennen nicht, dass sie sogar durch ihre Programmiertheit noch die Schöpfer ihrer vorprogrammierten Erfahrungen sind und haben insofern Recht mit ihrer Behauptung, dass es einen freien Willen nicht wirklich geben würde: Roboter haben nun mal keinen freien Willen.

So können sie nie das erschaffen, was sie im Innersten tatsächlich ersehnen, denn sie werden von sich selber und von den anderen Irdischen »geträumt« und halten ihre Einbildungen für die Wirklichkeit. Sie *re*-agieren, anstatt zu agieren und glauben an Magie: das heißt, sie sind überzeugt, dass sie andere und sich selbst mit Hilfe diverser Rituale und Manipulationen beeinflussen können – genau wie kleine Kinder. Oder wie Steinzeitmenschen. Sie sind in ihrem Schlafzustand jedoch keine Macher, sondern nur Gemachte, die sich als Macher fühlen; *Roboter machen nicht, sondern sie führen nur ihre Programme aus.*

Da Außerirdische wissen, dass Irdische ebenfalls Götter sind, wenn auch schlafende Götter, halten sie sich an ein eisernes Gesetz der Freiheit: *Sie handeln nie ohne Auftrag und sie mischen sich daher niemals in deren Leben ein,* etwa, damit die endlich wach werden, anstatt weiterzuschlafen. Sie achten also die Freiheit dieser schlafenden Götter, die in dem Fall darin besteht, dass sie so lange schlafen und weiterträumen können, wie sie das wollen. Sobald sie allerdings erste Anstalten machen aufzuwachen, sind Außerirdische sofort bereit, sie liebevoll dabei zu unterstützen, indem sie sie *ermuntern* und herzlich willkommen heißen in der Wirklichkeit des Ewigen Jetzt. Jeder Irdische, der aufwachen will, ist nämlich herzlich willkommen im Klub der erwachten Götter, *ganz egal, was er bis dahin angestellt hat,* denn Schuld und Strafe gibt es nur in der verrückten Welt der Irdischen.

Aber keiner will wach werden, solange er nicht wenigstens ahnt, dass er noch schläft. Das ist eins der größten Probleme der Irdischen: sie merken nicht, dass sie schlafende Roboter sind und sie wollen weiterschlafen. Willst du sie trotzdem aufwecken, werden sie ziemlich sauer.

Wir werden uns hier hauptsächlich mit den Irdischen beschäftigen und ihr Hauptproblem genauer studieren, damit unnötiger Ärger vermieden werden kann. Dabei ist wichtig zu verstehen, wie aus den ursprünglich Außerirdischen nach relativ kurzer Zeit auf diesem Planeten Irdische werden – *und warum das notwendig ist.* Es ist ja immerhin wahrscheinlich, dass du derzeit ebenfalls zu der absoluten Mehrheit der Irdischen gehörst und womöglich gerade anfängst, endlich wach zu werden. Oder dir dämmert es wenigstens, dass du in gewisser Weise schläfst und dass deine Wahrnehmungen vielleicht doch eher Träume sind und nicht so wirklich, wie du bisher gedacht hast. Möglicherweise hegst du bereits ernste Zweifel, weil deine bisherige Scheinsicherheit durch ungewöhnliche Beobachtungen ins Wanken geraten ist und du bist deshalb beunruhigt. Dieser Zustand der Unsicherheit und des Zweifels ist zwar unangenehm, ist aber ein erstes gutes Zeichen der beginnenden Heilung vom Irdischen-Wahn. (Merke: *Nur ein echter Wahnsinniger ist sich absolut sicher.*)

Die Heilung besteht nun darin, dass ein Irdischer erwacht und dadurch erkennt, dass er in Wirklichkeit schon immer ein Außerirdischer war. Sobald das geschehen ist, kann er endlich *bewusst* seine Aufgabe am Großen Werk erfüllen, anstatt wie bisher nur als abschreckendes Beispiel *zu dienen,* indem er weiter an seinen wahnhaften Einbildungen herumbastelt ohne Aussicht, so jemals der Herr seines Lebens zu sein. Seine Aufgabe besteht darin, sich wieder an sein göttliches Wesen zu erinnern, es mit allen Lebewesen zu kommunizieren, um es auf diese Weise auszudehnen und bewusst der Liebe und dem Leben zu dienen, anstatt das unbewusst zu tun – eben als abschreckendes Beispiel. Erfüllt er seine wahre Aufgabe, besteht sein »Lohn« unter anderem darin, dass sein Leben jetzt funktioniert und dass er endlich in Gemeinschaft mit seinen Mit-Göttern glücklich ist. Alleine geht's ohnehin nicht.

Wenn dein Leben aber anfängt zu funktionieren, bedeutet das nicht, dass du keine Probleme mehr haben wirst! Es werden jedoch solche sein, die du lösen kannst, anstatt dich nur im Kreis zu drehen und zu jammern oder böse zu werden, denn du hast inzwischen gelernt, dich von den alten Programmen zu befreien und damit begonnen, dich selbst neu zu programmieren. Du beginnst allmählich durchzublicken und deine Zustände genauer zu beobachten, anstatt davon bestimmt zu sein. Du bist *offener* geworden.

Allerdings hat diese Sache ihren Preis: Weil du offener geworden bist, anstatt in den Illusionen des Egos »eingeschlossen« zu sein – ängstlich auf Sicherheit bedacht und defensiv abgegrenzt von der Welt – bist du auch verletzlicher und empfindsamer für die Leiden deiner Mit-Irdischen und überhaupt aller Lebewesen. Ihre Leiden werden daher in gewisser Weise deine eigenen Leiden sein, denn du hast jetzt Mitgefühl entwickelt für alles, was lebt. Aber aus diesem Grund hast du auch Teil an all der Freude und Lust auf dieser Welt.

Mitgefühl ist übrigens etwas völlig anderes als Mitleid. Mitleid ist die Reaktion der kleinen Kinder, die auf diese Weise in das Leiden anderer geliebter Menschen hineingezogen werden, weil sie noch nicht über die Fähigkeit verfügen, sich *auf die richtige Weise* davon abgrenzen zu können. (Als Rettung versuchen manche später, sich gegen Leid abzustumpfen.) Mitleid sieht den anderen klein und der Mitleidende fühlt sich groß dabei – paradoxerweise. Mitgefühl hingegen ist eine Reaktion der Außerirdischen, die sich zwar berühren lassen, aber selbstbestimmt bleiben und daher nicht mehr hineingezogen werden können in die Probleme der Irdischen.

Es ist interessant, dass Irdische eine Invasion von Aliens aus dem Weltraum fürchten und sie sind nicht sicher, ob sie sich dagegen mit ihren derzeitigen Waffen verteidigen könnten. *Dabei ist dieser schöne Planet seit langem von Aliens erobert und in Besitz genommen worden: von ihnen selber nämlich, den Irdischen.* Die Gefahr, die sie fürchten, ist längst Wirklichkeit: Imperialistische und ausbeuterische Aliens sind längst die Chefs hier. Wenn sie nicht bald wach werden, dann sägen sie sich ganz schlau selber den Ast ab, auf dem sie als nackte Affen noch immer sitzen. *Trotzdem sind auch die Irdischen wirkliche Meister – meistern sie doch in gewisser Weise ihr extrem anstrengendes Leben als Irdische und man kann sie dafür eigentlich nur bewundern. Sie zahlen oft mit erstaunlicher Würde ihren Preis, der unter anderem darin besteht, dass sie ein unnötig schweres Leben haben und im Durchschnitt deutlich früher sterben, als sie müssten.*

Aber es gibt Hoffnung: Eine nicht unbeträchtliche Zahl von Außerirdischen ist inzwischen an die Arbeit gegangen, um dafür zu sorgen, dass mehr Licht in dieses Dunkel der Dummheit dringen kann und sie haben Chancen, es tatsächlich zu schaffen. Zugegeben: Hinweise auf Fakten, die diese Hoffnung nähren, kommen hier etwas zu kurz im Vergleich zu den Hinweisen auf die Schwierigkeiten, die derzeit noch bestehen. Aber du kannst dich ja selber auf die Suche nach Informationen machen, die diese Hoffnung stützen und die du sicher auch finden wirst.

1. Kapitel

Irdische sind programmierte Bio-Roboter

Warum »programmierte Bio-Roboter«?
Was ist denn überhaupt ein Programm?

Als sie mit auf mein Zimmer gegangen ist,
hat sie sich erst mal auf mein Bett gesetzt.
Ich wollte ihr etwas zu trinken anbieten und hab' sie gefragt:
»Willst du 'n Volvic?«
Da hat sie mir voll eine reingehauen.
(KURZBERICHT EINES PECHVOGELS)

Mit einem programmierten Bio-Roboter wäre hier eine Art biologischer Maschine gemeint, die sich zwar einbilden kann, frei und eigenständig zu handeln und eine Persönlichkeit zu sein, die aber in Wirklichkeit nichts anderes tut, als ihre Programme auszuführen, die ihr von »höheren Mächten«, ihren Programmierern, einprogrammiert wurden. Dazu gehören auch Programme, die dieser Maschine die Einbildung ermöglichen, selbständig, frei und eine individuelle Persönlichkeit zu sein: Man braucht ja dafür nur ein weiteres Programm, das der Maschine vorschreibt, bei all ihren Programmabläufen »*ich* bin …« und »*ich* mache …« zu sagen und sich auf diese Weise mit ihren Programmen zu *identifizieren*.

Man kann der Maschine des Weiteren Selbstkorrektur-Programme einpflanzen, etwa Angst, ein schlechtes Gewissen oder Schuldgefühle; die sorgen dafür, dass jede Abweichung von einem bereits eingepflanzten Programm zu unterschiedlich unangenehmen Zuständen der Maschine führt, deren Basisprogramm von der Mutter Natur ohnehin so angelegt ist, dass sie sich möglichst nur in angenehmen Zuständen befinden will. »Jeden unangenehmen Zustand vermeiden oder sofort wieder loswerden«, lautet diese Vorschrift.

Gelingt es der Maschine nicht gut genug, wird sie mit Sicherheit vorzeitig absterben. Damit das nicht geschieht, werden Überlebensprogramme aktiviert, die ein Absterben unter allen Umständen verhindern sollen.

Irdische sind die dominierende Primatenart auf diesem Planeten und sie haben inzwischen eine derartige Geschicklichkeit entwickelt, dass sie sehr komplexe Symbolsysteme, eine zum Teil erstaunliche Hochtechnologie und sogar Kulturen entwickelt haben, wie sie das nennen. In dieser komplexen Ordnung sind natürlich Zusatzprogramme nötig, die andere Primaten so nicht brauchen – es sei denn, sie wurden von Irdischen gefangen oder domestiziert. Damit sie unter deren Herrschaft dennoch überleben, müssen sie sich zusätzlich programmieren und dressieren lassen. *Das gleiche geschieht auch mit den neugeborenen Außerirdischen: sie müssen sich dressieren lassen und zu Irdischen, zu berechenbaren Bio-Robotern werden, damit sie hier überleben können.*

Das Grundprinzip aller Programmierungen ist einfach und seit langem bekannt und es wird unter bestimmten Umständen sogar mit bereits erwachsenen Irdischen durchgeführt: Das Verfahren heißt Gehirnwäsche. Es beginnt damit, dass der Betreffende in eine Situation gebracht wird, in der er absolut abhängig und hilflos ist wie ein Säugling. Danach kann er neu »geprägt« werden.

Der kleine Biocomputer muss es nach seiner Geburt irgendwie schaffen, in einer Situation zu überleben, in der er naturgemäß völlig abhängig, bedürftig und hilflos ist, denn sobald die Nabelschnur zur Mutter durchtrennt wird, ist es nämlich aus mit der Rundumversorgung der kleinen biologischen Maschine. Wenn sie das Lebensnotwendige jetzt nicht schnell auf eine andere Weise bekommt, wird sie wieder absterben. Das sind optimale Bedingungen für jede Art von Gehirnwäsche.

Sie benötigt zum Überleben nun ausreichend Luft, Wasser, Futter, einen Platz zum Schlafen – *und ganz dringend Zuwendung:* Die Gehirnwäsche kann beginnen.

Diejenigen Verfahren, mit deren Hilfe es ihr unter den jeweiligen Umständen gelungen ist zu überleben, werden automatisiert und somit zu einem Programm. Zuwendung, besonders in Form von Hautkontakt zur Muttergottheit, ist für den kleinen Primaten fast genau so wichtig wie die Luft zum Atmen. Deshalb sammeln sich letztlich viele seiner Unter-Programme um diesen für ihn so lebenswichtigen Bereich, selbst wenn diese Zuwendung später oft nur symbolisch erfolgt, beispielsweise über bedrucktes Papier:

»Meier, Sie bekommen ab Januar eine Gehaltserhöhung von 10 Euro. Na was sagen Sie?«

Und was ist jetzt ein Programm (übersetzt: Vor-Schrift, beabsichtigter Verlauf)?

Du kennst das Wort sicher im Zusammenhang mit Computern und mit der Steuerung vieler Maschinen und Motoren, damit die gut funktionieren und keine Störungen auftreten.

Du kannst auch ein anderes Wort dafür benutzen: *Muster.* So nennt man sich wiederholende Abläufe, zum Beispiel in einer Ehe, wo es aus unterschiedlichsten Gründen immer wieder zum Streit kommt, dessen Verlauf und Ende sich gut vorhersagen lassen.

Oder jemand interessiert sich für einen bestimmten Typ von Partner, mit dem er nach kurzer Zeit das gleiche Muster seiner bisherigen Beziehungen zum anderen Geschlecht wiederholt – fast wie damals mit seiner Mutter. (Dabei ist es egal, ob diese Mutter einen Busen oder ein Schwänzchen hat und daher Vati heißt.) Der Betreffende ahnt das oftmals und sagt irgendwann, gewöhnlich mit dem vorwurfsvollen Unterton eines wahrhaft Unschuldigen: »Wieso gerate ich *immer* an solche Partner?« Der Grund ist völlig klar: Programme erlauben eben keine Ausnahmen.

»Also gut«, meint der schlaue Bio-Roboter: »Dann nehme ich mir halt mal einen Partner, der *ganz anders* ist – ein genaues Gegenteil! *Aber das Gegenteil des Musters ist nur das Gleiche in Grün, anstatt etwas Neues:*

Bisher waren seine Frauen ein direkter Abklatsch der *Vorstellung,* die er von seiner Mutter *in seiner Kindheit* entwickelt hatte, etwa: »Mama setzt immer ihren Kopf durch und Papa ist doch doof«. Das direkte Gegenteil wäre für ihn das fügsame Frauchen: jetzt darf *er* die Mutti sein und sie soll wie ein Kind das machen, was *er* für richtig hält. Eine Weile funktioniert es, bis er nach ein paar Jahren bemerkt, dass sein sonst so fügsames Frauchen immer öfter ihren Kopf durchsetzen will. Oder er kommt endlich dahinter, dass sie seit einiger Zeit einen Hausfreund hat und sich die Scheidung überlegt.

Und jetzt ist *er* wieder das Kind, das entweder böse wird oder jammert und bettelt, oder das sich anstrengt und ganz brav ist, damit sie, die nun zur Mama geworden ist in diesem *Spiel,* ihn genau so lieb haben soll wie am Anfang. Er würde dafür sogar das Trinken aufgeben.

Dieses Beziehungsmuster wäre schon ein Beispiel für ein recht komplexes Programm, das häufig zu beobachten ist: Eine Mutter-Kind-Beziehung mit eingebauter Abhängigkeit – und mit der *Einbildung* von Wahlmöglichkeiten versehen.

Programme sind aber Vorschriften. Sie erlauben daher keine

Wahl. Sie schreiben vor, auf welche Informationen zugegriffen werden soll und wie sie weiterverarbeitet werden müssen, damit das gewünschte Ergebnis eintritt. Ein Bio-Roboter kann sich also zwar einbilden, frei zu sein und Wahlmöglichkeiten zu haben, *aber es handelt sich dabei nur um ein weiteres Programm, das ihm vorschreibt, auf welches nächste Programm er überwechseln muss.* Auf dieser Ebene gibt es noch keine echte Wahlmöglichkeit.

Bekannt und sehr verbreitet sind in unserer Kultur zum Beispiel folgende Unter-Programme, die auf unser Bio-Überlebensprogramm aufgepfropft wurden:

»Streng' dich gefälligst an!«

»Was Hänschen nicht lernt, lernt Hans nimmermehr.«

»Ohne Druck geht es nun mal nicht«.

»Immer bin ich der Depp!«

»Aus dir wird nie was Gescheites!«

»Immer komme ich zu kurz!«

»Keiner liebt mich wirklich.«

»Ich muss es recht machen, sonst gibt's Ärger.«

»Du kannst doch nicht einfach tun, was du willst!«

»Dreimal Grün ist Donnerstag.« (??)

Ein Programm kannst du gut mit einem Kochrezept vergleichen: »Man nehme … und mache damit …, dann gibt das bestimmt am Ende einen leckeren Kuchen«. Hast du das jeweilige Rezept grundsätzlich verstanden, kannst du es in einem gewissen Rahmen variieren und hast so wieder etwas dazu gelernt. *Aber du wirst selbst mit dem besten Kuchenrezept der Welt niemals einen Schweinebraten hinbekommen.* Dieses Ergebnis ist völlig ausgeschlossen, denn dazu bräuchtest du ein Wunder.

Damit ein Programm seinen Zweck erfüllt, muss es so geschrieben werden, dass es nicht zu unerwünschten Abänderungen kommt. Wenn die Programme auf deinem PC nicht stabil sind, sondern unkontrollierbar variieren, kannst du deinen PC oder deine Programme oder gleich beide entsorgen, denn sie nützen dir so nichts. Damit das beim Bio-Roboter nicht passiert, hat er, wie erwähnt, eingebaute Kontrollprogramme Die koppeln jeden Änderungsversuch mit einem unterschiedlich unangenehmen Zustand. Das mag der Bio-Roboter ganz und gar nicht. Er hat es lieber bequem, voraussehbar und damit sicher. Nur kein Risiko.

Diese unangenehmen Zustände sind Wiederholungen derjenigen Gefühle, die du als Kind bekommen hast, sobald du nur daran *gedacht* hättest, dich gegen eine Programmvorschrift zu wenden: *Angst, Scham, Schuldgefühle, ein schlechtes Gewissen und Schmerz.* Da du damals tatsächlich abhängig und bedürftig warst, kommt es dir jetzt genau wieder so vor.

Wenn du das nicht einmal heute als ein Programm erkennst, wirst du dich auch heute wieder genau so fühlen, entscheiden und verhalten wie damals, als es noch nicht anders ging. *Die Zustände, die du damals als Kind erlebt hast – Abhängigkeit, Bedürftigkeit, Hilflosigkeit und kindlicher Größenwahn – sind nämlich Teil dieser Programme.*

Zentrale Sicherheitsprogramme der Irdischen sind Expertentum und Sich-Wichtig-Machen, denn ein Experte ist auf der sicheren Seite, weil er Recht hat – und er ist wichtig, weil er sich ja auskennt. Wer wichtig ist in seiner Horde, der erhält mit größerer Wahrscheinlichkeit all das, was ein Bio-Roboter zum Leben braucht – vor allem viele Lauseinheiten. Deswegen will natürlich auch ein Kind möglichst schnell Experte werden und durchblicken, damit es seine Götter besser berechnen kann, von denen es so enorm abhängig ist. Und es will selbstverständlich wichtig sein für seine Götter, damit sie es weiter am Leben erhalten, indem sie es ausreichend »füttern«.

Diese Sicherungsprogramme verhindern dann aber deine spätere Transformation zurück zum Außerirdischen, der du selbst als Irdischer im Innersten geblieben bist, sofern du sie später nicht erkennst und überwindest. Immerhin: Die Tatsache, dass du noch am Leben bist, weil du das hier lesen kannst, beweist jedenfalls, dass deine Programme ihren Zweck bisher erfüllt haben.

So weit, so gut.

Aber wenn du Pech hast, haben sie ihren Zweck derartig gut erfüllt, dass du inzwischen ein Alpha-Tier geworden bist. Dann fühlst du dich jetzt so wichtig und sicher, dass du in diesem Leben keinesfalls eine Chance hast, überhaupt zu bemerken, dass du nur ein wohlhabender und wichtigtuerischer Oberaffe in deinen jeweiligen Horden geblieben bist, der die Schwelle zur Menschwerdung mit der gleich hohen Wahrscheinlichkeit erreichen wird, wie ein echter Schimpanse.

Etwas freundlicher gesagt: du bist ein wichtigtuerisches Kind in einem Erwachsenenkörper geblieben und bleibst doch abhängig von der Zuwendung deiner jeweiligen Götter, *die für dich dabei immer die Mutter vertreten.* Vielleicht bist du inzwischen sogar ein Politiker geworden und hast jetzt große und mächtige Mütter, von denen du dich abhängig fühlst und denen du es recht machen musst: Deinen Wählern, deiner Partei, den Medien (das ist die Mutter, die dich toll finden soll, die aber immer hinter dir herschnüffelt und dich letztlich doch erwischt) und den Lobbyisten. Und es ist völlig egal, was du machst: Du kriegst *immer* Ärger. Willst du nun sicherheitshalber gar nichts machen, kriegst du erst recht Ärger.

Aber dafür bist du unheimlich wichtig – *denkst* du.

Wenn es dir also bereits genügt, mächtig, reich, berühmt und schön zu sein, hast du jetzt mein Mitgefühl, denn der Preis für diese Art von Existenz ist hoch: Da du nicht dein eigenes Leben lebst, sondern eines, *von dem du glaubst, dass du es so leben solltest,* wird dir deine Seele eines Tages die Rechnung präsentieren.

(Das mit dem Mitgefühl war ein bisschen gelogen: Als Noch-Irdischer finde ich auch, dass es dir *zum Glück* recht geschieht, denn eine Art von grundsätzlicher Gerechtigkeit ist dabei am Werk. Solltest du das irgendwann einmal erkennen, hast du wieder eine Chance.)

Warum soll ich nochmals genau schauen?
Ich weiß doch Bescheid!

»Was sind Sie denn? Sind Sie ein Mann oder ne Maus?!«
»Werfen Sie ein Stück Käse auf den Boden, dann sehen Sie's!«
(Groucho Marx' Antwort auf diese Frage)

Wer es endlich geschafft hat, ein Experte zu sein, der darf sich sicher fühlen: »Warum soll ich Zeit verschwenden und noch einmal *genau* schauen, wer oder was da vor mir auftaucht? Ich weiß doch, mit wem ich es zu tun habe und was hier gespielt wird: Ich habe Augen im Kopf und bin nicht taub. Ich weiß Bescheid. Ich blicke durch und kenne nicht nur die Menschen gut, sondern auch mich selber. Und ich kann mich ja wohl auf meine Wahrnehmung verlassen.«

Nein, das kannst du nicht. Du hast nämlich die kreative Fähigkeit, dir jederzeit etwas einzubilden: Du hast inzwischen einen Glauben und eine Menge seltsamster Vorstellungen entwickelt. Die heißen so, weil du sie vor dich hin gestellt hast und sie nun für die Wirklichkeit hältst. Die Wirklichkeit kannst du daher nicht mehr erkennen, weil die jetzt »hinter« deinen Vorstellungen ist. Hindus nannten das Problem schon vor mehr als dreitausend Jahren den »Schleier der Maya«. Leider ist dieser Schleier nicht besonders durchsichtig.

In jedem Fall bildest du dir etwas ein, sobald du aufgeregt bist oder sobald du denkst, du wüsstest genau, was los ist. Du kannst dabei »positiv« halluzinieren (dabei bildest du dir etwas ein, das gar nicht existiert) oder »negativ« (hier bemerkst du etwas *nicht,* das sich vielleicht sogar direkt vor deiner Nase befindet – zum Beispiel deine Brille). Leider fällt dir das nur selten auf, denn du nennst deine Halluzinationen Wahrnehmung und glaubst daher, dass sie wahr seien.

Abgesehen davon halluzinieren ja deine Mit-Irdischen ebenfalls, und zwar oft sehr Ähnliches wie du. Das macht es natürlich allen beteiligten Kollektiv-Wahnsinnigen viel schwerer, überhaupt noch Zweifel zu entwickeln: Es gibt jede Menge an Beweisen und Zeugen, sogar Zeugen Jehovas (sorry, das ist mir jetzt so rausgerutscht), dass der Wahn Wirklichkeit sei.

Kollektive Wahngebilde kannst du Religion, Kultur oder meinetwegen Zivilisation nennen, oder auf Neudeutsch *common sense*. Oder sogar »wissenschaftlichen Beweis«.

Gehe, wie erwähnt, davon aus, dass du dir immer etwas einbildest, sobald du aufgeregt bist. Dann siehst und hörst du Sachen, die nicht wirklich existieren. Merkst du das nicht, erzeugst du auf diese Weise Zustände, in denen du dich noch tiefer in die Scheiße bringst, wenn du dich nicht zurück hältst, sofort beruhigst und achtsam wirst oder wenigstens jetzt zusätzlich deine Aufregung beobachtest. Ratterst du aber einfach los wie eine Maschine, dann bist du tatsächlich nur ein programmierter Bioroboter, der nach einem Programm *re*-agiert, das in einer längst vergangenen Zeit deiner Abhängigkeit und realen physischen Bedrohung geschrieben wurde.

Anstatt angemessen zu *agieren* in der *gegenwärtig* vorliegenden Situation und sie so zu »bemeistern«, kann ein Programm bestenfalls zu variierenden Wiederholungen früherer Zustände führen, die dein unbewusstes Programm erneut als »Realität« bestätigen. Es handelt sich dabei um eine Feedback-Schleife, durch die dein jeweiliges Programm stabilisiert wird. Anders ausgedrückt: Weil du dich gerade wieder selbst hypnotisiert hast oder hypnotisiert wurdest, sobald du dich über jemanden aufregst, wird jede Aufregung sofort durch halluzinierte »Wahrnehmung« als völlig berechtigt bestätigt: Deine Vorstellung wurde erneut Wirklichkeit für dich. Das ist anfangs sehr schwer zu durchschauen.

Gewisse Psychologen kennen das ja bereits (wenn auch nicht in der ganzen Konsequenz) und nennen es Übertragung und Projektion. Das soll bedeuten, dass du eine frühere Erfahrung mit einer anderen Person auf die gegenwärtige Situation überträgst und die jetzt anwesende Person so siehst und so behandelst, als ob sie identisch mit der damals anwesenden Person sei; und du kannst das, *was du glaubst,* dass der andere sei, auf denjenigen projizieren und ihn entsprechend behandeln, obwohl er gar nicht so ist. (Wenn der nicht gut aufpasst, fängt er an, *für dich* so zu werden wie du glaubst, dass er sei und du hast wieder mal Recht gehabt; deine Projektion wird als wahr bestätigt. Er hat sich dann mit deiner Projektion versehentlich identifiziert.) *Aufgeregte Zustände sind übrigens hochgradig ansteckend:* Wenn du mit jemandem zu tun hast, der aufgeregt ist, musst du aufpassen, dass du nicht sofort selber aufgeregt wirst, ebenfalls halluzinierst und dabei denkst, du siehst die Wirklichkeit.

Wenn das Ganze im Laufe der Jahre gar chronisch geworden ist, kannst du diese Programmansammlungen meinetwegen »Persönlichkeit« oder »Charakter« nennen. Das sind bekannte Ausdrücke für neurologische Programmkomplexe der Irdischen. Die denken jedoch, dass es eine individuelle Persönlichkeit und einen Charakter tatsächlich geben würde und dass die wahrscheinlich sogar angeboren seien.

Dieses Problem mit der angeblichen Wahrnehmung ist sehr alt und einigen Erdbewohnern bereits vor langer Zeit klar geworden. Ein Außerirdischer, der uns nur vom Hörensagen bekannt ist und vor etwa zweitausend Jahren im Nahen Osten mit einer Schar von Fans etwa drei Jahre herumwanderte, um seinen Zeitgenossen deutlich zu *zeigen*, wo's wirklich lang geht, ehe er von der Obrigkeit *mit seiner Zustimmung* dann rabiat beseitigt wurde, hat klar demonstriert, wozu ein Mensch fähig ist, der zu sich selbst erwacht. Einige seiner Fans hat er damals tatsächlich aufwecken können. Er ließ wissen, dass jedem nur *nach seinem Glauben geschieht*. (Das war sein Ausdruck für Programmierung und Einbildung.)

Bedauerlich ist jedoch, dass seine Informationen und Anleitungen zur Selbstprogrammierung in Freiheit, *seine frohe Botschaft*, durch die Irdischen teilweise völlig verdreht wurden und auch heute noch weiter verdreht werden, um vor allem die kollektiven Programmierungen zu fixieren, die von ihnen als gott- oder als naturgegeben dargestellt werden. Und sie wollen unbedingt, dass du glaubst, dass Schuld und Strafe Wirklichkeiten seien.

Das ist das große Problem mit der Wahrnehmung bei den Irdischen: *Sie nehmen nicht wahr, sondern sie bilden sich ein, wahrzunehmen.* Allerdings könnten sogar die Irdischen mit Hilfe der **Übung der Achtsamkeit** immer wieder auf den Boden der Tatsachen gelangen und so mit der Zeit ihre Glaubensformen (ihre Programmierungen) identifizieren, um sie bei Bedarf zu verändern, falls sie nicht mehr richtig funktionieren. Diese Empfehlung wird besonders im Buddhismus als *der* Schlüssel zum Erwachen angesehen. *Übe daher, ruhig und achtsam zu sein und sogar deine Aufregung in Ruhe zu beobachten.* Letzteres klingt zwar seltsam, aber du wirst bald herausfinden, wie es funktioniert.

Es gibt, damit eng verbunden, ein zweites Problem:

In unserem Universum ist alles in Bewegung. Wirklich alles! Nichts ist statisch, keine Form ist von Dauer. Das erfasste bereits der Grieche Heraklit vor gut zweieinhalbtausend Jahren. Wissenschaftler beschreiben es heute als eine Art von sich selbst optimal organisierendem Chaos, das sich entweder in einem dynamischen Gleichgewicht befindet oder unweigerlich wieder darauf zustrebt. (Du könntest es daher »gerechter Gott« nennen.) Es ist aus diesem Grund prinzipiell unmöglich, tatsächlich zweimal dasselbe wahrzunehmen.

Irdische können sich so etwas aber einbilden und die Erscheinungen ihrer Welt scheinbar fixieren, genau wie in der Fotografie. Dann sieht es zwar aus, als ob es noch genauso wäre, wie sie es früher schon einmal erlebt haben, es ist aber tatsächlich *nie* der Fall. Sehr ratsam wäre daher, bei jeder »gleichen« Erfahrung (»jetzt geht *das* schon wieder los!«) sofort nach Ausnahmen und Unterschieden zu suchen, denn nicht einmal du kannst zweimal in denselben Fluss steigen.

Am besten schaust du **zur Übung** *alles und jeden so an, als ob du es bzw. ihn oder sie zum allerersten Mal sehen würdest und nicht die geringste Ahnung hast, was wirklich los ist.* Diese Haltung von Achtsamkeit wird im Zen-Buddhismus Anfängergeist genannt, obwohl nur Zen-Meister sie entwickelt haben und eben nicht die Anfänger, denn Anfänger halten sich auch in Japan für Experten, statt zu erkennen, dass sie in Wirklichkeit keine Ahnung haben. Im antiken Griechenland hatte das bereits Sokrates erfasst.

Weil Irdische aber ein immenses Bedürfnis nach Sicherheit haben, wollen sie mit allen Mitteln die Welt, wie sie sie erleben, fixieren, um sie auf diese Weise berechenbar zu machen und ihrem Willen zu unterwerfen. Sie wollen Experten werden, damit sie sich endlich sicher fühlen können und zu den Guten gehören, zu denen, die Bescheid wissen und daher im Recht sind. Es soll nie mehr das furchtbare Chaos einbrechen, wie es bei der Geburt in diese Welt hinein geschah. Nach einer ersten Phase als sehr kleine Kinder, in der das Wissen um ihren Ursprung als Außerirdische noch nachklingt, versuchen sie nämlich – oft verzweifelt – eine eigene Ordnung in dieses Tohuwabohu zu bringen, das ja nur den Beginn ihrer *eigenen* Schöpfungsgeschichte darstellt. Moses hat diesen Beginn in seinem Buch »Genesis« zwar metaphorisch, aber recht treffend beschrieben.

Kinder versuchen daher bald, dieses Chaos zu ordnen, indem sie sich nach den Erwachsenen *ausrichten,* damit sie in deren Welt überleben können. Dieses Ausrichten ist ein wichtiges Überlebensprogramm der abhängigen Kinder. Sie müssen zunächst ebenfalls verrückte Irdische werden, um zu überleben, sind damit aber zu kleinen *Luzifers* geworden: Anstatt weiter neugierig und vertrauensvoll, wie am Anfang ihres Lebens, dieses göttliche sich selbst organisierende Chaos zuzulassen und sich freiwillig da einzuordnen, weil sie alle von dem ein »Abbild« sind, sogar als Irdische, wollen sie jetzt eigenwillig sein.

Nicht Sein Wille, sondern ihr eigener Wille soll geschehen. Sie wollen ihre eigene fixe Ordnung haben, auf die sie sich verlassen können und keinesfalls irgendein sich selbst organisierendes göttliches Chaos, das für sie auf ewig unberechenbar bleiben würde.

Und überhaupt weiß man als Irdischer ja nie so genau, ob das denn tatsächlich göttlich ist, dieses Unberechenbare, obwohl man von meist schwarz gekleideten Irdischen andauernd mit dieser Behauptung behelligt wird. Aber wenn's drauf ankommt, glauben sie es selber nicht.

Trotzdem sind Irdische im Innersten nach wie vor »Lichtträger« – das ist die Bedeutung des Wortes Luzifer – und ebenfalls ein göttliches sich selbst organisierendes Chaos. Sie müssten nur endlich wach werden, damit sie sich wieder daran erinnern können und sich dann freudig darauf einlassen. Das tun sie aber nicht, weil sie glauben, dass sie bereits wach seien.

Weil sich Irdische vor jeder Form von Unberechenbarkeit fürchten, werden fast alle sofort gewalttätig, mitunter bis zum Mord, wenn jemand sich anschickt, ihre erfundene Ordnung zu stören, denn Gewalttätigkeit ist eine der vielen Erscheinungsformen von Angst.

Zu beobachten ist diese egoistische Gewalttätigkeit sehr gut in der Außenpolitik bestimmter Staaten und bei so genannten zwanghaften Menschen. Aber vielleicht hast du täglich in deiner Ehe selbst Gelegenheit, Gewalttätigkeiten zu beobachten. Nein, nicht nur deine Frau verhauen. Viel subtiler: *Du bist ja bereits gewalttätig, sobald du anfängst ihr zu erklären, warum du Recht hast.* Damit setzt du sie nämlich automatisch ins Unrecht.

Irdische nennen das übrigens Diskutieren.

Dieser verrückte Versuch, Sicherheit zu gewinnen, indem man die Welt einfrieren will, damit sie für immer so bleibt, wie sie jetzt für uns ist, führt zu immensen Problemen, denn sie ist gegen die natürliche Ordnung des Universums gerichtet: *Die Welt ist bereits in Ordnung.* Die natürliche Ordnung der Welt ist jedoch von der Art, dass ein Fließgleichgewicht besteht zwischen gegensätzlichen Polen: Die Welt ist ein unendliches intelligentes Chaos, das sich selbst immer wieder neu organisiert und ordnet, und sie ist ein *vollkommener* »Organismus«, dem es an nichts fehlt und der in jedem Augenblick vollkommen gerecht ist. Das bedeutet, dass immer ein Gleichgewicht besteht zwischen all diesen gegensätzlichen Polen, egal, wie verschieden sie dir gerade erscheinen mögen: Sie gehören zusammen wie die beiden Pole eines Magneten, und *mit der Zeit* könnten sogar die Irdischen diesen Sachverhalt entdecken. Die aber lehnen diese wunderbare Ordnung strikt ab, weil sie als eine universelle Totalität (»universelle Totalität« ist eine Tautologie, das weiß ich selber – aber es klingt kräftiger) niemals berechenbar sein kann. Sie wollen lieber etwas Beständiges und möglichst Übersichtliches, an das sie sich in aller Ruhe und Bequemlichkeit gewöhnen können. Allerdings: Wer rastet, der rostet!

Gut wäre für uns also die natürliche Ordnung des Universums, weil sie dafür sorgt, dass alles in Bewegung bleibt und wir nicht einrosten, sondern uns weiter entwickeln – unter anderem durch »Prüfungen«, wie das in gewissen Kreisen genannt wird. *ES* prüft seine Schöpfungen mittels Krisen, ob sie funktionieren und ihre Aufgabe im *Großen und Ganzen* erfüllen. Ist das nicht der Fall oder ist ihre Aufgabe vollbracht, verschwinden sie in ihrer bisherigen Form und werden in andere Formen transformiert. (Die »Ur-Substanz« selber ändert sich dabei natürlich nicht.) Alle erfundenen Ordnungen dieser Luzifers haben daher den immensen Nachteil, dass sie nicht wirklich funktionieren, weil dabei ihre Welt in scheinbar zusammenhanglose Teile aufgesplittert wird, die danach auf völlig verrückte Art und immer nur bruchstückhaft wieder zusammengesetzt werden. Im besten Fall funktionieren sie *scheinbar* für eine gewisse Zeit. Wie könnten sie auch dauerhaft? Sie sind ja erfunden, anstatt wirklich.

Und wie ist das mit dem gesunden Menschenverstand? Der wird doch wohl eine realistische Sicht der Wirklichkeit ermöglichen?

Nein, der hilft dir nicht weiter, denn »der gesunde Menschenverstand sagt uns, dass die Erde platt ist«, hat Albert Einstein einmal treffend angemerkt. Wir können uns schon deshalb nicht auf ihn verlassen, weil er in der Regel mit falschen, mit wahnhaften Daten arbeitet: Ist die Wahrnehmung nicht korrekt, kann nur Nonsens dabei herauskommen, egal, wie schlau du mit deinem gesunden Menschenverstand danach weiter herum denkst: *Selbst ein schlauer Wahnsinniger ist immer noch ein Wahnsinniger.*

In einem Film über das Leben des Tramps Woody Guthrie, dieses legendären Liedermachers und Vorbildes von Bob Dylan, kam eine Frau vor, die bei jeder Gelegenheit sagte: »Es ist keiner so blind wie der, der nicht sehen will«. Oder bei Bedarf: »Es ist keiner so taub wie der, der nicht hören will.« (Okay, du kannst noch ergänzen: »Es ist keiner so gefühllos wie der, der nicht fühlen will.«) Das ist eines der großen Probleme, die ein Irdischer lösen muss, nachdem er als Kind durch die Standard-Gehirnwäsche seiner Kultur gegangen ist, die ihm zunächst vor allem durch seine Eltern verpasst wurde: Er muss neu lernen, sich zu *besinnen,* seine Sinne endlich wieder korrekt zu benutzen, anstatt sich etwas einzubilden, seine Einbildungen dann »wahrzunehmen« und sich über die *eingebildeten Bedeutungen* seiner »Wahrnehmung« meist noch mordsmäßig aufzuregen.

Wie bereits erwähnt: Keiner kann dieser Gehirnwäsche entkommen, die bei größeren Kindern und Erwachsenen nur noch stabilisiert wird. *Das geschieht hauptsächlich durch die Art, wie die Irdischen sich untereinander in Beziehung setzen.* Den kleinen Rest der stabilisierenden Gehirnwäsche erledigen die so genannten Medien, deren Wirkung ansonsten stark überschätzt wird. Wir sehen danach die Welt nicht mehr wie sie ist, sondern so, wie wir sie sehen *sollen* – inklusive uns selber. Wir haben nicht nur eine Menge an Einbildungen über andere und Gott und die Welt, sondern auch über uns selbst entwickelt (das »Selbstbild«), von deren Wahrheit wir absolut überzeugt sind. Wir sind durch eine immense Anzahl von »Bestätigungen« dieser Einbildungen schließlich zu Experten geworden: Wir wissen jetzt Bescheid und fühlen uns sicher.

Alle Irdischen sind in irgendeinem Bereich Experten geworden, damit sie in der Umgebung überleben können, in die sie hineingeboren wurden. Experten sind Irdische, die glauben, genau Bescheid zu wissen und sich folglich im Stand sehen, anderen zu sagen, wo's lang geht und die über alles und jeden ihre gerechten Urteile fällen. Sie brauchen nun nichts mehr zu lernen, denn sie haben Recht und blicken durch. Wer das nicht einsieht, der ist aus ihrer Expertensicht ein Ignorant und muss bekehrt werden oder ausgeschlossen aus dem Klub der Experten. Auch ein Penner muss Experte in seinem Metier sein, damit er sich über Wasser halten kann. Expertentum ist sehr erstrebenswert für alle, die sich fürchten. Wer sich nicht sicher ist, ob er tatsächlich Recht hat, geht ein größeres Risiko ein, falls es zu einer Auseinandersetzung kommt. Aber dafür hat er eine gute Chance, wieder etwas Neues zu erleben – falls er nicht ein Programm hat, das ihm vorschreibt, dass er am Ende doch wieder der Depp sein muss.

Eine Menge Experten nennen sich sogar Wissenschaftler und sie haben diverse akademische Titel gesammelt. Lass' dich dadurch nicht davon abhalten, genau zu beobachten, was diese so genannten Wissenschaftler wirklich treiben: Sie beweisen am Ende nur, dass sie Recht hatten. Sie beweisen zum Beispiel, wie gefährlich verbotene Drogen sind und dass man daher besser legale Drogen nehmen soll. Die aber sind *offensichtlich* gefährlicher, obwohl du sie in jeder Apotheke als »Heilmittel« bekommst. Oder beim Wirt. Oder aus dem Automaten. (Das war jetzt ungerecht: die Drogen vom Wirt oder aus dem Automaten sollst du natürlich auch nicht nehmen, weil die unser Gesundheitssystem verteuern. Andererseits: die Steuerausfälle ...)

Eine Sache sollte dich jedoch inzwischen beruhigen: dass du vom vielen Wichsen Rückenmarkschwund bekommst, ließ sich nicht überzeugend nachweisen.

Da wir alle zu Experten geworden sind, gibt es laufend heftige Diskussionen, in denen wir Experten uns gegenseitig überzeugen wollen, dass die eigenen Einbildungen wahr seien, die unserer jeweiligen Kontrahenten hingegen vollkommen absurd. Das kannst du in vielen Ehen und besonders in der Politik beobachten. Diskussionen sind aber ein Beweis dafür, dass *keiner* der Beteiligten auf dem Boden der Tatsachen steht, *denn über Tatsachen kann man nicht diskutieren, sondern nur über Ansichten.* Wer seine Ansichten für Tatsachen hält, der ist in Wirklichkeit ein Ignorant – auf Deutsch: ein »nicht Erkennender«. Wie soll er denn seine Einbildungen auflösen, an denen er gewiss leiden muss, wenn er sie für Tatsachen hält und sie daher gegen die Wahrheit verteidigt?

Solltest du mit einem Experten zusammentreffen, der mit dir diskutieren will, dann bleib cool und gib ihm Recht. Sag beispielsweise: »Okay – so kann man das *auch* sehen.« Meist ist der Experte damit zufrieden. Wenn du natürlich Spaß am Diskutieren hast, ist es ein vergnügliches Spiel. Aber nimm dich dabei in Acht und spiele nur, sonst vergeht dir der Spaß schnell.

Der Gegensatz zum Experten ist ein *Wissenschaftler*. Echte Wissenschaftler sind relativ selten.

Echte Wissenschaftler gehen grundsätzlich davon aus, dass sie eigentlich bestenfalls eine Ahnung haben könnten, was vielleicht los ist und wie die Dinge der Welt wirklich miteinander zusammenhängen. Sie machen sich daher ein so genanntes *Modell,* also eine Vorstellung von einer gewissen Sache und wissen dabei genau, dass das nur eine Vorstellung ist und nicht die Wirklichkeit. Aus dieser sehr bescheidenen Einsicht heraus fängt ein Wissenschaftler damit an, wieder ganz genau zu schauen – und sich zu wundern – wie ein Kind.

Vor allem weiß er genau, dass Erklärungen keine Tatsachen sind; deshalb betrachtet er jede seiner Erklärungen grundsätzlich als vorläufig. Solange sie sich in der Anwendung bewähren, behält er sie bei. Erweist sich die beobachtbare Praxis aber als nicht kompatibel mit einer Erklärung, sucht er nach einer anderen, die besser funktioniert, anstatt die beobachteten Tatsachen so lange zu verdrehen, bis sie endlich wieder zu seiner Erklärung passen. Er interessiert sich sehr für die Ausnahmen von der Regel und findet die Regel danach eher uninteressant.

Der Experte hingegen ist von der Wahrheit der Regel überzeugt und erklärt die Ausnahmen für ungültig. Für ihn sind sie meist so genannte Ausreißer in seiner Statistik. In jedem Fall unterscheidet ein Wissenschaftler die beobachteten Tatsachen scharf von seinen Ansichten dazu und er hat zusätzlich gelernt, wie man logisch denkt, anstatt magisch. Alle Irdischen, die bereits zu Wissenschaftlern geworden sind, haben gute Chancen, zu erwachen.

Jedes Kind auf dieser Welt könnte zeitlebens ein echter Wissenschaftler sein, wenn es nicht die notwendige Gehirnwäsche erfahren müsste. Es braucht dazu kein Universitätsstudium, denn das behindert sehr bei der Entwicklung zum echten Wissenschaftler. *Es braucht dazu funktionierende Anleitungen zur Selbstprogrammierung, Offenheit, Kreativität und Beobachtungsschulung.*

Und dann gibt es noch die *Techniker.*

Techniker wenden einfach an, was ihnen die Wissenschaftler zur Verfügung gestellt haben und denken sich nicht viel dabei. Hauptsache, die Sache funktioniert und es kommt raus, was rauskommen soll. Techniker sind ebenfalls wichtig für jede Gesellschaft.

Wir sollten uns davor hüten, uns in irgendeiner Sache als Experten betrachten, obwohl wir jede Menge dafür getan haben, endlich einer zu werden. Wir glauben nämlich, dass wir auf der sicheren Seite sind, sobald wir als Experte endlich »durchblicken«. Aber das ist nun die gefährlichste Haltung, die wir haben können. Sie blockiert Lernen und führt zu den diversen Formen von Gewalttätigkeit, die wir besonders beim Autofahren und im alltäglichen Umgang mit unseren Mitmenschen beobachten können, nicht nur in den offiziellen Kriegen. Wer sich sicher ist, dass er Recht hat, ist ein Fundamentalist geworden und somit wahnsinnig. Wir brauchen den Anfängergeist eines Kindes – oder noch besser: den eines Zen-Meisters – damit wir wieder sehen und hören, was tatsächlich los ist und wieder angemessen handeln können, anstatt verrückt zu sein. *Wir gewöhnen uns an, immer wieder neu hinzuschauen, besonders, wenn wir uns sicher sind, dass wir Recht haben.* Merke dir: *Lernen ist ein anderes Wort für Überraschung.* Das Gegenteil eines Experten ist also jemand, der sich wieder wundern kann: Er ist ein Wissenschaftler, der wieder wie ein Kind auf die Welt schaut und seinen Intuitionen traut, der aber nicht mehr hypnotisierbar ist wie ein Experte. Experten wundern sich ja nicht einmal darüber, dass ihre Pläne nie wirklich funktionieren, denn sie können *hinterher* genau erklären, warum es nicht funktioniert hat.

Da ist noch ein wichtiges Problem bei Forschungen danach, was *vielleicht* wirklich der Fall ist in unserem Universum: *Wir dürfen genau nicht mit wahr verwechseln!* Besonders in so genannten wissenschaftlichen Studien wird oft völliger Nonsens auf mehrere Dezimalstellen genau ausgerechnet und wenige schauen nach, was da überhaupt gemacht worden ist in dieser Studie. Der Physiker Werner Heisenberg hat folgende interessante Anmerkung hinterlassen: »Das Gegenteil der Klarheit ist Genauigkeit.« Wir brauchen Klarheit, damit wir die rechten Entscheidungen treffen können. Genauigkeit hilft uns nicht weiter, *denn Genauigkeit ist in Wirklichkeit ein Schwindel.*

Die meisten angeblich wissenschaftlichen Studien werden ohnehin durch einen Standardfehler unbrauchbar: Es werden dabei Sachverhalte auf eine Weise verknüpft, die unsinnig ist, nämlich mit der Behauptung, dass eine gemessene Variable *Ursache* der anderen gemessenen Variablen sei: »*Weil* mich meine Mama immer auf den Kopf gehauen hat, *darum* kriege ich jetzt keine Frau.«

Du kannst ganz genau ausrechnen, dass der kleine Fredi bis zum zehnten Lebensjahr von seiner Mama im Durchschnitt täglich 17,55 mal auf den Kopf gehauen wurde und dass er daher im Vergleich zu einer Kontrollgruppe, die signifikant weniger Kopfschläge in dieser Zeit erhalten hat, eine 6,98-faches Risiko trägt, Hämorrhoiden zu bekommen, anstatt einer guten Frau. Toll, nicht wahr?

Derartige Verknüpfungen und genauen Berechnungen sind Schwindel, besonders, wenn damit Beweise erbracht werden sollen, denn Beweise sind nur nötig, wenn etwas *nicht* wahr ist. Die betreffenden Forscher gehen idealistisch, jedoch unzutreffend davon aus, dass die von ihnen gemessenen Variablen tatsächlich zu isolieren sind von allen so genannten Störvariablen. Das ist natürlich illusorisch, denn in unserem Universum hängt alles mit allem zusammen. Daher wirken jede Menge anderer und für das Forscherauge völlig verborgene Variablen mit, nicht nur die gemessenen.

Eine der wichtigsten Variablen ist die Sichtweise des Forschers, die von seinem Glauben abhängt. Der aber kann durchaus anders sein als er meint. Das hat in den sechziger Jahren des letzten Jahrhunderts der amerikanische Psychologieprofessor Rosenthal festgestellt, weshalb das Problem in der Forschung auch Rosenthal-Effekt genannt wird. Dieser Rosenthal-Effekt ist kaum kontrollierbar, obwohl man ihn besonders in der Pharma-Forschung etwa durch so genannte Blind-Versuche (dabei weiß die Versuchsperson nicht, ob sie ein Placebo oder ein Wirkstoffpräparat bekommt) und Doppel-Blind-Versuche eindämmen will (dabei weiß auch der Forscher nicht, ob er der Versuchsperson ein Placebo gegeben hat oder nicht, sondern nur ein »außenstehender« Versuchsleiter). Aber der *unvermeidbare* Placebo-Effekt *bei beiden* macht diese Forschungsergebnisse weiterhin eher nebulös.

Für den Fall, dass du die Gefahr, zu einem Experten zu mutieren, einigermaßen eingrenzen willst, empfehle ich dir hier eine **Übung:** *Gewöhne dir an, bei allem, was du beobachtest und was dir widerfährt, erst zu denken »interessant!«, anstatt »Scheiße!«* »Interessant« ist *das* Mantra für Beobachtungsmeditationen in deinem Alltag.

Wirklich wichtig ist diese Übung, sobald dir Unangenehmes widerfährt, sobald dich zum Beispiel jemand angreift, indem er

dir Vorwürfe macht oder wenn er sonst in irgendeiner Weise aufgeregt auf dich losgeht.

Regst du dich gerade selber auf, dann ist diese Übung ebenfalls
sehr nützlich. Sie nützt dir jedenfalls deutlich mehr, als wenn du
dich weiter aufregst, dich im Recht fühlst und dabei nur weiteren
Unsinn produzierst.

Das Wort Interesse bedeutet ein »Dazwischen-Seiendes«. Wenn du
dich für etwas oder für jemanden interessierst, entsteht eine neue
Art von Beziehung: du verbindest dich mit dem Beobachteten und
»erweiterst« dich so. *Beurteilst* du das Beobachtete hingegen, anstatt dich zu interessieren, dann beschränkst du dich dadurch und
du wirst »enger«. Das wird dir auf Dauer nicht gefallen, obwohl
du dich damit immer wieder auf eine kindliche Art gut fühlen und
dir täglich bestätigen kannst, dass du der Mehrheit angehörst. Das
gibt dir die Sicherheit, die ein kleines Kind eben braucht.

Hier ist nochmals ein **Übung**svorschlag zur Schulung deiner Be-
obachtungsfähigkeit: *Wenn du mit jemandem redest oder Leute beobachtest, die sich unterhalten, dann stell' dir vor, du wärst taub. Versuche allein durch Beobachten herauszufinden, was sie dir oder was
sie sich gegenseitig durch ihr Verhalten* tatsächlich *mitteilen. Oder
schalte bei einer Fernsehdebatte mal den Ton ab.* (Dabei versäumst
du ohnehin nichts.)

Wir brauchen als Erwachsene die klare Sicht des wirklichen Sach-
verhalts. Der ist erst möglich, wenn wir selber klar und wach sind,
weil sonst die korrekte Wahrnehmung des aktuellen Sachverhaltes
nicht möglich ist. Wer aufgeregt ist, der bildet sich gerade wieder
etwas ein. Am besten wäre die ruhige und die furchtlose Haltung

eines Samurai, der ausreichend lange Zen praktizierte und daher bereits erkannt hat, dass es nichts zu fürchten gibt. Deshalb vermeidet ein wahrer Meister einen Kampf. Er ist nämlich aufgrund seiner Klarheit der Klügere beim Nachgeben, *denn er vermeidet den Kampf nicht aus Angst, sondern weil er ruhig und klar bleibt, selbst im Angesicht des Todes.* Eine ruhige, klare Haltung ermöglicht dir optimale Handlungen, die der jeweiligen Situation angemessen sind und die daher Leben bewahren, anstatt zu verletzen oder gar zu töten. *Ein echter Meister beschützt jedes Leben – sogar das seines Feindes.*

Um zu dieser Haltung zu gelangen brauchst du vermutlich ein Wunder oder sehr viel Übung in Achtsamkeit. Beides ist möglich.

Warum klappt es nicht mit meiner Veränderung, verdammt?

Am tugendhaftesten sind die,
welche am weitesten von der Lösung
des Problems entfernt sind.

(ALINSKYS REGEL.
ABER WER, ZUM TEUFEL, IST ALINSKY?)

Du hast sicher festgestellt, dass es viele Menschen gibt, die den ernsthaften Wunsch haben, sich zu ändern – genauer gesagt: sich endlich zu bessern. Wahrscheinlich bist sogar du einer davon. Aber egal, wie sehr sie sich anstrengen: es klappt einfach nicht mit ihrer ersehnten Veränderung. Immer wieder haben sie Rückfälle und schämen sich dafür. Sie wollen das Rauchen aufhören oder sich in gewissen Situationen nicht mehr so immens aufregen. Oder sie wollen mit ihrem Partner nicht mehr so oft streiten (aufgemerkt: schon noch streiten, aber seltener), doch es geschieht genau das weiterhin, was sie angeblich loswerden wollen. Sie sagen sogar, »es« würde »passieren«, anstatt »ich hab's wieder getan«.

Letzteres wäre aber der erste wichtige Schritt zu einer Lösung: Du würdest damit endlich anfangen, die Verantwortung zu übernehmen für dein Handeln und dessen Folgen. Es ist ein grober Fehler und einer der Hauptgründe dafür, warum »es« nicht funktioniert, wenn du dich selbst als Opfer betrachtest. *Wenn du selber nichts getan hast, kannst du auch nichts ändern.* Opfer sind bekanntlich machtlos, sonst wären sie nicht zu einem Opfer geworden, und Opfer sind daher auch nicht verantwortlich. Ganz allein die bösen Täter sind es. Oder das Schicksal. Oder gar Gott. Oder sie haben es vom bösen Opa geerbt.

All diesen Menschen ist es wirklich ernst mit ihrem Wunsch, sich zu bessern. Viele von ihnen gehen deshalb sogar zu einem Psychotherapeuten, damit sie sich mit dessen Hilfe endlich zum Besseren ändern. Trotzdem gelingen ihnen nur kleine und unwesentliche Schritte, anstatt der ersehnten großen Veränderung. Oder sie sind schon mit einer einleuchtenden Erklärung des Problems zufrieden: »Bevor ich die Psychotherapie machte, hatte ich große Probleme damit, dass ich dauernd in die Hose scheiße. Nach der Therapie scheiße zwar immer noch in die Hose, aber ich weiß jetzt wenigstens, warum!«

Gut, manchen reicht es ja, wenn's nicht mehr so schlimm ist oder wenn sie eine plausible Erklärung für ihr Problem gefunden haben. Sie sind mit kleinen Veränderungen zufrieden. Sie sind zufrieden, weil sie inzwischen seltener mit ihrem Partner streiten und danach nicht mehr drei Tage beleidigt sind, sondern nur noch einen. Man wird bescheiden, wenn man lange gelitten hat, obwohl es sich hier natürlich um einen Fall von falscher Bescheidenheit handelt, denn wer nicht aufs Ganze geht, der ist auf die falsche Weise bescheiden und kommt daher nicht zum Ziel. Und wer sein Problem überhaupt nicht erkannt hat, der wird es auch nicht lösen. Wie soll denn das gehen?

Selbstverständlich gibt es viele, die nur vorgeben, sich ändern zu wollen, damit man sie nicht der offenen Verweigerung bezichtigen kann und sie dann bestraft werden. Sie *denken* dabei zwar, dass sie sich wirklich ändern wollen, aber es stimmt nicht. Sie zeigen ihren Widerstand unbewusst, jedoch völlig offen. An einfachen Hinweisen kannst du sie identifizieren. Falls du selber als Psychotherapeut arbeitest, solltest du das checken, sonst bist du deinen Patienten ausgeliefert und wirst damit zu deren Opfer.

Folgende Beobachtungen sind recht zuverlässige Indizien für diesen Widerstand:

Die Betreffenden präsentieren sich als arme Würstchen und jammern. Sie suchen nur eine gute Mutti, die sie trösten soll, und wollen keinen Rat. Auf Beratung reagieren sie daher mit »ja, aber ...«

Sie kommen immer wieder mit ihrem Problem daher, anstatt nach Lösungen zu suchen.

Sie suchen Schuldige.

Sie wollen Recht haben und triumphieren: »Dem hab' ich's aber gegeben!« ist ihre Lösungsvorstellung.

Sie debattieren mit ihren Ratgebern und haben jede Menge an Erklärungen parat, warum ihr Problem nicht so einfach lösbar sei. Einfache Lösungen sind für sie offenbar wie eine Beleidigung ihrer Intelligenz.

Sie beharren auf einer klaren Diagnose und wollen unbedingt *vorher* wissen, was du mit ihnen tun wirst oder warum sie eine bestimmte Hausaufgabe ausführen sollen. Sie sind überzeugte Paranoiker.

Sie präsentieren einen Symptom-Reigen: »Der Kopfschmerz ist jetzt weg, Herr Doktor, aber *dafür* tut's mir hier weh!«

Sie wirken irgendwie ganz zufrieden, wenn's ihnen wieder schlecht geht.

Sie haben schon eine oder mehrere Therapien hinter sich und wissen genau, wie Therapie geht. Sie können dir sofort die richtige Diagnose nennen und du brauchst sie nur noch zu notieren und sie danach »richtig« zu behandeln. Sie sind Therapie-Experten.

Sie wollen sich in Wirklichkeit die Bestätigung holen, dass ihr Problem unlösbar ist, weil sie einen verborgenen guten Grund dafür haben (etwa eine liebevoll-kindliche Loyalität zu einer wichtigen Bezugsperson) oder weil sie beispielsweise auf eine Früh-berentung aus sind.

(Die aufgeführten Verfahren sind untereinander gut kombinier-bar.)

Diesen Leuten kann man noch nicht helfen und du solltest ei-nen gewissen Abstand zu ihnen halten, anstatt sie »heilen« zu wol-len, sonst handelst du dir unnötigen Ärger ein. Mitgefühl ist schon okay, *Mitleid* wäre dagegen dumm und sogar kontraproduktiv.

Natürlich kann auch der Therapeut falsch liegen. Folgende Feh-ler sind da verbreitet:

Der Therapeut bestätigt dem Patienten, dass er tatsächlich nicht okay ist, sondern Defizite habe und krank sei. (Das wird »Dia-gnose« genannt und ist eines der Grundprobleme unseres Ge-sundheitssystems, weil die Beteiligten davon ausgehen, dass der Patient nicht für seine Zustände verantwortlich, sondern ein Op-fer von Umständen ist, und dass er daher vom Therapeuten mit-tels »richtiger Behandlung« geheilt werden müsste, weil er das sel-ber ja nicht kann.)

Er lässt sich auf einen »Über-Ich-Kontrakt« ein, indem er ver-sucht, den Patienten dahin zu bringen, wo *der denkt, dass er hin sollte.* Du musst aber das eigentliche Ziel des Patienten identifi-zieren und ihm helfen, es zu erkennen, anstatt es seiner »inneren Mutti« recht machen zu wollen.

Der Therapeut hat sich auf einen »Fremdkontrakt« eingelas-sen, beispielsweise, indem er eine gerichtlich angeordnete Therapie durchführt oder indem er den Mann dazu bringen will, so zu sein, wie seine Frau das will. Damit würde er ebenfalls bestätigen, dass der Patient nicht okay sei, anstatt einfach nur gemeinsam Fehler zu suchen und zu korrigieren.

Der Therapeut will die bessere Mutti sein, indem er seinen Patienten »zu etwas bringen« will, wovon *er* denkt, dass es gut wäre für den; meist verstärkt er dessen Opferstatus und will ihn dabei unterstützen, Schuldige zur Rechenschaft zu ziehen. (Ganz übel.)

Er liebt seine Patienten nicht genug, sondern er beurteilt sie in irgendeiner Weise. (Das kommt oft vor.)

Er missbraucht seine Patienten, indem er etwa deren Bewunderung oder gar ihr Geld will oder indem er ihnen zu verstehen gibt, dass sie es ohne ihn unmöglich schaffen werden, ihre Probleme zu lösen. Oder er will sie missionieren, indem er ihnen seinen eigenen Realitätstunnel aufdrängt, damit er sich selber bestätigen kann, dass er Recht hat und im Gegensatz zu seinen Patienten bereits klug und weise ist.

Es ist dir hoffentlich klar: Sobald du deine Patienten auf irgendeiner Art »schwächst«, bist du ein »Missbraucher«. Das gilt also für alle sechs aufgezählten Punkte.

Patienten, die ihr Problem behalten wollen, suchen sich einen Therapeuten, der ihnen dabei hilft. Das ist völlig in Ordnung, so lange der Patient selber dafür zu zahlen bereit ist. Schließlich bekommt er ja, was er will, sonst würde er nämlich gehen.

Ich rede hier aber nicht von solchen, sondern von Menschen, die sich wirklich ändern wollen und bei denen es trotzdem nicht klappen will. Wie ist das möglich?

Nun, das hat mehrere Gründe.

Der Hauptgrund ist, dass wir das Grundproblem überhaupt nicht erfasst haben, so lange wir nicht erkennen, dass wir Irdische und daher programmierte Bio-Roboter sind. Wir müssen alle bald nach unserer Geburt ein Ego entwickeln und damit zu einem Irdischen werden, und die bilden sich naturgemäß bald ein zu wissen, was tatsächlich los ist.

Ein Ego entsteht durch die nach spätestens drei Jahren erfolgte unvermeidliche Identifikation mit unserem Körper. Dadurch erfahren wir uns als abgegrenzt von der Außenwelt – was auf einer gewissen Ebene ja tatsächlich der Fall ist, denn sonst wäre Leben gar nicht möglich. Damit vollziehen wir gleichzeitig eine eingebildete Ur-Teilung des Großen Ganzen, das in Wirklichkeit unteilbar ist: Wir ur-teilen das Unendliche Ganze in ein Ich innerhalb der Grenzen unserer Haut und in ein Nicht-Ich da draußen, was natürlich in Wahrheit eine Illusion darstellt.

Dieser folgenschwere Irrtum verhindert alle wirklichen Lösungen, solange er nicht korrigiert wird durch die Erkenntnis, dass es keinen *wesentlichen* Unterschied gibt, sondern dass es nur so erscheint. Das urteilende Ego, diese Mutter aller Irrtümer, erzeugt nämlich die Illusion, dass außerhalb etwas existieren würde, das wesentlich anders ist als »du da drin in deiner Haut«. Jean Paul Sartre meinte dazu: »Die Hölle – das sind die Anderen.«

Dieses Äußere, das scheinbar auch äußere Mächte beinhaltet, kann dich aber nicht wirklich bedrohen oder retten, *denn was du siehst, das bist du selbst:* Es sind die Inhalte deines Geistes, das, woran du glaubst, dass es wahr sei, weil du es mit deinen Sinnen »wahrnimmst«.

Somit kämpfst du in Wirklichkeit immer gegen dich selber, wenn du »da draußen« irgendetwas bekämpfen willst, das du als böse verurteilt hast, oder etwas scheinbar Fremdes in dir, eine Krankheit etwa, die du hinter deinem eigenen Rücken ohnehin selber erzeugt hast.

Dieses Urteil, das dein vollständiges (»heiliges«) wahres Selbst scheinbar teilt in Innen und Außen, ist die Quelle aller weiteren Fehl-Urteile, die du in deinem Leben fällst, denn weil das Grundsatzurteil falsch ist, sind alle daraus folgenden Urteile natürlich auch falsch, egal wie logisch und gerecht sie dir erscheinen mögen.

Der wichtigste Grund also, warum du dich bisher nicht wesentlich verändert hast, ist dein Urteil über das, was ist. Du glaubst nämlich nach wie vor das, was dir als Kind beigebracht wurde: dass es Gut und Böse gäbe und Richtig und Falsch und Ungerechtigkeit und dass du irgendwie tief drinnen nicht wirklich okay bist. Du musst dich daher angeblich erst ernsthaft anstrengen, um dich endlich zu bessern, damit du dann später irgendwann okay sein wirst – in einer Zukunft, die es nicht gibt. Das ist offensichtlicher Unsinn. *Du musst jetzt erkennen, dass du bereits okay bist, selbst wenn du laufend Scheiße baust. Diese Scheiße ist nur die Folge von Irrtümern und bedeutet nicht, dass du deshalb nicht bereits okay wärst.*

Ein gewisser Außerirdischer hat vor etwa zweitausend Jahren ganz klar darauf hingewiesen, dass einem jeden nach seinem Glauben geschieht. Was du *wirklich* glaubst, das wirst du immer wieder exakt bestätigt bekommen. Sobald du dich bessern willst, glaubst du ja offensichtlich, dass du so, wie du jetzt bist, noch nicht gut bist. *Das ist dein wahrer Glaube.* Strengst du dich an, damit du endlich gut wirst, weil dich sonst keiner mögen wird, sobald er dich näher kennt – nicht mal mehr deine Mutti – bekommst du bald die Bestätigung, dass das stimmt: Du erfährst erneut Ablehnung und gerätst in altbekannte Kinderzustände. Wenn du zu einem Therapeuten gehst, gibt dir der ebenfalls Recht. Er nennt es allerdings Diagnose.

Du erkennst wohl bisher noch nicht die einfache Wahrheit, nämlich, dass *ES IST. Einfach so*. Alles hat gleiche Gültigkeit, indem es existiert als eine Form der gleichen »Ursubstanz«, aus der alles besteht. Zusätzlich bemerkst du nicht, *dass diese Welt, die du gerade erlebst, deine eigene Schöpfung ist* und dass es daher reicht, wenn du selber endlich durchblickst. Sobald du glaubst, dass sich zuerst jemand anderer verändern müsste, damit es bei dir gut weitergehen kann, etwa deine Frau oder dein Chef oder gar die Gesellschaft, steckst du fest in deiner Kindheit, die ja in Wirklichkeit vorbei ist. *Du bist damit verrückt* – in der Zeit und bezüglich deines rechten Platzes verrückt. Wie sollst du da die Macht haben, irgendetwas in deinem Leben zu verändern, wenn du nicht mehr auf dem Boden der Tatsachen stehst? *Du brauchst dich nicht zu bessern oder irgendwie zu verändern, denn du bist bereits okay; du musst es nur endlich erkennen, anstatt weiter zu urteilen. Nichts hat eine Bedeutung. Alles ist einfach so, wie es ist. Erst durch deine Bewertungen wird das, was einfach ist, für dich zu einem Problem, das du bekämpfen willst und das du damit stabilisierst. Es geht nur darum, die eigenen Irrtümer zu erkennen und zu korrigieren, anstatt zu urteilen.* Das heißt nicht, dass du passiv sein sollst, sondern dass dein Handeln erst funktionieren kann, wenn du auf dem Boden der Tatsachen stehst, anstatt deine Vorstellungen für Tatsachen zu halten.

Selbst wenn du das bisher noch nicht gemerkt hast: Es gibt zunächst eine Möglichkeit, deine Zustände zu beeinflussen, denn da ist ein »Gesetz«, das deine Veränderung unmöglich macht, wenn du es nicht kennst: *Ein wichtiges Prinzip der Erschaffung deiner Welt (so wie du sie erfährst) besteht darin, dass du alles vergrößerst, worauf du deine Aufmerksamkeit richtest und dich dabei aufregst, weil du es gerade wieder glaubst.*

Aufregung ist nun die Energie, mit der du das jeweils Geglaubte für dich zunächst *virtuell* realisierst. Virtuell soll bedeuten, dass es für Außenstehende, die dich in Ruhe beobachten, durchaus anders aussehen kann, als für dich. Du fühlst dich vielleicht gerade wie der letzte Arsch und der Beobachter findet dich trotzdem recht nett.

Du wirst es aber schaffen, ausreichend viele Beobachter davon zu überzeugen, dass natürlich *du* Recht hast: du musst dich dabei nur weiter auf dein unangenehmes Gefühl konzentrieren, dabei alles Mögliche unternehmen, um es zu verstecken oder wieder loszuwerden und du wirst dich damit auf eine Weise benehmen, mit der du zwangsläufig erneut Ablehnung *provozierst* (zu deutsch: hervorrufst), falls es das ist, wovor du gerade wieder Angst hast.

Eine gute Möglichkeit, deine Gefühlszustände absichtlich in eine gewünschte Richtung zu verändern, ist also die **bewusste Anwendung dieses Schöpfungsprozesses,** mit dessen Hilfe du ohnehin alle deine bisherigen Erfahrungen auf einer gewissen Ebene verwirklicht hast. Er funktioniert einfach und ziemlich zuverlässig und ist daher für gezielte Veränderungen gut zu verwenden:

Du legst zuerst dein Ziel fest und *beginnst mit einer möglichst klaren Vorstellung davon. (Beachte dabei dringend: Ein Ziel besteht in einem Zustand, in dem du sein willst!) Du versetzt dich sozusagen in den gewünschten Zustand und fühlst so dein Ziel, als ob es bereits Wirklichkeit wäre: du glaubst jetzt an seine Realität. Damit es konkret manifestiert werden kann, musst du nur am Ball bleiben, indem du dich immer wieder daran erinnerst, es dir beispielhaft ausmalst, darüber redest und du wirst fast automatisch damit beginnen, dich entsprechend deines angestrebten Zustandes zu verhalten. Bleibst du lange genug dran, wird deine Zielvorstellung mit der Zeit tatsächlich Wirklichkeit: Du kannst das Ergebnis dann real wahrnehmen und sagen: »Genau das wollte ich! Und so ist es auch gut.«*

Nenne es meinetwegen Beten.

Jeder benutzt diesen Schöpfungsprozess unbewusst, um damit seine Erfahrungen und dabei besonders seine Probleme zu erzeugen und jeder könnte daher wissen, wie er funktioniert, um damit andere Wirklichkeiten zu erschaffen, wenn ihm seine bisherigen nicht mehr gefallen. Da wir als Bio-Roboter aber unaufmerksame Gewohnheitstiere sind, erschaffen wir das, was wir bereits oft genug oder eindringlich genug erfahren haben, unbewusst immer wieder aufs Neue und regen uns erneut darüber auf, obwohl wir meist schon vorher »gewusst« haben, was wieder passieren wird: Wir haben uns die Sache ja vorher intensiv vorgestellt, uns dabei mächtig aufgeregt, als ob es bereits real sei, immer wieder daran gedacht, darüber geredet – oft sogar mit einem Psychotherapeuten, der sich das gefallen lässt – und haben uns entsprechend verhalten. Daher sind wir mit diesem Schöpfungsprozess erneut im Schlamassel gelandet und haben wieder einmal Recht gehabt: Der betreffende Glaube hat sich quasi automatisch als wahr bestätigt.

__Bedenke,__ oh strahlender Held deiner Mutter, dass du alles vergrößern wirst, worauf du deine Aufmerksamkeit richtest und dich dabei aufregst, weil du es für wahr hältst, denn du kannst hierbei wählen! *Warum, zum Teufel, kümmerst du dich also intensiv um Probleme, statt darum, was dir lieber ist und was dich glücklich machen würde?*

Übe, in Ruhe genau zu beobachten, was tatsächlich los ist. Dazu gehört natürlich auch deine Aufregung, die ja nur eine Folge deiner Bewertung der vorliegenden Tatsachen ist – falls du die Tatsachen überhaupt erkennst. *Und übe auch, dir durch aufmerksame Zurückhaltung eine Art von Zeitfenster zu verschaffen,* bis dein Hirn wieder halbwegs zu arbeiten beginnt, statt sofort entsprechend deiner Aufregung zu *re*-agieren wie ein Roboter. Allein dadurch kannst du viel Ärger vermeiden. Dieses Zeitfenster nenne von mir aus *Bewusstheit.*

Leichter ist es anfangs meistens, deine Mitmenschen genauer zu beobachten; anschließend suchst du *nach Ähnlichkeiten* zwischen dir und ihnen, um eigene Fehler zu erkennen. Du suchst also nach dem, was sich gleicht, anstatt nach Unterschieden, die es natürlich ebenfalls gibt. So kannst du jederzeit Lehrer für dein Studium haben, um damit deine Projektionen zu testen.

Willst du aber das »Falsche« und »Böse« dadurch loswerden, indem du es bekämpfst, ohne zu erkennen, dass du das Böse damit vergrößerst, wird alles nur schlimmer. Das Schlimmste daran: Du erkennst dabei nicht einmal, dass du selbst der alleinige Schöpfer deiner Welt bist, die du gemeinsam mit deinen Mitmenschen eigenverantwortlich erschaffen hast. Wie sollst du da Macht haben, deine Erfahrung der Welt nach deinem Belieben wieder zu verändern? Du hast die Macht dazu nach außen fantasiert und bist jetzt selber »ohnmächtig«.

Du solltest erkennen, dass du bisher ein programmierter Bioroboter warst, dessen einziges Interesse darin bestand zu überleben, indem er sich das verschafft, was er zum Überleben braucht: Luft, Wasser, Futter, einen Platz zum Schlafen – und Zuwendung. Und er will sein eigenes Territorium, das nur ihm gehören soll. Wenn es ihm nicht groß genug ist, dann will er die Territorien anderer Lebewesen erobern und besetzen.

In seiner eingebildeten Abhängigkeit von den »Göttern« braucht der Bioroboter Sicherheit darüber, dass dieses Lebensnotwendige jederzeit ausreichend verfügbar ist. Er will sich daher eine Zone der Bequemlichkeit und der Sicherheit schaffen. Unbequemes und »Böses« soll möglichst schnell verschwinden, ehe es wirklich gefährlich wird für ihn.

Dieses Problem erscheint in den unterschiedlichsten Varianten. Lass' dich aber dadurch nicht verwirren.

Wir beurteilen gewöhnlich alles, was wir wahrnehmen, automatisch als gut oder böse, richtig oder falsch, schuldig oder unschuldig, und benutzen dafür sogar Ausdrücke aus der Mathematik, nämlich positiv und negativ, die hier ja überhaupt nichts verloren haben, denn es geht dabei nur um *angenehm* und *unangenehm.* Wir haben mit Hilfe unserer Eltern und anderer erwachsener Irdischer, die für uns als Kind wichtig waren, ein weiteres sehr komplexes Überlebensprogramm entwickelt: Eine Moral. Wir glauben daher zu wissen, was »man« darf und was nicht. Diese Moral teilen wir mit der Mehrheit unserer jeweiligen Gruppe. Wir halten sie für natürlich und wahr oder gar für gottgewollt. *Jede Moral stellt jedoch nur eine Sammlung von Urteilen dar.* Diese Sammlung sollten wir einigermaßen kennen und sie bei unseren Entscheidungen und Handlungen ausreichend berücksichtigen.

Aber wir brauchen sie deswegen doch nicht gleich zu glauben!

»Gerechte« Urteile aufgrund moralischer Gesetze haben zwar auf den ersten Blick etwas Logisches und eine scheinbare Berechtigung; sie sind aber allesamt falsch, indem sie nicht funktionieren, wenn du damit wesentliche Probleme lösen willst. Sowohl deine Probleme, als auch deine Moral sind ja nichts als verrückte Erfindungen. *Das Große Ganze ist bereits vollkommen gerecht* insofern, als dass du erstens genau das hast, was du wirklich willst, und zweitens alle Handlungen die entsprechenden Konsequenzen mit sich bringen. *Konsequenzen sind jedoch keine Strafe, sondern Ergebnisse.* Falls sie dir nicht gefallen: Entscheide neu und ändere dein Handeln.

Dazu müsstest du natürlich merken, was du *tatsächlich* tust, anstatt das zu glauben, was du denkst zu tun. Gut – dafür gibt es ja die gerechten Konsequenzen, damit du erkennst, was du wirklich getan hast, denn »wie man in den Wald hineinruft, so schallt es zurück«, sagt unser Volksmund zu diesem einfachen Sachverhalt und der gilt nicht nur für einzelne Irdische, sondern auch für größere Systeme wie Völker. Dabei ist die grundsätzliche Gerechtigkeit oft nur noch sehr schwer zu erkennen und erscheint für einzelne Angehörige schnell als Ungerechtigkeit, denn auch dabei gilt: Mitgefangen, mitgehangen, selbst wenn der Einzelne nichts direkt zu den Geschehnissen beigetragen hat.

Wir urteilen insbesondere schnell und streng, wenn wir mit jemandem konfrontiert werden, der uns dadurch »bedroht«, dass er anders ist als wir es erwarten, oder weil er eine Ansicht vertritt, die mit unser eigenen nicht mehr ausreichend kompatibel ist, oder der uns als nicht kontrollierbar erscheint, weil er zum Beispiel selbstbewusst und eigenständig ist – oder betrunken. Manchen sind deswegen sogar kleine Kinder nicht recht geheuer.

Was folgt daraus? *Wir können uns nicht ändern, wenn wir uns nicht als Schöpfer unserer Probleme erfahren, sondern als Opfer, und wenn wir uns zusätzlich verurteilen für das, was wir doch in bester Absicht und mit vollem Einsatz hinter unserem eigenen Rücken selbst erzeugt haben:* Unsere meist unerfreulichen Zustände. Die Wahrheit würde uns davon befreien, aber nicht das, wovon wir uns einbilden, dass es wahr sei.

Nochmals anders formuliert: *Wir werden nichts los, wenn wir es ablehnen,* denn Ablehnen wirkt wie eine Abschleppstange: Sie stellt eine stabile Verbindung her. Du kannst also durch Bekämpfen deiner Probleme zwar einen Symptomreigen erzeugen, aber niemals eine Lösung. Dazu müsstest du die Wirklichkeit schon anerkennen, wie sie tatsächlich ist, anstatt deine Vorstellungen für wahr zu halten und dabei zu glauben, dass du weißt, wie die Welt sein sollte. Oder bist du größer als Gott?

Störungen sind natürlich unangenehm, so dass wir sie zunächst reflexartig ablehnen und dann bekämpfen, damit sie möglichst schnell wieder verschwinden. Auf diese Weise vergrößern wir aber das Problem, denn Bekämpfen ist eine Form der Zuwendung, die das Unangenehme genau so »füttert«, als ob du es absichtlich vergrößern wolltest. Aber Hauptsache, du findest schnell eine plausible Erklärung, etwa den bösen Grippevirus, oder dass du derzeit wieder zu wenig Serotonin in deiner grauen Grütze hast und deswegen depressiv bist – und Schuldige, zum Beispiel deine Mutti, weil die dich viel zu früh abgestillt hat.

Ein weiterer Grund, warum wesentliche Veränderungen nicht möglich sind, ist der, dass wir äußerst unachtsam geworden sind. Wir haben uns zu Gewohnheitstieren und zu Experten entwickelt, denn wir können inzwischen jeden Mist, den wir produziert haben, *hinterher* sofort ganz plausibel erklären. Wie sollen wir unsere

Irrtümer korrigieren, wenn wir sie nicht bemerken, sondern sie für richtig halten?

Wir bemerken unsere Fehler meistens erst, wenn entsprechende Störungen eingetreten sind, denn Störungen erzwingen unsere Aufmerksamkeit. Aber wir merken gewöhnlich nicht, wie und wodurch wir sie erzeugt haben; wir wissen ja, dass andere dafür verantwortlich sind und haben es nicht mehr nötig, unsere Überzeugungen immer wieder neu zu prüfen. So kann man in dem Fall nur noch für uns beten: »Vater, vergib ihnen, denn sie wissen nicht, was sie tun«. (Vergeben soll hier bedeuten, dass dem Betreffenden die Folgen seiner Dummheit erspart werden, genau wie man das bei Kindern macht, die man liebt und denen man ja ihre unschuldige Dummheit liebevoll nachsieht, statt sie ihre selbst eingebrockte Suppe auch selbst auslöffeln zu lassen, damit sie endlich etwas lernen.)

Hier ist eine weitere **Übung:**

Wenn du dich einer Störung zuwendest, dann mach' das interessiert, neugierig und mit der Haltung eines echten Wissenschaftlers, der etwas wirklich genau verstehen will, anstatt nach dem ersten Eindruck zu urteilen und sofort mit einer Erklärung zu kommen. Beobachte sie sehr genau. Untersuche aufmerksam, *wozu die Störung gut ist,* mit welchen Tatsachen sie zusammenhängt und *wozu diese Störung dich nun zwingt.* Suche vor allem nach Ausnahmen, also nach solchen Situationen, in denen die Störung verschwunden ist.

Du wirst auf diese Weise erste Lösungsschritte entdecken.

Vermeide bei dieser Übung, deine Situation zu erklären. Halte dich nur an die Tatsachen, die du jetzt beobachten kannst. Falls du Erklärungen nicht stoppen kannst: trenne sie genau von den Beobachtungen, indem du etwa sagst: »Okay, meine Frau ist jetzt

sauer auf mich und ich *denke* mir deswegen, dass sie ihr Vaterproblem noch nicht gelöst hat.« Aber bilde dir bloß nicht ein, dass
deine Erklärung wahr ist.

In jedem Fall ist es äußerst nützlich, die *vollständige Verantwor-*
tung für die Gesamtsituation zu übernehmen, in der deine Störung
aufgetreten ist, anstatt eine Opferhaltung einzunehmen oder dich
auf irgend eine der üblichen Erklärungen zu verlassen. Willst du
nur für einen Teil deiner Erfahrung verantwortlich sein und den
Rest deiner Verantwortung auf andere abschieben, gibst du die
Macht aus der Hand, dein Problem selber zu lösen. Nun – dafür wirst du dich unschuldig fühlen und dir einbilden, dass du
ein Recht hast, böse zu sein und dass du berechtigte Forderungen
und Ansprüche an deine Mitmenschen stellten kannst. Toll. Für
ein Kind. Und für deinen »Teil« darfst du dabei ein paar kleine
Schuldgefühle haben.

Wenn du dich beispielsweise in deiner Firma »gemobbt« fühlst –
eine Störung, die in den letzten Jahren immer häufiger zu beobachten ist – dann denkst du, wie fast jeder andere auch, dass du
als der Gemobbte das Opfer bist und die bösen Kollegen die Täter
sind. Das siehst du doch so, nicht wahr? Ist mit dieser Sichtweise
jemals einem »Opfer« ein Nutzen entstanden? Gut, du kannst deinen Erfolg vor dem Arbeitsgericht als gerechte Lösung betrachten.
Und du kannst dich darüber freuen, dass diese Firma dich nun
weiter ertragen muss.

Aber geht's dir wirklich gut damit? Wie oft gehst du seitdem zu
deinem Hausarzt? Und was macht eigentlich dein Partner? Mobbt
der dich etwa ebenfalls, oder spielt er eine gute Mutti für dich?
Glaubst du tatsächlich, dass du im Recht bist und die Welt ungerecht ist?

Wer, denkst du, kann dir denn noch helfen, wenn deine Ignoranz ein derartiges Maß erreicht hat? Ein philippinischer Wunderheiler? Gott vielleicht? Das kannst du vergessen. Der hält sich aus derartigen Angelegenheiten raus und überlässt es dir allein, ob du aus der Geschichte etwas lernen willst oder ob du lieber durch alle Instanzen gehst. Du bist nämlich trotz deiner mechanischen Reaktionen prinzipiell frei und kannst daher dein Leben verpfuschen, wie du willst – oder eben noch einmal neu schauen, ob der Fehler nicht doch bei dir liegt.

Entweder akzeptierst du endlich die Wirklichkeit, wie sie jetzt für dich ist und übernimmst für deine Erfahrungen die *vollständige* Verantwortung, oder du bleibst weiterhin eine Marionette deiner selbst erfundenen äußeren Mächte, gegen die du glaubst kämpfen zu müssen oder von denen du dir nun die Rettung erhoffst. Entweder erkennst du dich als frei und vollständig verantwortlich für alle deine Erfahrungen und hast damit die Macht, dein Leben selbst zu bestimmen, oder du wirst weiter das kindlich-unschuldige Opfer sein, das sich zu Recht über die ungerechte Welt beklagen darf und dabei machtlos bleibt. Aber dann halte wenigstens die Klappe!

So verständlich es ist, dass wir Unangenehmes möglichst sofort loswerden wollen – wir sind da wie alle empfindungsfähigen Tiere entsprechend vorprogrammiert – so unmöglich ist es, das Unangenehme durch Bekämpfen los zu werden.

Wenn du deinen Hunger bekämpfst, anstatt endlich etwas zu essen, beispielsweise durch Hunger dämpfende Mittel oder durch »Willensstärke«, wird das Problem nur größer und du handelst dir damit auf Dauer sogar Folgeschäden ein. Auf diese Weise verlierst du mit der Zeit völlig die Kontrolle, die du auf einer *wesentlichen*

Ebene als Irdischer ohnehin nie hast. Du kannst das gut beobachten, wenn du den vergeblichen Kampf gegen Drogen oder gegen den Terrorismus und dessen Folgen studierst. Im Alltag reicht meist die Beobachtung unserer kindlichen Versuche, Schmerzen oder Krankheiten zu bekämpfen, besonders Zahnschmerz, anstatt die vollständige Verantwortung dafür zu übernehmen und sie genau zu erforschen.

Zuwendung ist schon gut, aber wir sollten uns mit unserer gesamten Aufmerksamkeit und vor allem sehr interessiert und völlig unvoreingenommen der Störung unseres Wohlbefindens zuwenden, wenn wir weiterkommen wollen, anstatt sie umgehend zu bekämpfen, etwa durch Schmerztabletten. Dabei ist es ganz vernünftig, sich helfen zu lassen bei der Zuwendung, beispielsweise von einem guten Zahnarzt.

Unser *erfahrbares* Universum ist polarisiert und in einem vollkommenen Gleichgewicht, das aber dynamisch ist. Das bedeutet, dass andauernde Umwandlungen diverser Energieformen auf unterschiedlichsten Ebenen stattfinden. »Alles ist in Fluss.« Falls du daher irgendeine Energieform dieses sich ewig bewegenden Großen und Ganzen fixieren willst, weil sie dir gefällt oder indem du sie ablehnst, bekommst du sofort Probleme. Hindus nennen diese Eigenheit *Anhaften* und halten sie für die Ursache von Leiden.

Anhaften entsteht durch Urteilen, beispielsweise meinem Urteil, dass ich etwas schön oder schlecht finde und es daher entweder festhalten will oder verhindern will, dass das Schlechte nochmals geschieht. Dabei habe ich völlig vergessen, dass alles, was einen Anfang hat, auch unvermeidlich ein Ende haben wird, das ich durch mein Anhaften nur unnötig hinauszögere. Leiden entsteht also, damit du endlich loslässt und es danach auf andere Weise wieder schön werden kann. Und stimmst du dem Unangenehmen erst einmal zu, anstatt es zu bekämpfen, kann das ebenfalls schneller vergehen.

Diese Art von Loslassen ist ein wichtiger Aspekt der Kunst des Sterbens, der Voraussetzung für die »Wiedergeburt« ins Neue.

Urteilen ist der vergebliche Versuch, etwas zu trennen, was in Wirklichkeit zusammengehört. Es ist wie bei dem Manöver, an einem Magneten den »bösen« Minuspol dadurch loswerden zu wollen, indem du ihn absägst. Was passiert dann? Du hast jetzt zwei kleinere Magnete mit jeweils einem guten Pluspol und einem bösen Minuspol: Schon wieder ist da das Teil und *sein entsprechendes Gegenteil.* Okay: du kannst erneut den bösen Minuspol von jedem deiner inzwischen zwei Magnete absägen. Damit hast du nun vier Magnete mit wieder einem bösen und einem guten Pol. Das kannst du machen, bis du schwarz wirst und am Ende eine unglaubliche Anzahl winzigster Magnete vor dir liegen hast. Und jeder hat immer noch einen bösen Minuspol. Außerdem hast du deinen ganzen Magneten auf diese Weise unbrauchbar gemacht und viel Zeit vertrödelt. *Du solltest jedoch den Nutzen deines kompletten Magneten erkennen, anstatt seine zwei Pole zu beurteilen.*

Das Universum ist im Gleichgewicht. Es ist gerecht, nicht unausgewogen, wie du vielleicht denkst, weil du nicht schaust. Wenn du also Gerechtigkeit herstellen willst, indem die für dich unangenehmen Teile verschwinden sollen durch deine Ur-teil-Versuche, dann verzettelst du deine Energie und kommst nicht voran. Sobald du urteilst, gibt es keine Lösung mehr, *weil du den Zusammenhang zerreißt* – höchstens einen Triumph, den ein Irdischer als Sieg betrachtet, weil er nicht merkt, dass er damit in Wirklichkeit verloren hat.

Lösungen sind erst möglich, wenn du beide zusammen anschaust, das Teil *und* sein Gegenteil, anstatt sie zu teilen, beispielsweise in einen bösen Täter und sein armes Opfer. Auch diese beiden gehören zusammen, denn sie haben ein gemeinsames Problem und sind sich (gewöhnlich unbewusst) einig. Jeder hilft dem anderen bei dem wahnsinnigen Versuch, ein *gemeinsames Problem* dadurch lösen zu wollen, indem nun ein Pol verschwinden soll. Im Extremfall geschieht da ein Mord. Mancher glaubt auch, selber verschwinden zu müssen, damit das Problem endlich verschwindet. So einer wird danach Selbstmörder genannt, falls er die Sache schnell zu Ende bringt; säuft er sich hingegen langsam zu Tode oder stirbt er bei einem Unfall, dann heißt er nicht Selbstmörder, sondern Opfer, obwohl er trotzdem einer ist. Täter und Opfer unterliegen beide demselben schweren Irrtum.

Deine Gegenteile, die du reflexhaft ablehnst: sie sind entweder das, was du selber *nicht sein willst* oder *nicht sein kannst.* (Du kannst als Mann nicht gleichzeitig eine Frau sein. Was? Du meinst, ein Zwitter sei doch beides? Nein: er ist weder Mann, noch Frau. Du kannst ja einen heiraten und danach wählen, was er für dich sein soll. Viel Vergnügen.) Oder die abgelehnten Gegenteile re-*präsentieren* (präsentieren erneut) das, was du selber in dir hast und einfach noch nicht wahrhaben willst, zum Beispiel, dass du selber ein Terrorist bist, sobald jemand nicht so ist wie du denkst, dass er sein sollte. Oder dass du als Abstinenzler nur ein *verkappter* Süchtiger bist, weil du dich nicht traust, dich wirklich auf etwas einzulassen.

Wichtig ist, möglichst zügig Untersuchungen anzustellen, *wie du dein Problem erzeugt und es bis jetzt mit Hilfe deiner Mitmenschen am Leben erhalten hast.* So lange du nämlich glaubst, dass du ein Pechvogel bist und mit der Entstehung deines Problems überhaupt nichts zu tun hast, gibt es für dich keine Möglichkeit, Korrekturen auszuführen, um dieses Problem zu lösen und auch künftig zu vermeiden. Du bleibst dann eben ein Pechvogel und kannst dich weiterhin bei deinem Leiden unschuldig fühlen.

Ich kenne viele, die auf einer solchen Haltung beharren, weil für sie diese Art von Unschuld dermaßen wichtig ist, dass sie dafür sogar ihre Probleme behalten wollen. Zur Bekräftigung ihrer Entscheidung haben sie neben ihrer Pechvogel-Theorie noch weitere Erklärungen zur Verfügung, zum Beispiel die Vererbungslehre oder das Konzept eines Unbewussten, oder sie sind überzeugt, dass ihre Vergangenheit die Ursache ihrer Schwierigkeiten sei; oder sie glauben an die Wiedergeburt und halten frühere Leben für die Ursache ihrer jetzigen Misere.

(Der Glaube an Wiedergeburt, als »Persönlichkeit« natürlich, ist eher etwas für die angeblich spirituell Fortgeschritteneren unter den Irdischen. Dieser Glaube ist ein Irrglaube, wie jeder anderer Glaube, und er stellt nur eine Art von Pseudoverantwortung dar; für Lösungen ist er nicht geeignet.)

Am beliebtesten ist bisher noch immer die intensive Suche nach Schuldigen, die man verantwortlich machen und danach bestrafen kann. Findet man Schuldige, ist der Brei scheinbar gegessen und die eigene Unschuld klar bewiesen. In Wirklichkeit ist aber die eigene Dummheit bewiesen, denn sobald du die Ursachen deiner Probleme außerhalb von dir suchst, suchst du am falschen Platz. Gleichzeitig beweist du dir so erneut, dass es eine Trennung tatsächlich geben würde – der schwerste Irrtum und Folge des erfundenen Egos.

Da existiert nichts außerhalb deines Geistes. Jeder Versuch, etwas scheinbar Äußeres zu bekämpfen – und sei es innerhalb deines inzwischen wohl schon vermurksten Körpers – stellt daher einen »Bürgerkrieg« dar, der höchstens Helfer anlockt, die in dein »Land« einmarschieren und dir auf deine Kosten und zu ihrem Vorteil helfen, deinen Wahn zu bestätigen und zu verschlimmern. Da kannst du ja gleich Präsident der USA werden – oder Millionär, falls du bereits Tellerwäscher warst.

Nochmals von vorne:

Wir sollten einem Problem (was ist das überhaupt? Sagen wir hier mal ganz einfach: *wenn etwas nicht so ist, dass du völlig zustimmst*) zwar zügig unsere ungeteilte Aufmerksamkeit widmen, jedoch nicht, indem wir es bekämpfen, sondern indem wir uns nun interessiert und vorurteilslos diesem Problem zuwenden.

Wie kann so etwas aussehen, damit eine Lösung gelingt?

Nehmen wir beispielsweise Zahnschmerzen. Für die meisten von uns ist Zahnschmerz sehr unangenehm – zumindest ist mir bis heute keine Ausnahme bekannt. Eine erste Zuwendung erfolgt bereits automatisch, *weil nämlich jede Störung Zuwendung erzwingt*, ganz besonders die schmerzhaften Störungen. Die nächste Automatik ist der Impuls, diese Störung sofort loswerden zu wollen. Da sind wir Menschen wie die Tiere – normalerweise. Diese aber wenden sich einer Verletzung ganz natürlich zu, indem sie die Wunde lecken, anstatt nach Schuldigen zu suchen oder die Angelegenheit sonst in irgend einer Weise zu beurteilen, und sie nehmen die Sache so an, wie sie jetzt ist. An dieser Stelle haben wir im Gegensatz zu den Tieren aber die Möglichkeit, frei zu entscheiden, ob wir uns dieser Störung interessiert zuwenden, oder ob wir sie sofort verurteilen und sie dann bekämpfen.

Wenn wir eine Störung wie Zahnschmerz beobachten, werden wir besser neugierig:

Vielleicht findest du dabei – nach baldiger Vereinbarung eines Zahnarzttermins – als erstes heraus, dass du dich nicht genug um deine Zahnhygiene kümmerst; danach entdeckst du, dass du seltsame Essgewohnheiten hast und als nächstes findest du Seltsamkeiten in deinen Entscheidungsprozessen und »Verbissenheit« in gewissen Lebensbereichen. Jetzt jedenfalls bist du nun wegen deiner Zahnschmerzen *gezwungen,* genau darauf zu achten, ob und wie du das kaust, was du dir gerade *einverleiben* willst, weil es sonst gleich wieder weh tut. Achte also künftig besser darauf, was du in dich hineinlässt und wovon du dich abgrenzen solltest. Und du brauchst einen Helfer, einen Zahnarzt in der Regel, dem du dich in gewisser Weise *hingeben* musst, obwohl du weißt, dass er dir wahrscheinlich wehtun wird, wenn er dir helfen soll. Aleister Crowley, ein in manchen Kreisen bekannter Irdischer, der viele Möglichkeiten gehabt hätte, außerirdisch zu werden, es aber vorzog, nur ein Magier zu sein, machte dazu einen Vorschlag: »Ein guter Magier vermeidet Zahnschmerz dadurch, dass er rechtzeitig zum Zahnarzt geht.« Kein schlechter Tipp.

Es gibt allerdings Leute, die offensichtlich eine Genugtuung verspüren, wenn es ihnen wieder schlecht geht. Du kannst ihnen das ansehen, weil sie irgendwie zufrieden wirken, wenn sie von ihren Problemen erzählen. Lass' sie in Ruhe, denn sie wollen gar nicht, dass es ihnen besser geht – und sie haben ihre guten Gründe dafür. Natürlich ist das verrückt, schon klar: Man wird natürlich nichts los, wenn man es insgeheim behalten will, weil man auf irgendeine verrückte Weise davon profitiert.

Sollten sich diese Leute dennoch die Mühe machen, endlich nach den guten Gründen für ihre Probleme zu suchen, statt nach Diagnosen, könnten sie genug davon finden und sich danach überlegen, ob diese guten Gründe nicht inzwischen auf elegantere Weise, deutlich einfacher und mit mehr Erfolg zu realisieren sind. Sie würden da bestimmt schnell fündig werden.

Die guten Gründe für jedes Verhalten, also auch für Problemverhalten, sind Selbstschutz und Selbsterhaltung (der Wille zum Überleben), der Wunsch nach Ausgleich (nach »Gerechtigkeit«) und Liebe – gewöhnlich die kindliche Form: »Ich liebe dich, weil ich dich so brauche«. Ein Problem entsteht, wenn der Betreffende seine guten Gründe auf eine falsche Weise erreichen will, wenn er beispielsweise versucht, sich noch auf eine Art zu schützen, wie er es als Kind getan hat (davonlaufen, sich verstecken, durchhalten, oder sich auf etwas versteifen), anstatt flexibel und geistesgegenwärtig zu sein.

Um überhaupt in die Lage zu kommen, derartige regelhafte Verhaltensmuster zu ändern, ist es zunächst erforderlich, sie überhaupt einmal als Programme zu identifizieren, als automatisierte Abläufe, die nicht unter meiner bewussten Kontrolle stehen und oft völlig unangemessen sind. Ich muss quasi erkennen, dass ich bisher nur ein sprachbegabter nackter Affe war, der alles tat was er konnte, um sich in seiner Affenhorde abzusichern und weit nach oben zu kommen, damit er als Oberaffe bessere Überlebenschancen hat. Freundlicher ausgedrückt: dass ich noch wie ein kleines Kind bin, das sich anpassen und – wo es eben geht – durchsetzen muss gegen Konkurrenten, damit es nicht untergebuttert wird. Deswegen will es sich bei jeder Gelegenheit wichtig machen, damit es eine höhere Überlebenswahrscheinlichkeit innerhalb seiner jeweiligen Horde hat.

Unsere eigentliche Krankheit besteht jedoch in einer *Geistesstörung:*

Wir sind nicht geistesgegenwärtig, sondern »zerstreut«. Wir sind mit unserem Kopf entweder in einer Zukunft, die nicht existiert, oder in einer Vergangenheit, die längst vorbei ist. Wer kennt denn nicht folgenden Gedankengang: »Hoffentlich passiert nicht *wieder* …!« Da hast du in einem Satz Vergangenheit und Zukunft. *Aber keine Geistesgegenwart.*

Wir regen uns weiter über Sachen auf, die längst vorbei sind, machen uns Sorgen über Dinge, die wir uns jetzt für eine nähere oder fernere Zukunft ausmalen, und jedes Mal reagieren wir, als ob es bereits wieder gegenwärtig sei. Ein seltsamer Stress, der im Tierreich völlig unbekannt ist.

Oder glaubst du, dass dein Hund denkt »hoffentlich hört er nicht gleich wieder auf«, wenn du ihn streichelst? Aus der Sicht eines Zen-Meisters wäre der Hund deutlich erleuchteter als sein Herrchen.

Außerirdische müssen erst zu Irdischen werden und ein Ego erfinden; warum es aber Hilfsmittel zur Beobachtung eines Egos gibt.

> *Der Tod ist nichts Schreckliches.*
> *Ganz im Gegenteil, liebe Erbtante!*
> (MARTHA GRIMES)

Wer bist du? – Nein, ich will nicht wissen, wie du heißt, sondern wer du *wirklich* bist!

Ich schätze, du weißt es nicht, sondern hast nur eine Menge an Vorstellungen darüber, wer du *denkst* zu sein. Egal, wie sicher du dir bist zu wissen, wer du wirklich bist: alles, was du jetzt sagen wirst, ist vermutlich falsch, denn du bist mit ziemlicher Sicherheit noch ein Bio-Roboter. (Was? Du bist jetzt gekränkt und denkst, dass ich spinne? Schön. Lies trotzdem weiter.)

Na gut, vielleicht sollten wir anders fragen: Wer oder was bist du *sicher nicht?*

Hier ist die wichtigste Antwort: *Du bist nicht dein Körper,* sondern du *hast* einen Körper. Ich nehme an, dass er dir nicht rundherum gefällt, sondern dass du einiges an ihm auszusetzen hast und dass er dir gelegentlich sogar als etwas zu eigenwillig erscheint. Ich versichere dir, dass dem nicht so ist. Er reagiert nur auf deine Bedienungsanweisungen. Und zwar *ausschließlich. Allerdings reagiert er auch auf diejenigen, die dir nicht bewusst sind.* Jedenfalls ist er erstmal dein bester Freund, denn er lügt dich nie an. Er gibt dir stets korrektes Feedback und jede Menge sonstiger Informationen, die du beachten solltest, wenn du unnötigen Ärger vermeiden willst. Und er versucht sogar laufend ohne dein Wissen, all die vielen kleineren und größeren Beschädigungen zu reparieren, die durch deine idiotischen Bedienungsfehler entstehen. *Er ist das Werkzeug, mit dessen Hilfe du dein Selbst verwirklichen kannst.*

Du bist auch keine Persönlichkeit. Persönlichkeit in der Art, wie du dir das denkst, nämlich als etwas Dauerhaftes, das über die Jahre gleich bleibt, ist ebenso eine komplette Erfindung wie ein Charakter. (Durch genaues Beobachten könntest du zu einem recht überraschenden Ergebnis gelangen, das dir zunächst eher nicht gefallen wird: Wenn schon »Persönlichkeit«, dann bist du nämlich eine äußerst multiple Persönlichkeit. Dazu später mehr.)

Diese Erfindungen sind entstanden, weil du dich sehr früh im Leben mit deinem Körper und deinen Gewohnheiten identifiziert hast. Der Körper ist eine wunderbare biologische Maschine, die dir dazu dient, Erfahrungen zu *machen,* um dich dadurch selbst zu erschaffen, obwohl du eigentlich bereits vollkommen bist – was du aber während deiner Geburt komplett vergessen hast. Dein Körper ist für alle Erfahrungen, die du nun machen wirst, eine Art Gedächtnisspeicher. Er hilft dir, Vergangenes bei Bedarf blitzartig zu erinnern, damit du entsprechend und rasch genug reagieren kannst. Auf diese Weise hast du recht nützliche, allerdings auch viele unsinnige Gewohnheiten entwickelt, also solche, die ihren Zweck nicht mehr erfüllen, weil sie *jetzt* nicht mehr passen, obwohl sie wahrscheinlich früher einmal notwendig gewesen sind. *Deine Blicke in die Zukunft sind vorerst nur noch Erinnerungen an Vergangenes.* Das kann sehr problematisch werden, wenn du das nicht erkennst.

Dein Körper ist inzwischen auch der Speicher für (fast) alle deine Zusatzprogramme geworden, die dich inzwischen steuern. Er hat in seiner Erbsubstanz, der DNS, sogar die Programme deiner Spezies gespeichert, nicht nur deine persönlichen – und die aller Vorfahren deiner Spezies. Wir sind so gesehen ohnehin mit allem Leben auf diesem Planeten verwandt. *Und dein Körper ist offenbar eine Sender-Empfangsstation für Informationen, die in einer Art von übergeordneten hierarchisch organisierten Feldern existieren. Durch ihn wären wir also in der Lage, unsere Verbundenheit mit allem Leben auf diesem Planeten und sogar mit dem gesamten Universum zu erfahren.* Es könnte wirklich großartig sein, so einen Körper zu bewohnen, sobald man herausgefunden hat, wie man ihn richtig »benutzt«, anstatt ihn zu vergewaltigen. Und jetzt nochmals: Du verfügst über einen Körper, aber du bist der »user«, nicht dieser Körper.

Dass du weder deine soziale Stellung bist – der Herr Gemeinderat, der Herr Doktor, die First Lady deines Kaffs usw. – und auch nicht die Funktion, die du erfüllst – Vater, Mutter, Lehrer, Chef usw. – ist dir wahrscheinlich bereits ansatzweise klar geworden Du bist nichts von all dem, sondern das alles ist eine einzige riesige Einbildung, genau wie die Welt, in der du zu leben glaubst, eine Einbildung ist.

Die ist entstanden, weil du dich, wie bereits erwähnt, zunächst mit deinem Körper und später mit vielem anderem Zeugs identifiziert hast – und weil du zusätzlich hypnotisiert wurdest. Du denkst daher, das zu sein, was du *glauben gemacht wurdest* und siehst die Welt nur noch so, wie sie dir seit dieser Hypnose erscheint. Du bist wenige Jahre nach deiner Geburt zu einer gut berechenbaren Maschine, zu einem Irdischen geworden und bildest dir nun ein, dass alles wahr ist, was deine Programme *virtuell* erzeugen. *Wie du deine Frau erlebst, hat also nichts mit ihr zu tun, sondern mit deiner Sichtweise von ihr, der sie unbewusst zu entsprechen versucht, weil sie dich liebt.*

Was du deine individuelle Persönlichkeit nennst, ist, wie bereits erwähnt, ebenfalls nur eine Erfindung.

Durch Beobachtung und Anwendung von Unterscheidungsvermögen könntest du zwar mit der Zeit herausfinden, dass deine Persönlichkeit eine extrem multiple Persönlichkeit ist, dass jedoch ein durchschnittlicher Irdischer kaum imstande ist, diese ganz autonom funktionierenden Persönlichkeiten überhaupt als getrennte Einheiten zu identifizieren, geschweige denn, sie zu steuern. Sie werden bei ihm durch zufällige Außenreize aktiviert.

Du bist als Irdischer vorerst wie ein Zombie, der sich einbildet, ein eigenständiges Wesen zu sein, aber in Wirklichkeit von Überlebensprogrammen gesteuert wird, die nahezu identisch sind mit denen der Schimpansen. Du wirst es jedoch nicht schaffen, dein Leben so zu führen, dass es funktioniert in dem Sinn, dass du Herr deines Lebens bist, wenn du nicht *ganz* auf dem Boden der Tatsachen stehst. Ein bisschen daneben ist ja auch vorbei, wie jeder weiß – außer den Politikern. Diese simple Einsicht habe ich durch eigene Erfahrungen, speziell beim Bogenschießen, und durch Beobachten meiner Mitmenschen gewonnen. (Ich danke hier all diesen Lehrern.) So lange du also nicht erkannt hast, dass du bisher nur eine sehr komplexe Bio-Maschine bist, zusammengesetzt aus vielen Sub-Maschinen, die alle ganz autonom funktionieren, wirst du keine echte Kontrolle über dein Leben haben.

Es ist für ein Kind nach etwa dem fünften Lebensjahr bereits äußerst schwer, noch »zentriert« zu sein. Wir sind als Kinder in diesem Alter schon ziemlich »daneben«, denn wir wurden verführt und haben deshalb »gesündigt«. (Sünde nannten die Griechen den Abstand des Pfeils vom Zentrum der Zielscheibe. *Sünde ist also nichts Böses, sondern nur eine Abweichung.*) Daher sind wir nicht mehr in der Lage, die Wirklichkeit zu sehen, wie sie ist. Wir wurden genötigt, die Welt und uns selber so zu sehen, wie uns gesagt wurde, dass sie sei, und wir haben eine Menge an Bedeutungen und Erklärungen gelernt. Diese Art der Verführung wird meist Sozialisation, Erziehung und Bildung oder gar Lernen genannt und sie soll dir helfen, auf diesem Planeten gut zu überleben – wenigstens so lange, bis du dich fortgepflanzt hast. Das verlangt die Mutter Natur von dir genau wie von allen anderen Lebewesen.

Wir wurden von unseren Erziehern in bester Absicht darauf programmiert, dass wir die Welt und uns selber auf eine Weise erfahren, wie diese glaubten, dass sie ihrer Ansicht nach sei. Sie hielten ja ihre eigenen Ansichten für die Wirklichkeit und waren daher bestrebt, alles zu tun, damit wir ihre Ansichten ebenfalls für die Wirklichkeit halten. Sie liebten uns und wollten deshalb, dass wir optimal ausgerüstet sind fürs Leben. *Hätten sie uns nicht geliebt, wären wir jetzt tot.* Da sie selber ganz passabel überlebt haben – aber frag' nicht, um welchen Preis – denken sie selbstverständlich, dass sie mit ihrer Sichtweise Recht haben.

In Wirklichkeit wurden wir von Hypnotisierten hypnotisiert. Dabei wurden uns zusätzliche posthypnotische Suggestionen eingepflanzt, die dafür sorgen, dass wir uns später automatisch selbst hypnotisieren können, damit diese wichtigen Programme stabil bleiben. Das geschieht hauptsächlich dadurch, dass wir uns mit Hilfe unserer so genannten Wahrnehmung und mit Hilfe geeigneter Mitmenschen dauernd beweisen, dass die Welt tatsächlich so sei, wie sie uns inzwischen durch diese Hypnose erscheint. Weil wir diese automatische Selbsthypnose nicht bemerken und unsere Programme passabel funktionieren, treten im Idealfall keine größeren Störungen auf; wir sind nun als heranwachsende Irdische in unserer Umwelt gut integriert und angepasst: Wir sind zu Bio-Robotern geworden, die ihre Aufgaben in dieser Umgebung erfüllen, in der sie leben müssen und von der sie scheinbar abhängig sind.

Das ist notwendig, damit du durch diese Programmierungen am Leben bleiben kannst, bis du erwachsen bist. Es gibt zunächst kein Entkommen, denn sogar als Penner bist du weiter Teil des »Systems«. *Du musst da irgendwann endlich »durchblicken«, damit du damit spielen kannst. Aus diesem Grund hat jeder Irdische Zeit seines Lebens die Chance, das zu schaffen, wenn er wieder damit anfangen würde, neugierig, interessiert, aufmerksam und achtsam zu sein wie ein unschuldiges Kind, anstatt sich als Experten zu betrachten.*

Damit diese Chance gewahrt bleibt, gibt es alle möglichen kleinen und großen Krisen, die den Bio-Roboter immer wieder zwingen, aufmerksam zu werden, anstatt weiterzuschlafen. Aber er regt sich über diese Störungen auf, anstatt endlich wach zu werden.

Das Universum wäre also gerecht und freundlich zu uns Irdischen, allerdings bisher ohne größeren Heilerfolg.

Nun weiter mit dem Problem der Egos – ihrem *Glaubensproblem:*

Ein wichtiger Teil dieses Problems ist die tief sitzende Überzeugung, abhängig und auf eine undurchschaubare Weise grundsätzlich nicht okay zu sein, denn fast alle von uns wurden immer wieder so behandelt, als ob sie angeblich erst okay *gemacht* werden müssten.

Des Weiteren ist Teil dieser Programmierung, dass uns etwas Lebenswichtiges fehlen oder am Ende nicht reichen würde; oft glauben wir, dass uns Zuwendung fehlt, denn so war es *damals* ja tatsächlich: viele Kinder hätten gerne mehr Zuwendung gewollt, als sie bekamen. Die entstandene Angst heißt dann: »Wenn ich es nicht schaffe, das Notwendige in ausreichendem Maß zu bekommen, werde ich *vollständig* vernichtet.« Daher tun wir alles, um das zu bekommen, was wir als scheinbar Abhängige eben benötigen, und wir tun alles, damit uns das nicht wieder entzogen wird. (Manche Irdische gehen dafür sogar über Leichen, wie du sicher schon festgestellt hast.)

Was brauchen wir als Kinder unbedingt, um zu überleben? *Luft, Wasser, Futter, einen Platz zum Schlafen und Zuwendung.* Fehlt eines dieser Elemente oder bekommen wir zu wenig davon, werden wir als Bio-Roboter wieder absterben. In unserer kindlichen Abhängigkeit können wir uns ja das Notwendige nicht selber besorgen oder absichern, denn jeder, der nur etwas größer und stärker ist als wir, kann uns hier jederzeit den Saft abdrehen. Das ist für ein Kind tatsächlich eine ganz reale Gefahr.

Die Zusatz-Programmierung, die über die von der Natur angelegten Programme hinaus nötig ist und die bei allen Kindern erfolgt, geschieht, indem sie mit Hilfe derjenigen, die bereits da sind, Erfahrungen machen, hauptsächlich, *dass* und *wie* sie das Lebensnotwendige erhalten und auch behalten können. (Achte darauf: Es heißt Erfahrungen *machen,* nicht *erleiden!*) Sind die eingesetzten *Re*-Aktionen und Verhaltensmuster soweit erfolgreich, als sie in ihrer jeweiligen Umgebung zum Überleben tauglich waren, werden sie allmählich unbewusst: Sie werden zu automatischen Programmen. Somit erhöht sich die Reaktionsgeschwindigkeit enorm, denn wir brauchen nicht immer wieder neu nachzudenken.

Das ist einerseits gut, weil diese Programme ja unsere Überlebenschancen verbessern sollten; andererseits ist es aber auch schlecht: wir sind dann nicht mehr in der Lage, solche automatisierten Programme wieder zu verändern oder neue zu schreiben, wenn die alten hinderlich geworden sind. *Und das wird sicher der Fall sein, wenn sie nicht an veränderte Umstände angepasst werden. Wer sich nicht gut genug anpassen kann, stirbt wieder aus.*

Glaube ist nur ein anders Wort für ein solches Programm, bzw. einen Programmkomplex. Er dient dem Selbstschutz, deinem Überleben, denn das ist der Zweck all deiner Programme.

Ein Glaube ist gewöhnlich unbewusst, *aber er bildet die Basis deiner Erfahrungen.*

Obwohl du wahrscheinlich denkst, du würdest deinen Glauben kennen, ist das selten wirklich der Fall. Das kommt daher, weil du ihn gewöhnlich mit den Erklärungen deines Verstandes verwechselst – und deinen Verstand mit deinem Geist. Aber ein Glaube ist wenigstens der Beobachtung zugänglich: *Du regst dich doch nur über etwas auf, wovon du glaubst, dass es wahr sei.* Manchmal wird ein Glaube auch offen formuliert, beispielsweise wenn du sehr aufgeregt bist: »Ich bin doch für dich sowieso nur der Trottel!«

»Alle Männer sind Schweine und wollen nur das eine«, ist ein Glaube in diesem Sinn, wenn der Satz aufgeregt geäußert wird. Er reimt sich zwar, ist aber trotzdem falsch. Dahinter steht meist die Überzeugung, dass Papa ein Schwein war und alle Männer wie Papa wären. Du musst dich daher als weibliches Wesen vor ihnen schützen, sonst wirst du missbraucht. Stell' dir vor, welche Chancen für eine gute Partnerschaft du mit so einem Schutzprogramm später haben wirst.

Würde dieser Satz in Ruhe verzapft, wäre er ein Produkt des Verstandes, bleibt aber natürlich trotzdem Nonsens.

Jeder Glaube hat die unangenehme Eigenheit, dass er nicht wahr ist und deshalb muss man ihn dauernd beweisen. Wenn etwas wahr ist, ist ein Beweis jedoch unnötig. Dann reicht es völlig, wenn man seine Augen und Ohren aufsperrt und achtsam ist: Man erkennt so, welche Sachverhalte vorliegen und mit welchen weiteren Sachverhalten sie noch zusammenhängen. Die Zusammenhänge von Sachverhalten sind aber keine Beweise, *sondern sie sind beobachtbare Tatschen.*

Nur wenn etwas nicht wahr ist, braucht man Beweise, meist in Form von guten Erklärungen, mit denen die Kenntnis von Ursache und Wirkung bewiesen werden soll. Gute Erklärungen werden nämlich für wahr gehalten: Sie werden geglaubt.

Jede Erklärung ist eine Erfindung des Egos. Sie ist eine »Theorie« und keine Tatsache. Sie soll beweisen, was gefälligst jeder für wahr halten und daher glauben muss, damit wieder Einigkeit sei und der Erklärende sich wieder sicher fühlen kann. Weil Erklärungen nicht wahr sind, funktionieren sie auch nicht, wenn du damit ein so genanntes zwischenmenschliches Problem lösen willst, sondern nur zum Rechthaben. Wer Recht haben will, der muss dabei automatisch andere ins Unrecht setzen. Das führt aber zu Streit, anstatt zu einer Lösung, denn jedes Teil erzeugt sein *entsprechendes* Gegenteil, anstatt einer Lösung. (In der Philosophie sagt man dazu Dialektik.) Das ist der Grund, warum deine Welt nicht wirklich funktioniert und warum du dich auch da selber blockierst. Du brauchst für eine Lösung eine *Synthese,* in der du »Teil« und »Gegenteil« auf einer höheren Ebene vereinigst und sie damit als *zwei Pole eines Ganzen* sehen kannst, sonst kommst du nicht weiter. Ein Ego ist dazu nicht in der Lage. Es will nur Recht haben, denn damit fühlt es sich geschützter.

Sobald man etwas glaubt, ist man sofort blockiert für die Erfahrung der Wirklichkeit. Das hat sehr unangenehme Konsequenzen. Wir haben im Lauf unserer ersten Lebensjahre auf unsere unschuldige

Sicht der Wirklichkeit fast ganz verzichten müssen, damit wir unseren geliebten Programmierern zugehörig sein konnten und weiterleben durften. Wir haben daher geglaubt, was uns damals glauben gemacht wurde, damit wir überleben.

Wir sind als Kinder liebevolle, hingabefähige und gelehrige Laborratten unserer Programmierer und diese geben ihr Bestes, uns so gut wie möglich zu trainieren. Sie versuchen mit vollem Einsatz, uns die Programme und Glaubenssätze zu verpassen, von denen sie selbst denken, dass sie wahr und vernünftig seien und die uns deswegen helfen werden, gut durchs Leben zu kommen. Unsere Programmierer wollen tatsächlich unser Bestes, weil sie uns lieben – manchmal allerdings mit einer seltsamen Art von Liebe. Sie glauben ja selber, dass ihre Programme Wahrheiten seien, denn sie sind selber programmiert worden. Sie handeln in bester Absicht und wollen meist auch später noch, dass wir dieses ganze Zeugs für wahr halten, selbst wenn es sich um Programme und Glaubensformen mit schlimmen Folgen handelt.

Etliche dieser Programme sind teilweise schon sehr alt und haben sich »kulturell« in verschiedensten Formen niedergeschlagen. So wirken sich diese früher erfundenen Ordnungen – dazu gehören auch die Sprachen – und viele Glaubensformen der Vergangenheit weiter verstärkend auf alle Irdischen der Gegenwart aus.

Obwohl wir als Außerirdische auf diesem Planeten gelandet sind, müssen wir uns nun an die verrückten kollektiven Schöpfungen unserer Vorfahren anpassen und sie ebenfalls glauben, sonst würden wir hier nicht überleben: *Wir müssen Irdische werden, damit wir nach unserer Re-Transformation zum Außerirdischen später das Irdische in »Göttliches« transformieren können.*

Als biologisch erwachsene Irdische sind wir aber auch zu unseren eigenen Erziehern und Lehrern geworden und damit *vollständig verantwortlich* für unsere Erfahrungen, obwohl wir das meist nicht einsehen wollen. Und wir sind Lehrer für andere durch die Art, wie wir leben, welche Art von Vorbild wir sind. Wir lehren dann entweder, wie man es machen kann, damit es gut funktioniert, oder wie man es besser nicht macht. Es wäre toll, wenn Erwachsene ihre Kinder – oder überhaupt alle Kinder – ebenfalls als Lehrer betrachten würden. Dann hätten sie jeden Tag Gelegenheit, viele ihrer verrückten Überzeugungen wieder zu korrigieren.

*Beobachte **zur Übung** aufmerksam, was du durch dein Vorbild lehrst, denn für deine Lehre und deren Folgen bist du ebenfalls verantwortlich!*

Ein zentraler Teil unseres Egos, unser Verstand, von dem wir denken, dass er objektiv sei und daher wesentliche Probleme lösen könnte, weiß nicht, dass er programmiert wurde, *denn der Verstand ist selbst ein Programm, das mit Symbolen arbeitet. Er ist eine Richtig-Falsch-Maschine, die ebenfalls zum Zweck des Überlebens entstand.*

Der Verstand hat nur selten und eher zufällig Kontakt zum Boden der Tatsachen: Er muss ja unter anderem dafür sorgen, dass wir für unsere selbst erzeugten Probleme sofort eine plausible Erklärung parat haben, um so unsere Unschuld zu beweisen; zu dem Zweck sucht er Schuldige und verlegt gleichzeitig die Ursache unseres Handelns nach »außen« und in die Vergangenheit. Er kann »beweisen«, dass wir nicht selbst die Ursache unserer Erfahrung waren, sondern dass sie uns passiert sei, wie wir das bei einem Unfall glauben, wo uns ein Idiot rammt, der bei Rot über die Kreuzung fuhr und wir selber deswegen frei von Verantwortung wären.

Dem ist aber nicht so, sondern es erscheint uns nur auf diese Weise, weil wir nicht offen sind für Zusammenhänge, die über unseren jeweiligen Tellerrand hinausgehen: *Ein Ego ist grundsätzlich nicht daran interessiert, große Zusammenhänge zu überschauen und dabei ganzheitlich zu denken.* Wir setzen unseren Verstand in der Regel nur dazu ein, um uns Vorteile gegenüber unseren Konkurrenten im Überlebenskampf zu verschaffen, beispielsweise durch Entwicklung raffinierter Strategien – etwa so, wie gewisse Banker oder Politiker das demonstrieren.

Unser Körper als »Sitz« des Egos vergisst nichts freiwillig – im Gegensatz zum Verstand, der das Vergessen einsetzt, um die eigene Verantwortung zu verleugnen. Der Körper hat alle Erfahrungen gespeichert, fast wie dein Computer auf seiner Festplatte, und sie werden dort bei Bedarf abgerufen. Das geschieht automatisch, sobald eine gegenwärtige Situation eine ausreichende Ähnlichkeit zu einer früheren aufweist, die uns beeindruckt hat. Wir erfahren dabei etwas Vergangenes *scheinbar* erneut, anstatt geistesgegenwärtig zu sein.

Wenn wir Erinnerungen nicht schnell genug identifizieren können und daher automatisch, also nach Programm reagieren, müssen wir sie nochmals erleben. Natürlich nicht wirklich, denn die Vergangenheit ist ja schon vorbei. Wir halten diese *virtuelle* Wiederholung aber für wirklich und haben so einen Beweis mehr, dass wir wieder einmal Recht gehabt haben. *Das Programm bestätigt sich selbst mittels Feedback.* Du könntest diesen Prozess daran erkennen, dass du bereits Vorahnungen und Gewissheiten entwickelst, ehe die Wiederholung der alten Erfahrung erneut eintritt. Das beruhigt paradoxerweise sogar, obwohl dabei nur wieder Mist raus gekommen ist: »Ich hab's doch geahnt!«

Bemerken wir das nicht, dann wird es fast unmöglich, neue Programme zu entwickeln, wenn unsere bisherigen nicht mehr richtig funktionieren; sie stammen ja aus der Zeit, als wir noch abhängig, hilflos und tatsächlich unschuldige Kinder waren. Für Veränderungen veralteter Programme aus dieser Zeit wäre ja Voraussetzung, dass wir zunächst erkennen, dass wir programmiert sind, und dass wir zusätzlich lernen, uns *bewusst* zu erinnern und genau zu beobachten, anstatt automatisch ein Programm abzuspulen und das für die Wirklichkeit zu halten. *Wir brauchen also zunächst den Zweifel, der uns hilft, das neu zu prüfen, was wir bisher als absolut sichere Tatsachen angesehen haben. Wir müssen anzweifeln, ob wir eine Situation wirklich richtig wahrnehmen. Und wir sollten uns angewöhnen nachzu s c h a u e n, anstatt nur nachzudenken.*

Das Ego ist jedoch in der Lage zu beweisen, dass seine Einbildungen wahr seien und dass es sich daher zu Recht aufregt – egal, ob angenehm oder unangenehm. Aufregung ist sozusagen ein zuverlässiger Beweis, dass das Ego wieder die Führung hat. Diese Sache ist nicht ganz so einfach, wie du vielleicht gedacht hast.

Sobald wir mit der Zeit trotzdem erkennen, dass wir programmierte Bioroboter sind – was extrem schwer ist – und uns nun selbst neue Programme erschaffen wollen, anstatt unsere bisherigen Programme als wahr zu beweisen, haben wir jetzt endlich einen Schlüssel: *Wir sorgen dafür, dass wir neue Erfahrungen machen. Als erstes **üben** wir dazu, achtsam zu sein und suchen zweitens nach **Ausnahmen** von unseren bisherigen Wahrheiten.* (Psychologen sagen zwar Realitätsprüfung dazu, meinen aber damit meistens nur, dass die Klienten jetzt einen Realitätstunnel der Psychologen einnehmen sollen. Die sind aber auch nicht viel besser als die ihrer Klienten.)

Und schon stoßen wir auf massive Hürden, denn wir bekommen bei unseren Versuchen, das Problem zu lösen, »mixed emotions«: Aha-Erfahrungen *und* unangenehme Gefühle kommen vermischt daher: Unsere tollen Aha-Erfahrungen ziehen einen Rattenschwanz von unangenehmen Gefühlen hinter sich her, sobald du sie in die Praxis umsetzen willst, meist in Gestalt von ängstlicher Aufregung, Scham, Schuldgefühlen und einem schlechten Gewissen – oder statt dessen Wut, wenn durch eine Ausnahme unser bisheriges System bedroht wird. Diese kleinen Erleuchtungen führen dich sofort an eine erste Grenze: »Ich kann doch zu Mama nicht einfach sagen, dass ich heute keine Lust habe, sie zu besuchen, weil ich lieber mit meiner Frau was unternehmen will. Dann denkt sie ja, ich will sie loswerden.« Dein altes Programm, das eine Abgrenzung zur Mama verbietet, blockiert dich nun in deinem Handeln als freier Mensch. (Es kann gut sein, dass deine Frau beginnt, sich deswegen von dir abzugrenzen. Damit hast du ein weiteres Problem am Hals wegen deines Schuldgefühls Mama gegenüber.)

Ein Ego will keinesfalls in den Bereich der Unsicherheit geraten. Es hasst Unsicherheit, will Experte bleiben und auf Nummer Sicher gehen: alles soll bleiben, wie es zu sein scheint, nämlich vorhersehbar. Egos wollen sich keinesfalls an die Grenze zum Chaos begeben, dorthin, wo der Weg zur »Freiheit des Selbsterschaffens« beginnen würde, sondern sie wollen im Bereich des Sicheren, Vertrauten und Bequemen bleiben, sogar, wenn sie schon bis zum Hals in der Scheiße stecken. Hauptsache, diese Scheiße ist im Winter warm und im Sommer kalt und sie wissen genau, wie es weitergeht, selbst wenn es beschissen bleibt. Das ist für Egos immer noch besser als Überraschungen und Ausnahmen. Seltsam, nicht wahr?

Daher noch schnell ein **Tipp:** Wenn du schon bis zum Hals in der Scheiße steckst, dann lass' auf keinen Fall den Kopf hängen. *Und schlag' in weicher Scheiße bloß keine Wellen, sondern beruhige dich.*

Weil wir nach unserer Basishypnose das wahre Selbst nicht nur mit unserer Einbildung über uns und über andere verwechseln und uns zusätzlich mit unserem Körper identifiziert haben, entwickeln wir also ein Ego, eine Ur-Einbildung, eine erfundene Ur-Teilung des All-Einen, das die Ursache aller weiteren Einbildungen ist, die wir im Lauf unseres Lebens erzeugen und die nun den Kontakt zum Boden der Tatsachen verhindern. Das Ego, diese Mutter aller Einbildungen, erfindet Illusionen, um sich selbst vor der Wahrheit und somit vor seiner eigenen Auflösung zu schützen. Es erfindet z. B. eine Serie von Persönlichkeiten, die je nach Bedarf automatisch aktiv werden. Wir denken aber zu allem Übel, dass es sich immer um ein- und dieselbe Persönlichkeit handeln würde, denn wir sagen zu *jeder* von ihnen »Ich«. *Sie sind jedoch getrennte Einheiten, die völlig autonom funktionieren.*

Ebenso merken wir nicht, dass der jeweilige Beobachter unserer *entsprechenden* Erfahrungen ebenfalls ein Teil dieser Persönlichkeiten ist und dass er zusammen mit denen erscheint und wieder verschwindet. Diese in Wirklichkeit vielen Beobachter wirken auf uns daher, als ob es ein einziger immer gleicher Beobachter wäre: Ein dauerhaftes Ich.

Gewisse Persönlichkeiten tauchen bevorzugt auf und bald glaubt der Betreffende, er sei allein diese. Er denkt dann »so bin ich eben«, weil er seine anderen Persönlichkeiten vergessen hat, sobald er eine bestimmte »ist«, obwohl die anderen ebenfalls immer wieder auftauchen, aber nicht so häufig wie seine bevorzugte. Keine dieser Persönlichkeiten kann sich im akuten Fall an all die anderen erinnern. Zusätzlich bildet sich jede einzelne von ihnen ein, sie würde ewig existieren – ein wahrhaft schrecklicher Gedanke!

Und jede dieser verschiedenen und völlig autonom funktionierenden Persönlichkeiten lebt in ihrer eigenen Welt, die sie sich immer wieder neu erschafft und die ihr als real erscheint. Das ist genau wie in einem nächtlichen Traum, wenn du nicht bemerkst, dass du gerade träumst. Der Traum ist für dich dann real und aus diesem Grund regst du dich über deine Schöpfung oft mächtig auf, anstatt sie als selbst erzeugte Illusion zu erkennen. Deine Aufregung beweist also, dass du wieder spinnst, weil deine aktuelle Persönlichkeit *ihren entsprechenden Realitätstunnel* für die absolute Wahrheit hält.

Eine Fähigkeit des Egos besteht auch darin, sich mit allem möglichen anderen Zeugs zu identifizieren, nicht nur mit seinem Körper, sondern beispielsweise mit seinen Ansichten, seinen Eltern, seinem Auto, seiner Religion, seinem Partner, seinen Kindern, seinem Sportverein usw.; das ergibt oft unangenehme Folgen, sowohl für den »Egoisten«, als auch für seine Umgebung.

Durch Identifizieren versucht das Ego, sich nach seiner Einengung (das Wort Angst bedeutet ja übersetzt Enge) wieder auszudehnen und größer zu werden, damit diese Furcht vergeht, doch sterben zu müssen. Es will sich jetzt auf Kosten seiner Umgebung ausdehnen, indem es diese besetzt, weil so eine Illusion von Kontrolle möglich wird. Wenn es sich gar mit »Gott« identifiziert, dann ist es in seiner Einbildung endlich unsterblich geworden, macht alles richtig und darf in dessen Auftrag womöglich sogar andere Irdische umbringen. In Wirklichkeit läuft nur ein Programm des »Territorial-Hierarchie-Schaltkreises« der Primaten bei diesen »Erleuchteten«.

Ich vermute, dass wir unser Ego Zeit unseres Lebens nicht völlig loswerden. Es gibt aber religiöse Systeme, die eine endgültige Vernichtung des Egos anstreben und sie offenbar für möglich halten. Ich bin da skeptisch, denn wir sind wohl doch Gott *und* Mensch. Das soll bedeuten, dass wir zwar einerseits Geistwesen und somit Außerirdische sind, jedoch auch als eine materialisierte Energieform existieren, die gewisse Überlebensprogramme benötigt und derzeit noch ein Ego entwickeln *muss,* damit unsere biologische Maschine hier gute Überlebenschancen hat und wir unsere Aufgabe als Energietransformatoren erledigen können: Wir können ja nur transformieren, was wir real zur Verfügung haben – in dem Fall wäre das unsere Schimpansennatur, die wir zum »Übermenschen« transformieren sollen. Die Transformation geschieht, indem wir unsere »höheren Schaltkreise« aktivieren. Damit eine echte Kontrolle möglich wird, müssen wir uns über unsere bisherige Pseudokontrolle klar werden.

Egal: Es ist jedenfalls nötig, dass wir schnell lernen, diese Ego-Illusion zunächst wenigstens in ihren schlimmsten Auswirkungen genau zu beobachten, damit wir sie vom Wesentlichen, unserem Geist nämlich, unterscheiden können und uns nicht mehr ausschließlich von dieser Einbildung führen lassen. Wir sollten lernen, *selbstbestimmt* zu leben, indem wir erkennen, wer wir *wesentlich* sind, anstatt unserem Ego zu folgen, denn sonst hat ja ein Blinder und Wahnsinniger in unserem Leben die Führung und wir geraten von einem Schlamassel ins nächste, anstatt uns wieder an unsere ewige Freiheit zu erinnern. Ein Wahnsinniger deshalb, weil das Ego wähnt, mit den beschränkten Sinnen »seines« Körpers die Wirklichkeit wahrzunehmen und nicht erkennt, dass es sich andauernd etwas einbildet und sich so selbst in sein Wahnsystem einsperrt. Es erzeugt auf diese Weise seine eigene Hölle. *Die Hölle ist nämlich eine Erfindung des Egos. Es gibt sonst nirgends eine Hölle.*

Damit wir eine Chance haben, diesen wahnsinnigen Führer(!) endlich zu entmachten, sollten wir ihn **zur Übung** *möglichst genau »bei der Arbeit« beobachten, anstatt ihn zu bekämpfen.* Das setzt voraus, dass wir zunächst an unseren Überzeugungen zu zweifeln beginnen, dass wir also den Verdacht entwickeln, dass etwas nicht stimmt: Wir brauchen den Zweifel, denn sobald wir uns sicher sind, dass wir Bescheid wissen, sind wir bereits wahnsinnig, besonders wenn wir uns dabei »berechtigt« aufregen. Ein Wahnsinniger kennt keinen Zweifel; er reagiert daher auf Zweifel allergisch.

Wir müssen aber nach unseren ersten Zweifeln damit anfangen uns selbst *zu zeigen,* dass wir uns tatsächlich etwas eingebildet haben, indem wir endlich nach den Tatsachen Ausschau halten, also nach Sachverhalten, über die es keinen Zweifel gibt. Nur über Ansichten kann man zweifeln. *Vermeide dabei aber jede Erklärung.*

Dieses Ego, das wir jetzt »trotzdem« entdeckt haben und aufmerksam bei seinen Aktivitäten studieren, dürfen wir keinesfalls unterschätzen. Es ist nämlich *viel* raffinierter, als du denkst, obwohl es eine Einbildung ist und daher nichts als Einbildungen erzeugen kann. Vorsicht ist angezeigt, *denn ein Ego wehrt sich nicht nur gegen seine Entdeckung, sondern es wehrt sich vor allem gegen seine »Entmachtung durch Erkenntnis«.*

Einer der Tricks des Egos (viele sagen statt Ego »Satan« und denken, dass es den tatsächlich gibt) besteht darin, »dich« – *du bist nämlich als Beobachter Teil dieses Egos* – blitzschnell davon zu überzeugen, dass deine Illusionen real seien, genau wie dir deine Träume während der Nacht als real erscheinen. Das geht so lange, bis du bemerkst, dass du träumst. Es ist für uns bekanntlich schwer, das zu bemerken, wie du sicher selbst herausgefunden hast. Wir erkennen unsere Einbildungen meist erst als Traum, wenn wir daraus aufgewacht sind. Okay – immerhin ein Anfang.

Unser Lebenstraum als eine Funktion des Egos schützt sich ebenfalls selbst, ebenfalls durch Feedback, und das Ego beweist sich mittels seines Lebenstraums selbst, dass es real sei. Ein Aufwachen aus dem Lebenstraum des Egos ist daher ein echtes Wunder, denn eigentlich ist es unmöglich, weil auch der Ego-Traum versucht, sein Ende mit allen Mitteln zu verhindern. Er beweist seine Wirklichkeit, indem er seine erfundenen Wahrnehmungen als wirklich betrachtet: Eine enorm komplexe Feedback-Schleife.

Ich habe vor, wie du sicher bemerkt hast, dir ein *gesundes* Misstrauen einzupflanzen und empfehle dir, in den nächsten Jahren ein ungläubiger Thomas in jeder Hinsicht zu sein, damit du nicht weiterhin so leicht von deinem Ego hinters Licht zu führen bist wie bisher. Ungläubig nicht nur bezüglich deiner Wahrnehmungen, sondern ganz besonders bezüglich deiner Schlussfolgerungen daraus: Sind nämlich die Daten falsch, die du deinem Verstand eingibst, sind *alle* Folgerungen daraus ebenfalls falsch. Deine Daten sind falsch, wenn du nicht *genau jetzt* achtsam bist, sondern in irgendeiner Weise aufgeregt, oder wenn du denkst, du weißt bereits Bescheid.

Und beachte: dein Verstand ist selber ein Programm! Lerne wenigstens, ihn richtig zu benutzen, dann kann er durchaus hilfreich sein. Der Verstand ist ein Mittel wie ein Werkzeug und man kann lernen, ihn richtig zu benutzen, damit man sich nicht selber damit schadet. Bei den meisten Irdischen funktioniert er nicht einmal nach den einfachsten logischen Prinzipien, sondern er ist total verwirrt: »Dreimal grün ist Donnerstag – ganz sicher.« Irgendjemand hat einmal geraten: »Bringen wir endlich unseren Verstand zur Vernunft. Aber mit Gefühl!«

Im späteren Verlauf deiner Studien darfst du damit beginnen, auch deinen Zweifel zu bezweifeln, denn vielleicht ist er gelegentlich völlig unberechtigt. Und erkennst du endlich einfache Tatsachen so an, wie sie wirklich sind, also ohne sie zu bewerten oder sonst in einer Weise zu beurteilen, dann ist jeder Zweifel hinfällig. Über Tatsachen gibt es keinen Zweifel. Nur über Ansichten. Dort sind Zweifel immer berechtigt *und notwendig*.

Du bekommst von mir später weitere Hinweise, wie du die Tricks deines Egos erkennst und somit wieder auf den Boden der Tatsachen zurückkehren kannst. (Diese Landung könnte allerdings anfangs eher unangenehm werden.) Erst danach kannst du es vielleicht schaffen, dein Leben in die rechten Bahnen zu lenken, damit du zufrieden und glücklich bist, in Gesellschaft mit deinen Mitmenschen. Die Probleme, die du trotzdem noch haben wirst, werden im Gegensatz zu deinen bisherigen wenigstens lösbar sein.

Du brauchst aber für Lösungen ebenfalls deine Mitmenschen, genau wie für die Bestätigung, dass deine Einbildungen wahr wären. Alleine geht's garantiert nicht weiter. Das kannst du dir gleich als Erstes gut merken. Wenn du da nichts riskieren willst und dich nicht einlässt auf deine Mitmenschen, dann ist dir vorerst nicht zu helfen. Dir nützen hier weder tolle Bücher noch magische Praktiken noch »bewusstseinserweiternde« Drogen. Erst recht nicht »positives Denken«. Alleine kommst du nicht in deinen ersehnten Himmel. Du drehst dich nur im Kreis, wenn du ohne deine Mitmenschen auskommen willst, weil dir die vielleicht nicht gut genug sind oder weil du sie fürchtest oder sie sonst in irgendeiner Weise beurteilst. Du schneidest dir damit also in dein eigenes Rindfleisch.

Ohne dein Ego kannst du auf diesem Planeten der Affen zunächst kaum überleben. Du musst einer Primatenhorde zugehörig sein und ein Irdischer werden, sonst ist es bald aus mit dir. Falls du dich jedoch später an dein wahres Wesen als Außerirdischer zurückerinnern willst, musst du erkennen, dass du nichts von dem bist, was du bisher geglaubt hast zu sein. *Und du musst ebenfalls erkennen, dass auch deine Mit-Irdischen nicht das sind, wofür du sie bisher gehalten hast, obwohl sie dir in Vielem wahrscheinlich sogar Recht geben würden.*

Denke dran: Du kannst nichts transformieren, was du nicht zur Verfügung hast! Sei also froh und dankbar, wenn es in deinem Leben scheinbar viel Mist gibt. Du kannst diesen Mist entweder in Gold zurückverwandeln, oder dich weiter darüber aufregen, dass es in deinem Leben stinkt.

Der folgende Abschnitt soll eine Vertiefung des Glaubensproblems darstellen. Es ist nämlich so, dass alle Probleme zwischen den Irdischen – im Großen wie im Kleinen – Folgen von Glaubensproblemen sind: *Glaubst du etwas, das nicht wahr ist, bekommst du Probleme.*

Leider gibt es keinen wahren Glauben.

Warum Erklärungen und Geschichten
Schwindel sind

Morgens kann ich nichts essen,
weil ich dich liebe,
mittags kann ich nichts essen,
weil ich dich liebe,
abends kann ich nichts essen,
weil ich dich liebe,
nachts kann ich nicht schlafen,
weil ich Hunger habe.

(WELCHER DIESER SÄTZE IST WAHR? –
KEINER. WAHRSCHEINLICH IST ER EINFACH EIN DEPP.)

Erklärungen und Geschichten sind eine reine Angelegenheit des Glaubens. *Ein Glaube ist nie wahr, sondern eben ein Glaube.* Mit Erklärungen und Geschichten wird nun behauptet, die Ursache eines Ereignisses genau zu kennen, verbunden mit der Überzeugung, dass doch jede Ursache *vor* den Folgen liegt. Das ist aber wohl eher umgekehrt: *die Ursache unseres Handelns liegt eigentlich in der »Zukunft«, denn wir wollen ja mit unserem Verhalten etwas erreichen oder wir wollen erreichen, dass etwas Bestimmtes nicht erneut geschehen soll.*

Alle Geschichten sollen den Zuhörer natürlich glauben machen, dass sie wahr seien – sogar diejenigen des Barons Münchhausen – und sie sollen überzeugend darlegen, dass eigenes Handeln eine Folge davon sei, dass eben *vorher* etwas geschehen ist und wir *deswegen* jetzt aktiv werden. Das gilt aber bestenfalls beim so genannten Vermeidungsverhalten, das erneut zum Problem führt.

Geschichten und Erklärungen werden vom Verstand produziert

und sie sind alle falsch; sie sind nichts anderes als bestenfalls unbewusste Lügen und Hypnotisierversuche, sofern sie nicht klar als subjektive Ansichten kenntlich gemacht werden. Derjenige, der seine Geschichte erzählt und erklärt, warum etwas so ist, wie es ist, will sich gewöhnlich aber nicht nur selbst wieder davon überzeugen, dass er Recht hat, dass seine Sichtweise also die einzig wahre ist, sondern er will auch, dass sein Zuhörer es genauso sehen soll. Ist die Geschichte gut, glaubt der Zuhörer, dass sie wahr ist *und der Erzähler fühlt sich dann verstanden.* Das gefällt ihm sehr.

Geschichten und Erklärungen werden vom Verstand produziert, der im Dienst des Egos steht; der Verstand soll als Programm ja ebenfalls das Überleben seines Herrchens sichern, etwa indem er beweisen muss, dass das Ego als Täter eigentlich selber ein Opfer ist und daher nicht belangt werden darf. Dein Verstand ist jedoch in Wirklichkeit eine Richtig-Falsch-Maschine, mit deren Hilfe du bisher überlebt hast. Du kannst damit beweisen, dass du im Recht bist, auch wenn dir andere nicht glauben, und du kannst dich in Konfliktsituationen besser durchsetzen. Das erhöht dein Sicherheitsgefühl – jedoch nur auf einer gewissen Ebene.

Leider kannst du damit aber keine *wesentlichen* Probleme lösen, weil dein Verstand selber ein enorm wichtiger Teil des Grundproblems ist. Dieses Verstand-Programm selektiert jetzt deine Wahrnehmungen, deine Erfahrungen, ordnet sie entsprechend der übrigen Programme und verbindet sie auf verrückte Weise mit Hilfe von Erklärungen und diversen Geschichten, durch die bewiesen werden soll, dass du es richtig machst und dass dein Handeln dadurch bestimmt war, *weil vorher etwas geschehen ist, das du als Ursache ansiehst.* Wer das bestreitet, der ist daher im Unrecht. Das soll dich vor den Folgen deiner Handlungen schützen, denn wer im Recht ist, der darf bekanntlich nicht bestraft werden.

Erklärungen und Geschichten sind aber komplette Lügen, sobald sie als wahr ausgegeben werden, weil sie in jedem Fall andere Tatsachen und weitere Zusammenhänge verleugnen oder unterschlagen; und sie setzen eine Kausalitätsbeziehung voraus, die so nicht stimmt: Weil es v o r h e r eine angebliche Ursache gab, darum ist dann das Folgende abgelaufen.

Wahr ist, dass du dich so verhältst, weil du ein Z i e l anstrebst, das dir vielleicht nicht bewusst ist, das du aber anstrebst. Wenn du nichts erwarten würdest, würdest du ja auch nichts tun! Die Ursache deines Handelns liegt also quasi in der Zukunft, nicht in der Vergangenheit, und du bist dafür selbst verantwortlich, wenn du dein Ziel auf eine Weise ansteuerst, die fehlerhaft ist und daher nicht funktionieren kann. Mit deinen Erklärungen und Geschichten stellst du die Sache aber auf den Kopf!

Selbstverständlich kannst du mit dem Programm Verstand bestimmte Probleme lösen – Mathematikaufgaben etwa, oder einen Motor zusammenbauen, oder wie du in der Hierarchie deiner jeweiligen Horde ein paar Stufen nach oben klettern und es dabei zum Millionär oder meinetwegen auch zum Bundeskanzler bringen kannst. Du kannst dir immense Vorteile verschaffen im Kampf gegen deine Konkurrenten und dich auf deren Kosten »ausdehnen«. Aber du kannst keinesfalls zu einem Außerirdischen werden mit deinem Verstand. Er ist dafür ein Hindernis.

In der Menschheitsgeschichte sind vor allem die ausgestorben, die verstandesmäßig ihren Konkurrenten unterlegen waren. Vermutlich sind die Neandertaler unter anderem deshalb verschwunden, weil die Cro-Magnon-Rasse cleverer war und bereits über

Fernwaffen verfügte bei der Jagd, die Neandertaler aber im Nahkampf mit primitiven Spießen ihre Beute auf viel gefährlichere Art erlegen mussten. Darüber hinaus waren sie wohl *überspezialisiert* und darauf angewiesen, möglichst viel Fleisch zu vertilgen. Die Cro-Magnon-Rasse war hier deutlich flexibler und anpassungsfähiger. Starke Spezialisierung ist also gefährlich.

Wie schlau du auch wirst: du kannst mit deinem Verstand zwar deine Chancen im Überlebenskampf verbessern, aber du kannst damit nicht dein Grundproblem lösen, das darin besteht, dass du ein programmierter nackter Affe bleibst, solange du nicht klar siehst, dass du noch einer bist.

Besonders unangenehm wirken sich Erklärungen aus, wenn du sie selber glaubst und sie für Tatsachen hältst – was vermutlich der Fall ist, denn aus diesem Grund hältst du sie ja parat: Du willst mit *all* deinen Geschichten und Erklärungen aufzeigen, dass du letztlich nicht verantwortlich bist für das, was da gerade passiert oder was du gerade getan hast, oder dass du eigentlich im Recht warst und nur Pech gehabt hast. Die Folgen deines Handelns dürfen dir daher keinesfalls zugemutet werden, denn das wäre ungerecht.

In jeder Art von Krieg sind die Beteiligten bestrebt, sofort zu beweisen, dass der Gegner die vollständige Verantwortung dafür trägt, dass er ausgebrochen ist: *Er* ist die »Ursache«. Dazu sagt man Propaganda. Falls du denkst, dass deine eigene Propaganda wahr ist, die deiner Gegner aber gelogen, ist dir vorerst nicht zu helfen.

Das Grundprinzip deiner Erklärungen und Geschichten ist also einfach: Du willst damit beweisen, dass die Ursache deiner Zustände und der daraus folgenden Taten in irgendwelchen Umständen außerhalb deines Machtbereichs oder in deiner Vergangenheit zu suchen ist und dass du daher nicht verantwortlich gemacht werden darfst für das, was du *jetzt* tust:

Weil vorher etwas geschehen ist, *darum* hast du dich jetzt so gefühlt und so benommen, wie es gerade der Fall war.

Weil dein Partner dich dumm angemacht hat, *darum* musst du dich jetzt ärgern.

Weil dein längst erwachsenes Kind wieder mal in der Klemme sitzt, *darum* musst du ihm jetzt sofort helfen.

Weil du in einem früheren Leben als Pfaffe vorzugsweise Nonnen verführt hast, *darum* musst du jetzt besonders fleißig arme Frauen retten – und *weil* deren Ehemänner Trottel sind, *darum* hast du jetzt wieder ein blaues Auge.

Du gehst aber auf diese Weise rückwärts durchs Leben! Wie soll sich dabei deine Zukunft ändern, wenn du nicht siehst, welches Ziel du ansteuerst, weil du auf Vergangenes starrst, das du als Ursache betrachtest, anstatt dich auf dein Ziel zu besinnen? Willst du tatsächlich wie ein Kind deine Unschuld beweisen, damit du nicht bestraft wirst, anstatt die vollständige Verantwortung für *jeden* deiner Zustände und für *alle* deine Handlungen zu übernehmen – inklusive der daraus entstandenen Konsequenzen? Dazu gehören auch die Folgen einer falsch verstandenen Hilfe, die gewöhnlich nur eine Einmischung in fremde Angelegenheiten darstellt und die mit deiner wirren Erklärung legitimiert werden soll.

Wenn du auf diese Weise unschuldig sein willst, dann brauchst du natürlich Schuldige, denen du die ganze Sache in die Schuhe schieben kannst. Du *musst* bei dieser Technik andere ins Unrecht setzen, damit du dich auf deren Kosten im Recht fühlen kannst. So machen das die kleinen Kinder und bei denen stimmt es in gewisser Weise: Sie sind für ihre Zustände und ihre Handlungen nicht verantwortlich, die Eltern sind es. Kinder sind nicht selbstbestimmt, sondern sie sind fremdbestimmt durch die Erwachsenen. Die Stimmung der Erwachsenen bestimmt, wie die Stimmung der Kinder ist. Ist die Mama sauer, fürchtet sich das Kind; gibt's dicke Luft in der Ehe der Eltern, haben die Kinder oft Alpträume oder wollen sich einmischen; ist alles okay, geht's den Kindern ebenfalls gut. *Wenn das bei Erwachsenen aber auch noch so zu sein scheint, dann ist es definitiv ein Schwindel.*

Kleine Kinder sind tatsächlich unschuldig und sie sind häufig Opfer auf eine Weise, wie sich Erwachsene gerne sehen wollen. Für Erwachsene hat dieser Unschuldsbeweis jedoch fatale Folgen: Weil du ja selber an die Wahrheit deiner Erklärungen glaubst, erlebst du dich genau wie ein Kind als machtlos, abhängig, unterlegen, unzureichend, hilflos – als Opfer eben – *aber dafür im Recht!* Kommen dir Zweifel an der Wahrheit deiner Geschichte und merkst du selbst, dass du schwindelst, dann funktioniert die Sache nicht mehr richtig, weil dir die anderen auch nicht ganz glauben. Sie sagen eher: »Geh – das glaubst du doch selber nicht!« Sind deine Geschichten aber gut in dem Sinn, dass sie ihren vorgesehenen Zweck erfüllen, hast du damit nicht nur dich selbst, sondern vielleicht schon deinen dritten Therapeuten reingelegt – allerdings um den Preis, dass du dabei deine Würde verlierst und keine echte Lösung möglich ist.

Ist das wirklich ein Ergebnis, für das es sich lohnt, sich selber zu bescheißen? Wer sich auf diese Weise zum Opfer erklärt, der gibt seine Macht, sich und seine Welt frei und selbstbestimmt zu erschaffen, weiterhin wie ein Kind an andere ab; dann soll er auch zusehen, wie er es schaffen könnte, diese äußeren Mächte soweit zu kontrollieren, dass sie ihn endlich toll finden und ihm die benötigten Lauseinheiten verpassen, oder dass sie ihn doch noch retten oder zumindest weiter am Leben erhalten. Dass er auf diese Weise glücklich werden wird, hofft er zwar weiterhin und liest zu diesem Zweck vielleicht Liebesromane oder sucht noch immer den richtigen Partner fürs Leben, aber er glaubt selber nicht mehr ganz dran.

Zu Recht.

Du wirst feststellen, dass dein Alltag voll von Geschichten und Erklärungen ist und dass jede Menge davon in diversen Medien angeboten wird. Jeder Schwachsinn auf diesem schönen Planeten wird durch Erklärungen und Geschichten scheinbar legitimiert. Du kannst damit Atombomben bauen, die nächste Wahl gewinnen, deine Kinder schikanieren, deine gute Frau dumm da stehen lassen und deinen armen Hund schlagen – oder meinetwegen auch umgekehrt – Freunde verprellen, Therapeuten reinlegen, den Eltern Vorwürfe machen usw., und dich dabei gut fühlen. Immer geht es darum, sich selber ins Recht und andere dabei ins Unrecht zu setzen. *All diese Geschichten und Erklärungen haben den Zweck, Tatsachen zu verleugnen und stattdessen Erfundenes als wahr auszugeben.* Wie soll man damit auf einen grünen Zweig kommen?

Schaust du auf die Folgen dieser Strategie, kannst du schnell erkennen, worum es – außer dem Nachweis der eigenen kindlichen Unschuld – noch geht:

Du kannst mit dieser Methode deine eigene enorme Gewalttätigkeit legitimieren, die jeden treffen kann, der aus deiner Sicht gerade wieder falsch liegt oder der aus irgend einem Grund von dir als nicht deiner eigenen Horde zugehörig klassifiziert wird. Niemand kann derartig gewalttätig sein als einer, der sich im Recht fühlt – eine Gewalttätigkeit, die sich am Ende gegen ihn selbst richtet: »Mit dem Maß, mit dem du misst, wird auch dir gemessen«. *Und zwar von dir selber!*

Was aber ist dann »wahr«? *Wahr ist, dass alles, was in deinem Leben geschieht, Folge deiner eigenen Überzeugungen und der daraus entstandenen Handlungen ist, die immer auf ein Ziel ausgerichtet sind.* (Ein Ziel ist ein *Zustand,* den du erreichen willst.) Dein Leben und wie du die Welt erfährst ist die Antwort darauf, was du selbst aufgrund deines Glaubens entschieden und getan oder unterlassen hast. Du bist dafür vollständig verantwortlich – egal, ob du bewusst oder unbewusst gehandelt hast. Du bist der Schöpfer dieser Welt, die du erfährst.

Sobald du jedoch für deine eigenen Schöpfungen nicht *komplett* verantwortlich sein willst, nimmst du dir die Freiheit, sie sofort zu verändern, wenn sie dir nicht mehr gefallen, denn du legst damit die Ursachen deiner Erfahrung nach draußen oder in die Vergangenheit, die längst vorbei und nicht mehr zu ändern ist:

Weil sich meine Eltern damals scheiden ließen, *darum* bin ich jetzt neurotisch.

Weil mir meine Frau die Hölle auf Erden bereitet, *darum* muss ich jetzt saufen.

Weil mein Mann schon wieder so zynisch ist, *darum* bin ich jetzt zu recht beleidigt.

Weil ich mir einen Virus eingefangen habe, *darum* bin ich jetzt krank.

Sobald du deine selbst erschaffene Gegenwart durch die Vergangenheit oder durch irgendwelche äußeren Mächte rechtfertigen willst, nimmst du dir die Freiheit, diese Gegenwart nach deinem Wunsch neu zu gestalten. Für das Gefühl der kindlichen Unschuld, das du mit dieser Methode erreichen kannst, verlierst du die Macht, selbstbestimmt zu leben. Lohnt sich ein derartiges Selbstschutzprogramm wirklich noch für dich?

Okay: Es ist eben nur möglich, erfolgreich zu lügen, wenn man seine Lügen für Tatsachen hält. Auf dem Planeten der Affen ist es derzeit notwendig, diese Fähigkeiten zu entwickeln, damit man sich als Kind einigermaßen schützen kann und seiner Horde zugehörig sein darf, die ebenfalls großen Wert auf möglichst überzeugende Lügen legt. *Wie soll man aber je echt und wahrhaftig sein, wenn man nicht einmal bemerkt, dass man sich selber und anderen andauernd etwas vormacht? Man kann sich mit diesem trickreichen Lügengebäude ja sogar vormachen, dass man bereits echt und wahrhaftig ist!* Das erzeugt ein gutes Gefühl und das ist höchst erstrebenswert für gewisse moralisch hoch stehende Irdische. In vielen ihrer Horden kann man damit sogar zu einem Alpha-Tier aufsteigen und etwa Sektenführer oder Chef einer politischen Partei werden. Oder mit gutem Gewissen andere Irdische umbringen.

Gott sei Dank haben alle Lügen recht kurze Beine und an ihren Taten kann man die Lügner ohnehin schnell erkennen. Wenn du genau beobachtest, kannst du sehen, dass sie sich bereits während des bewussten Lügens durch gewisse Signale verraten oder indem sie Verneinungen verwenden: »Wir denken *nicht* daran, die Mehrwertsteuer erneut zu erhöhen.«

Bewusstes Lügen ist schlimm, wenn man auf die Folgen schaut; *aber Lügen, die man selber für wahr hält, sind wirklich gefährlich. Leider erfüllen nur solche ihren Zweck.*

Es kommt vor, dass deine Mit-Irdischen eine klare Ansage nicht hören wollen, sondern von dir eine plausible Erklärung verlangen, sonst geben sie keine Ruhe. Wenn du einfach sagst, dass du für bestimmte Sachen nicht zu haben bist, wollen sie wissen: »Warum nicht?« Sagst du jetzt »weil ich halt nicht mag«, sind sie beleidigt. Du kannst dir überlegen, ob du nun eine plausible Erklärung nachlegst, damit du Ruhe hast, oder ob du bei deiner klaren Aussage bleibst und ertragen lernst, dass der andere jetzt sauer ist. Aber glaube bloß nicht, dass deine eigenen Erklärungen wahr sind und nur die der anderen gelogen.

Übe, Erklärungen und Geschichten von beobachtbaren Tatsachen streng zu unterscheiden. *Sie haben miteinander nichts zu tun.* Sie sollen meist dem Selbstschutz eines Irdischen innerhalb seiner Horde dienen, damit er nicht ausgeschlossen oder auf andere Weise bestraft wird und sein Ziel erreicht: *er will sich wieder sicher fühlen.*

Wenn einer meint, dass er eine Sache »verstanden« hat, bedeutet das gewöhnlich nur, dass er eine plausible Erklärung gefunden hat, die ihm jetzt einleuchtet. *Wirkliches Verstehen heißt aber, etwas als eine eigene Erfahrung wiederzuerkennen.* Das ist nun etwas völlig anderes als eine Erklärung. Damit hast du dich quasi selbst in dem anderen wiedererkannt und änderst danach *dein eigenes* Verhalten, statt dich weiter zum Richter über den anderen zu erheben oder etwas ohne Überprüfung zu glauben.

Die Beobachtung von Zusammenhängen zwischen diversen Tatsachen ist natürlich keine Erklärung, sondern eben eine Beobachtung. Das Erkennen von Tatsachen und wie sie zusammenhängen ermöglicht kluges Handeln. Beobachtungen werden sprachlich mit »und«

verknüpft, statt mit »weil«. Es wird keine (fantasierte) Ursache als Erklärung für weitere Sachverhalte postuliert, sondern es wird ein Zusammenhang festgestellt: »Ich beobachte, dass mir meine Frau erneut widerspricht *und* ich ärgere mich *und* ich verdresche sie *und* unser blöder Köter beißt mich jetzt schon wieder. *Und* mir fällt gerade ein, dass mich Mama auch jedes Mal verdroschen hat, sobald ich ihr widersprochen habe. - *Aha!*«

Und warum hat die Mama das damals gemacht? Weil sie immer noch böse auf Opa war, vor dem sie als kleines Kind oft Angst hatte und den sie natürlich ihrerseits nicht verdreschen durfte? Ist das die wirkliche Ursache? Dann wäre ja dieser Opa schuld, dass ich jetzt meine Frau verdresche! »Egal: Ich will jetzt endlich Gerechtigkeit: Du hast mich verdroschen, Mama, nun verdresche ich dich!«

Allerdings ist meine Frau nicht meine Mama, sondern nur so ähnlich. Also ist das wohl doch nicht gerecht. Und den Opa kann ich auch nicht mehr verdreschen, weil der schon lange tot ist. So wird's wohl nichts mit Frieden.

Mit der Suche nach Ursachen und Schuldigen lande ich irgendwann bei Adam und Eva. Das ist definitiv Schwindel, obwohl der in gewissen Kreisen heftig vertreten wird. Sobald ich behaupte, dass ich meine Frau verdresche, *weil* sie mir erneut widerspricht, bin ich ein Lügner, denn so wäre *sie* dafür verantwortlich, dass sie Dresche bekommt und ich wäre daran unschuldig: Sie bräuchte ja nur endlich die Klappe zu halten. (Das wäre *aus ihrer Sicht* eine wirklich gute Idee, falls ich sie in diesem Zusammenhang verdreschen würde! Aber sie hat ebenfalls ihre guten Erklärungen für ihre Renitenz und fühlt sich im Recht.) Ich kann natürlich auch Mama verantwortlich machen: »*Weil* die mich damals immer verdroschen hat, *darum* verhaue ich heute meine Frau und *darum* muss ich eine Psychotherapie machen, um meine Vergangenheit aufzuarbeiten, *weil* meine Frau sonst vielleicht noch Karate lernt.«

Wenn du mit deiner Ursachenforschung wirklich konsequent sein würdest, *anstatt an einem beliebigen Punkt wieder abzubrechen mit deiner Erklärung,* wirst du nicht nur bei Adam und Eva, sondern beim Urknall landen und immer noch »warum« fragen: *Warum* hat es den Urknall gegeben? *Weil* Gott es so wollte. – Genau! *Der* ist an allem schuld!

Oh Herr, wirf Hirn vom Himmel!

Entweder kapierst du, dass du keine Chance hast, das Universum mit deinem Verstand je zu erfassen, sondern akzeptierst die vorliegenden Tatsachen deines Lebens so, wie sie nun einmal sind und erfährst dich als deren Schöpfer, oder du landest mit diesem Versuch, Gottes Wege mit deinem Verstand zu erfassen, irgendwann in der Klapsmühle.

Übernimm die volle Verantwortung für alle deine Erfahrungen: Du kommst damit in die Lage, Korrekturen auszuführen, falls dir an der Angelegenheit etwas nicht mehr gefällt – oder bleib' ein Opfer der Umstände, das dabei wenigstens für jeden Scheiß, den es macht, eine überzeugende Erklärung parat hat. Vielleicht hast du sie ja sogar von deinem Therapeuten bekommen. Der nennt sie allerdings Diagnose (oder in einem etwas größeren Zusammenhang Verhaltensanalyse). Da gehst du als Patient dann aus seiner Praxis und sagst daheim erleichtert zu deiner Frau: »Jetzt weiß ich endlich, was mit mir los ist: Ich hab' eine mittelschwere Depression!«

Mit dieser Diagnose hast du nun die Wahl, ob du die nächsten fünfzehn Jahre weiter deine mittelschwere Depression haben willst, für die du nicht verantwortlich bist, weil das nämlich eine Krankheit ist, für die du nichts kannst, oder ob du nach fünfzehn Jahren Leberzirrhose von deinen Medikamenten gegen Depression haben willst:

»Dann nehme ich doch lieber die Leberzirrhose, Herr Doktor.« Eine wahrhaft kluge Wahl.

Aber bleib' Optimist: Wenn du nämlich lernst, deine Intelligenz und deinen Verstand *auf die rechte Weise* zu benutzen, können sie dir durchaus helfen. Genaues Beobachten, logisches Folgern, statt wüstem Spekulieren, ungeprüftem Glauben und magischem Denken, und sehr wachsames Überprüfen deiner Schlussfolgerungen werden dir ebenfalls ermöglichen, den Schleier deiner Traumzeit allmählich durchdringen; mit der Zeit kannst du wichtige Aspekte der Wirklichkeit erfassen, weil du damit zu einem echten Wissenschaftler geworden bist. Dazu musst du aber bereit sein, *alle* deine bisherigen Ansichten *radikal* in Zweifel zu ziehen. Das kann besonders anfangs unangenehm werden.

Merke dir zunächst einfach Folgendes:

Gehe davon aus, dass dein Verstand aus zwei Teilen besteht: Aus dem *Denker,* der sich alles Mögliche einbildet, und aus seinem Diener, dem *Beweisführer.* Sobald der Denker sich irgendetwas einbildet, wird sein williger Diener sofort damit beginnen, all das zu beweisen, was sich der Denker einbildet. Das schafft er, indem er dich sofort an viele Situationen erinnert, die dir bereits als Bestätigung des jeweiligen Glaubens gedient haben; er kann sogar dafür sorgen, dass du jetzt genau solche Erfahrungen machst, wie sich dein Denker eben die Wirklichkeit vorstellt. Das kannst du von mir aus selbsterfüllende Prophezeiung nennen.

Es ist völlig egal, was du glaubst: Du wirst dir in jedem Fall bewei-
sen, dass das wahr ist, was du denkst und wirst in jedem Fall Recht
behalten, weil deine Geschichten und Erklärungen für dich ja Tat-
sachen sind.

Das ist eine gefährliche Falle und sie wird dir nur selten ins Bewusstsein rücken. Wenn du aber diese Automatik erkennst, hast
du eine gute Chance, eines Tages wirklich durchzublicken.

Falls du wissen willst, was jemand *tatsächlich* anstrebt, dann achte darauf, was im Lauf der Zeit herauskommt bei dem, was er so
treibt: Das ist nämlich sein Ziel, das ihn »anzieht«. Da ist nichts
aus der Vergangenheit, das ihn »schiebt«, sondern es erscheint nur
so. Seine Geschichten und Erklärungen dienen zur Verschleierung
seiner wahren Absichten – meist sogar vor ihm selber.

Übe so oft du kannst, dir bereits vorher klar zu machen, was du mit
deinem Handeln erreichen willst, wie du dich also nach der ganzen
Sache fühlen willst – und auch bereits während des Ablaufes. Dann
behalte dieses Ziel gut im Auge. Das wird dir helfen, vom Groß-
teil deiner Probleme weg zu kommen, die du dadurch ansteuerst,
indem du sie vermeiden willst.

Warum es für einen Bio-Roboter (fast) unmöglich ist, sich selbst als Roboter zu erkennen

*Die meisten Menschen verbringen den größten Teil
ihres wachen Lebens in geordneten Verhältnissen.
Dies empfinden sie als normal.*
(Thomas Luckmann)

So, nun weiter mit dem Problem der Bio-Roboter:

Bio-Roboter funktionieren am besten für die Zwecke, für die sie programmiert wurden, wenn sie überhaupt nicht bemerken, dass sie programmierte Bio-Roboter sind.

Damit das klappt, wird der vormalige Außerirdische gleich nach seiner Ankunft auf diesem Planeten mit einer Menge angenehmer und unangenehmer Erfahrungen konfrontiert. Diese Prozeduren, die von den zuständigen Programmierern freilich nicht immer absichtlich und bewusst ausgeführt werden, heißen natürlich nicht Programmierung, sondern sie heißen, wie erwähnt, Erziehung, Bildung, Sozialisierung und später manchmal sogar Psychotherapie. Der Bio-Roboter soll am Ende der Prozedur gut funktionieren und nicht mehr stören.

Mittels der Erfahrungen, die er nun in seinen ersten Lebensjahren macht, wird der kleine Bio-Roboter mit der Zeit so programmiert, dass er in genau dieser Umgebung, in der er jetzt lebt, optimale Überlebenschancen hat, denn es gibt eine Aufgabe des Bio-Roboters, die die Mutter Natur von ihm verlangt, der er ebenfalls dienen muss: Er soll mindestens so lange am Leben bleiben, bis er sich fortgepflanzt hat, damit das Leben auch durch ihn weiter ausgedehnt wird. Im Übrigen soll er mithelfen, dass alles möglichst so bleibt, wie es ist, dass seine Neuerungen, die er vielleicht erfindet, trotzdem ins Bisherige passen, dass er also nichts erfindet, was das Gesamtsystem bedrohen könnte. (Nikola Tesla zum Beispiel, der ein Genie war, musste erfahren, wie unerwünscht Erfindungen sind, die die Armut beseitigen könnten.)

Programme erfüllen nur zuverlässig ihren Zweck, wenn sie automatisch und gleich ablaufen. Jeder PC-Besitzer bestätigt dir das gerne. Sobald aber Programme deines Biocomputers durch mehr *Achtsamkeit* näher ins Bewusstsein rücken und du anfängst, sie genauer zu beobachten, werden sie gestört. (Hier läge eine erste Chance für ein update, wie man auf Neudeutsch sagt, oder um gleich mit einer Neuprogrammierung zu beginnen, falls du bereits weißt, wie das geht.) Eine Automatik hat jedoch den großen Vorteil, dass die Programme schnell genug ablaufen, um mit größter Wahrscheinlichkeit zu funktionieren. Auch Autofahrer verstehen das: Sobald du in kritischen Situationen anfängst zu denken, baust du wahrscheinlich einen Unfall. Du musst in solchen Situationen automatisch reagieren können, sonst reduzierst du deine Überlebenschancen. (Das heißt aber jetzt nicht, dass du hirnlos Auto fahren sollst!)

»Richtiges« automatisches Agieren muss jedoch trainiert werden, indem du oft Auto fährst und indem du an Fahrsicherheitstrainings teilnimmst. Beim Erlernen von Kampfkünsten ist es ebenfalls nötig, die Bewegungsabläufe durch viel Training soweit zu automatisieren, dass sie optimal funktionieren, ohne dass du nachdenken musst, denn sobald du überlegst, bist du zu spät dran und wirst deswegen verletzt. Gleichzeitig wird dabei *deine Intuition* geschult. (Falls du das wichtigste Prinzip der Kampfkünste tatsächlich verstanden hast, wirst du auch wissen, wie man einen

Kampf auf die *rechte* Weise vermeidet: indem man nämlich ruhig bleibt und damit der Klügere ist, anstatt sich aufzuregen.)

Alle deine Programme haben nur einen einzigen Zweck: Sie sollen ermöglichen, dass du selbst in überraschenden und schwierigen Situationen überlebst, indem du, ohne lange denken zu müssen, optimal handelst. Da du noch am Leben bist, haben deine Programme ihren Zweck offensichtlich erfüllt.

Das Problem bei der ganzen Sache ist aber, dass deine zentralen Programme nicht mehr »up to date« sind. Sie sind ja entstanden, als du ein Kind und damit enorm abhängig warst von denjenigen, die dich programmiert haben. *Diese Abhängigkeitserfahrung ist daher Teil aller Überlebensprogramme deines Bioroboters.* Mit ihnen ist die absolute Überzeugung verbunden, dass du *wesentlich* bedroht werden könntest und dass dir etwas Lebenswichtiges fehlen würde, oder dass du verhindern müsstest, dass dir jemand etwas wirklich Wichtiges wegnehmen kann, etwa seine Zuwendung, die du als Kind so dringend gebraucht hast. (Wenn du erwachsen bist, hast du meist noch die Angst, dass dein Geld nicht reicht.)

Jedes Programm erzeugt sofort seinen eigenen Realitätstunnel, mit dessen Hilfe es sich selber stabilisiert. Gehst du zum Beispiel nachts alleine durch einen Stadtteil, der als recht unsicher und gefährlich bekannt ist, wird dir dein Überlebensprogramm jede Menge an Hinweisen zeigen, durch die du dich »berechtigt« bedroht fühlen kannst. Obwohl überhaupt nichts passiert ist – außer in deiner Vorstellung – ist dein Bio-Roboter nun stark unter Stress und auf Kampf oder Flucht eingestellt. Eine Realitätsprüfung würde dir natürlich helfen; aber dazu müsstest du zuerst erkennen, dass du nur in einen äußerst unangenehmen Realitätstunnel geraten bist, der nicht wirklich real ist. Das ist unter diesen Umständen schwer.

Falls du jetzt Schritte hinter dir hörst, wird es gleich noch schwerer, obwohl das vielleicht ein netter Mensch ist, der dir deine Geldbörse zurückgeben will, die du gerade verloren hast.

Wenn du nun als Erwachsener *trotz* deiner Programmierung nicht etwas riskierst, um *vielleicht* neue Erfahrungen machen zu können, indem du beispielsweise umdrehst und schaust, was tatsächlich los ist, wird's schlimmer: Du fängst an zu rennen, der andere ebenfalls, und ihr landet am Ende beide in einer Baugrube, die ihr in eurer Aufregung übersehen habt.

Riskierst du nicht endlich etwas, wird es letztlich ausgehen, wie du befürchtet hast, denn du re-agierst (übersetzt: agierst erneut) nur nach deinen Programmen und glaubst dabei, du wärst in Kontakt mit der Gegenwart.

Möglicherweise bildest du dir ein, dass die Kollegen in deiner Firma hinter deinem Rücken über dich ablästern; du wirst daher misstrauischer als du ohnehin schon bist und verhältst dich entsprechend, bis die mit der Zeit merken, dass mit dir was nicht stimmt. Statt nun zu prüfen, ob du dir nicht was einbildest, indem du in einem kurzen Gespräch checkst, ob dein Verdacht stimmt und womit das zusammenhängt, reagierst du noch paranoider, bis der letzte deiner Kollegen merkt, dass du spinnst. Daher werden sie tatsächlich anfangen, hinter deinem Rücken über dich zu tuscheln, weil sich keiner mehr traut, normal mit dir zu reden aus Angst, dass du dich gleich wieder aufregst. Damit bleibst du ein Bio-Roboter, der *jetzt* nach einem Überlebensprogramm reagiert, das in einer längst vergangenen Zeit geprägt wurde. Du *re*-agierst automatisch und dabei bildest du dir sogar ein, dass das angemessen oder clever sei, oder dass es anders nicht gehen würde, weil du keine Wahl hättest. Na gut – *damals* ging es tatsächlich nicht anders, denn in der Prägungszeit warst du ein Kind, von anderen abhängig und tatsächlich ohne echte Wahl. Hier und jetzt ist es anders: *Nun hast du eine Wahl.*

Aber du musst dazu erst auf den Boden der Tatsachen kommen.

Die Schwierigkeit bei der Sache ist, wie schon erwähnt, folgende: Deine Programme erzeugen Als-ob-Realitäten, richtige *Realitätstunnel,* die sich sofort selbst mittels Feedback als »berechtigt« beweisen und somit stabilisieren.

Zusätzlich rattern die Bioroboter in deiner Umgebung nach sehr ähnlichen Programmen und so helfen sich all diese Bio-Roboter gegenseitig bei der Stabilisierung ihrer Programme. Das Ganze stellt eine sehr komplexe Feedback-Schleife dar. Ein Außerirdischer hat das Problem vor zweitausend Jahren folgendermaßen formuliert: »Wahrlich, dir geschieht nach deinem Glauben.« Leider hältst du deinen Glauben aber für die Wirklichkeit.

Deine Programme erzeugen Realitätstunnel. Was außerhalb dieses betreffenden Tunnels ist, kannst du daher im akuten Fall nicht mehr erkennen. Wenn du dir zum Beispiel einbildest, dass du nicht okay und nicht liebenswert bist, dann strengst du dich wahrscheinlich an, damit die Leute dich trotzdem gut, toll, schön, intelligent oder sonst was finden und dich *deswegen* mögen sollen – genau so, wie du dich schon als Kind angestrengt hast, um Zuwendung zu erhalten. Und was passiert? Du wirst anfangen, die Leute damit zu nerven und sie werden sich mit der Zeit von dir zurückziehen. Schon hast du wieder einen Beweis mehr, dass du nicht okay und nicht liebenswert bist. Und du hast ihn selber produziert, ohne es zu merken. Deine Mitmenschen helfen dir zwar dabei – aber ebenfalls, ohne es zu merken. Sie sind programmiert und *re*-agieren *entsprechend. Sie bestätigen dir daher, was dir entspricht: nicht liebenswert und nicht okay zu sein!*

Das ist schlecht für alle.

Oder du schaffst es tatsächlich, andere damit für dich zu gewinnen und weißt dann aber nicht, ob sie dich jetzt mögen, weil sie dich endlich erkennen, oder deswegen, weil du sie gerade erfolgreich manipulieren konntest.

Drehst du die Sache in deiner Not um und willst beweisen, dass die anderen nicht okay und nicht liebenswert sind, du aber schon, kommt das gleiche Ergebnis heraus: Keiner mehr mag dich, weil du ein Kotzbrocken geworden bist, der dauernd Recht haben will.

Wenn dir trotzdem noch die Idee kommt, deswegen eine Psychotherapie zu machen, wird dich auch dein Therapeut nicht besonders mögen:

»Herr Doktor, ich hab' immer wieder Probleme mit meinen Mitmenschen.«

»Tja, ähm, soso. – Was glauben Sie denn, woran das liegt?«

»Das sollen doch Sie herausfinden, Sie Trottel!«

Es hilft dir nichts, etwas anderes glauben zu wollen, denn wegen der Selbstbestätigung deiner Programme als einer Wirklichkeit wird immer genau das bestätigt, was du *tatsächlich* glaubst. Aus diesem Grund helfen dir hier weder Bücher über »positives Denken« wirklich weiter, noch deine ohnehin meist dummen »Wünsche ans Universum«. Selbst wenn sie dir gelegentlich erfüllt werden, bringt es dir nicht viel. *Dir geschieht ja nach deinem tatsächlichen Glauben und nicht nach dem, den du dir glauben machen willst.* Ganz so einfach kannst du dich nicht selber umprogrammieren, *denn was du dabei treibst, ist ebenfalls ein Programm.*

Wir haben hier ein grundsätzliches Problem.

Aber es ist lösbar. Du kannst nämlich deinen tatsächlichen Glauben einfach identifizieren: *Du erkennst ihn daran, dass du dich über alles aufregst, wovon du glaubst, dass es wahr sei.* Ob die Aufregung angenehm oder unangenehm ist, macht dabei keinen Unterschied.

Ich denke, es wird dir einleuchten, dass es nützlich ist zu wissen, was du tatsächlich glaubst, denn das wirst du dir ja immer wieder als wahr beweisen, selbst wenn es recht unangenehm ist. Eine Neuprogrammierung setzt voraus, wie jede geplante Korrektur, die erfolgreich sein soll, dass du auf dem Boden der Tatsachen stehst; in dem Fall bedeutet es, dass du deine Programme zunächst einmal an-*erkennst,* anstatt das zu glauben, was dir gerade in den Kram passt – ungeachtet der Tatsachen.

Wie schwer bereits dieser erste Schritt ist, kannst du täglich nicht nur bei dir, sondern meist noch besser bei deinen Mitmenschen beobachten: Die glauben ja ebenfalls lieber an ihre oft hanebüchenen Erklärungen, anstatt auf die Tatsachen zu achten – mit den beobachtbaren und gewöhnlich recht unangenehmen Konsequenzen.

Trotzdem gibt es für diesen unerfreulichen Sachverhalt gute Gründe. Der wichtigste davon ist der Überlebenstrieb deines Bioroboters. Dieser Überlebenstrieb ist gleichzeitig das Motiv für alle übrigen Programme, die du im Lauf deiner Kindheit entwickelt hast. Letztlich geht es bei all diesen Säugetierprogrammen um Überleben und Fortpflanzung. Dass wir »nackten Affen« dabei Erstaunliches zuwege gebracht haben – beispielsweise Sprachen, Technologien, mit deren Hilfe Millionen Lebewesen umgebracht oder erhalten werden könnten, Kulturen und enorm komplex vernetzte soziale Systeme und Informationssysteme, Philosophien aller Art, religiöse Systeme, die oft Informationen zur Befreiung aus unseren Programmen enthalten – hat uns zwar auf gewisse Weise zur Krone der Schöpfung gemacht und an die Spitze der Fresspyramide geführt, *aber die absolute Mehrheit unserer Spezies hat sich damit noch nicht über das Schimpansenstadium erhoben.* All unsere tollen Errungenschaften und Machenschaften, auf die wir so stolz sind, werden daher weiterhin von Affenprogrammen kontrolliert – was diesen gesamten »Planeten der Affen« inzwischen in eine äußerst kritische Situation gebracht hat.

Nun gut: die Hoffnung stirbt zuletzt, denn es scheint so, dass unsere »Seele« (ich weiß jetzt kein besseres Wort für das »höhere Feld«, *in dem wir sind* und das die Verbindung darstellt mit allen übrigen »Seelenfeldern«) mit der Zeit dafür sorgt, dass wir zwangsläufig in Krisen geraten, wenn wir unsere überholten Programme nicht ändern.

Das garantiert jedoch nicht, dass wir danach *wesentliche* Änderungen vornehmen. Man kann oft beobachten, dass jemand nach einem Herzinfarkt alle Anstrengungen unternimmt, dass es in seinem Leben möglichst bald wieder ist wie vorher: in Ordnung und berechenbar. Auch die so genannten Reha-Programme, die im Anschluss durchgeführt werden, verfolgen dieses Ziel, obwohl den Patienten da meist geraten wird, etwas kürzer zu treten. Und dann wundern sich diese Leute, wenn sie nach ein paar Jahren ihren nächsten Infarkt haben.

Okay, es gibt eben sehr willensstarke Menschen, die ihre Linie durchziehen, die sie ja für richtig halten, selbst wenn es ein Holzweg ist. »Nur über meine Leiche« ist ihre Haltung gegenüber der

Notwendigkeit, grundsätzliche Änderungen in ihrem Leben anzusteuern, denn *niemand ändert etwas, wenn er denkt, dass er richtig liegt.*

Die Schwierigkeit, aus diesem Roboterdasein zu erwachen, ist vergleichbar dem Träumen:

Es ist bekanntlich sehr schwer, in der Nacht während eines Traumes zu erkennen, dass man nur träumt: Alles Geträumte wirkt derartig real, dass man es während seines Traumes für die Wirklichkeit hält und sich daher während des Träumens entsprechend aufregt. Außerdem ist man in dieser Zeit schwerer aufzuwecken, denn der Traum schützt sich quasi selbst, indem er Eindringendes sofort in den Traum einbaut, damit der weitergehen kann. Es braucht da schon einen kräftigen Schock, um aus einem Traum zu erwachen. *Und wenn es ein schöner Traum war, dann würde man am liebsten gleich wieder einschlafen und weiterträumen.*

Warum »Rückführung« unnötig ist.

Das Beste, was man aus der Geschichte lernen kann:
Wie man sie fälscht.
(Leo Trotzki)

Die Ansicht, dass bestimmte und meist dramatische Erfahrungen aus deiner Vergangenheit deine gegenwärtige Lebenssituation bestimmen würden, ist ja nichts Neues. Mit dem hier vorgestellten Konzept der Programmierung des Bio-Roboters stimme ich dieser Behauptung auf der Ebene völlig zu: *Durch deine Programmierungen machst du andauernd Zeitreisen,* ohne das zu bemerken, so dass du wie ein echter Roboter tatsächlich laufend deinen alten Scheiß wiederholst und ihn danach mit Hilfe diverser Erklärungen legitimieren willst.

Aber ich will auch betonen, dass es deine verdammte Pflicht ist, dem ein Ende zu bereiten, damit du ein Beispiel dafür wirst, dass ein domestizierter aufrecht gehender und sprechender Affe zu einem richtigen Menschen, einem Außerirdischen, mutieren kann.

Ich möchte mich hier allerdings noch zu den absichtlichen Rückführungen äußern, weil in diesem Bereich gewöhnlich nur weitere Tunnelrealitäten erzeugt werden, die anschließend als Erklärung dafür herhalten sollen, dass der Unsinn im Leben dieses »Zeitreisenden« wahr und gerechtfertigt sei:

Ein Verfahren, mit dem gelegentlich versucht wird, die Vergangenheit quasi nachträglich zu verändern, damit es endlich gut weitergehen kann, wird tatsächlich »Rückführung« genannt. Es handelt sich um eine Vorgehensweise, bei der mittels hypnotischer

Techniken jemand absichtlich virtuell in der Zeit zurückkreist, um so an alte Erinnerungen zu gelangen. Der Betreffende sucht sich zu diesem Zweck gewöhnlich einen Helfer, der ihn dabei anleiten und begleiten soll. In der Hypnosetherapie ist dieses Verfahren recht gebräuchlich und es soll helfen, traumatische Erinnerungen neu zu beleben, um sie dann zu einem guten Ende zu bringen, damit da endlich Ruhe ist. Diese Sache funktioniert oft ganz gut.

Es gibt aber Leute, denen es nicht reicht, bis in ihre frühe Kindheit zurückzureisen, sondern die es für nötig erachten, sich zusätzlich an frühere Leben erinnern zu müssen. Sie glauben nämlich, dass ihre gegenwärtigen Probleme Folgen aus diesen früheren Leben seien und sie sagen dazu »karmische Verbindungen«. Selbstverständlich handelt es hier ebenfalls darum, eine Geschichte, eine plausible Erklärung zu finden, mit der man die Verantwortung für sein gegenwärtiges Leben und Handeln ablehnen und sie auf irgendwelche angeblichen Ursachen aus der Vergangenheit verlagern kann:

»Ich bin für mein gegenwärtiges Handeln und für die daraus entstehenden Konsequenzen nicht wirklich verantwortlich. Das sind nämlich karmische Folgen meines früheren Lebens im Mittelalter. Deswegen habe ich ein Recht – ja sogar die Pflicht – meinem Partner kräftig Saures zu geben, weil ich damals zu Unrecht als Hexe auf den Scheiterhaufen kam, den er dann angezündet hat. Ich habe das in dieser Rückführung deutlich gesehen und sogar sein Gesicht wieder erkannt. Unser Karma hat uns nun in diesem Leben wieder zusammengeführt, damit wir endlich einen gerechten Ausgleich schaffen.«

Dieses *Konzept* ist für gewisse bereits erwähnte Zwecke recht praktisch.

Ich glaube nicht, dass es frühere Leben *dieser Art* überhaupt gibt und schlage daher vor, auch in dem Fall das so genannte »Occamsche Messer« anzuwenden. Kurz gefasst bedeutet das: Nimm für einen beobachteten Sachverhalt erst dann eine kompliziertere Erklärung, wenn eine einfache wirklich nicht mehr ausreicht, um die Sache hinreichend plausibel zu erklären. *Aber halte deine Erklärung nicht gleich für die Wahrheit.*

Ich habe für diese Art von Rückführungen eine einfachere Theorie, die nicht frühere Leben voraussetzt, *sondern die sich nur auf Gegenwärtiges bezieht.* Ich habe sie aufgrund eigener Erfahrungen mit dieser Art von »Rückführung« entwickelt und behaupte vorläufig:

Bei Rückführungen handelt es sich um hypnotische Verfahren, mit deren Hilfe Informationen ins Bewusstsein gebracht werden können, die aber einen *gegenwärtigen Status abbilden,* genau wie ein nächtlicher Traum aktuelle Informationen ins Bewusstsein bringen kann.

Da diese Informationen aus guten Gründen dem betreffenden »Träumer« bei seiner Rückführung nicht gleich bewusst werden dürfen, werden sie – sagen wir: von seinem Ego – versteckt und dabei durch seine »höhere innere Weisheit« in eine Form gebracht, die seinem Ego als nicht zu bedrohlich erscheint; daher wird eine freiwillige Entscheidung möglich, diese Informationen mit der Zeit zu integrieren, anstatt einen Schock zu erleiden. Sie werden in einen »Film« verpackt und quasi *inszeniert,* genau so, wie unsere nächtlichen Träume oft Inszenierungen eines Wissens darstellen, das uns im Wachzustand nicht bewusst ist. Wir können nun freiwillig und interessiert diese Informationen aus dem von uns selbst erschaffenen »Film« entnehmen, können uns aber auch dafür entscheiden, das Rückführungserlebnis genau wie einen Traum als Unsinn abzutun und dieses Wissen erneut zu verbannen.

Da wir alle über eine immense kreative Fantasie verfügen, gibt es oft hochinteressante Arten von Inszenierungen. Hollywoodregisseure sind dagegen Stümper.

Beachte bei *diesen* Rückführungen aber dringend: Nimm deine Erfahrungen nicht als bare Münze, sondern als verpackte, verdichtete Information, die du erst noch »übersetzen« musst, indem du sie mit deinen Lebenserfahrungen vergleichst und dabei nach Mustern suchst. *Und hüte dich ebenfalls vor jeglicher Interpretation und Deutung,* sondern nimm die Sache als Film, aus dem du etwas für dein Leben lernen könntest. Achte darauf, dass dich dein jeweiliger Führer nicht verführt, indem er deinen Film für dich interpretieren will, weil du angeblich da noch nicht richtig durchblickst und er schließlich der Experte ist.

Aber vielleicht gibt es tatsächlich Zeitreisen auf eine andere Art. Das *könnte* sein. Und zwar deshalb, weil es »die Zeit an sich« nicht gibt, sondern *ALLES gleichzeitig IST.* »Ewigkeit« bedeutet ja nicht, dass ganz, ganz, ganz unglaublich viel Zeit vergeht, sondern dass nur das ewige zeitlose Jetzt existiert. Daher könnte es möglich sein, dass unter gewissen Umständen Informationen aus einer *scheinbar* anderen Zeit empfangen werden, die vorschnell als Beweis für ein früheres Leben herhalten sollen. Wahrscheinlich handelt es sich dabei nicht um eine Erinnerung an ein persönliches früheres Leben, sondern eher um das Empfangen von Informationen aus einem großen Informationsfeld, meinetwegen aus dem »morphischen Menschheitsfeld«, wie Rupert Sheldrake das wohl nennen würde.

Es könnte, so gesehen, also noch eine andere Art von »Rückführung« geben:

Da Zeit nicht existiert für den Bereich des Geistes, wäre es möglich, dass bei einer Rückführung jemand in ein Universum gerät, das nach unserer gewöhnlichen Auffassung von Zeit in der Vergangenheit liegt. (Aspekte der Quantenphysik lassen diese Wahrscheinlichkeit zu.) Die dabei auftauchenden Informationen könnten daher Fakten enthalten, die Historiker echt interessieren könnten: Zeitreisen dieser Art wären für sie ein Hit. (Manche reisen dabei vielleicht auch in eine mögliche Zukunft.) Verständlich, jedoch sehr gewagt, sind dann Behauptungen von solchen Zeitreisenden, dass damit bewiesen sei, dass es Reinkarnation als »Persönlichkeit« wirklich gibt.

Das ist damit jedoch *nicht* bewiesen, denn Zeit existiert nicht im Bereich des Geistes. Alles, was für ihn existiert, existiert im ewigen, im *zeitlosen Jetzt,* oder es existiert überhaupt nicht. Es gibt für den Großen Geist weder Vergangenheit noch Zukunft, sondern das erscheint unserem Ego-Bewusstsein so, weil wir zwar in einer mindestens vierdimensionalen Welt leben, aber nur drei davon bewusst erfahren und die vierte sozusagen »erleiden«.

Der Große Geist enthält wahrscheinlich *alle* Möglichkeiten unseres »individuellen« Geistes, sich in jeder gewünschten Weise *gleichzeitig* zu manifestieren. Dieses Ewige Jetzt bietet dann für den Geist eines Außerirdischen Gelegenheiten für richtige Zeitreisen. Wir könnten im Lauf unserer Evolution lernen, derartige geistige Wanderungen zu unternehmen und dabei in einer scheinbaren Vergangenheit oder einer scheinbaren Zukunft landen.

Körperliche Zeitreisen sind aber wohl unmöglich.

Okay: Diese Theorie *klingt* etwas kompliziert. Ist sie aber nicht. Sie erscheint so, weil wir alle an ein Nacheinander in einer objektiven Zeit glauben. Klar – das ist unsere Erfahrung. Zeit ist jedoch nur eine notwendige Illusion zu dem Zweck, dass wir uns in Freiheit selbst immer wieder neu erschaffen können. Ohne diese Illusion gäbe es keinen freien Willen. Wer würde sich freiwillig in die Scheiße reiten, wenn er *bewusst* im Besitz der ewigen Wahrheit wäre? Ohne diese Scheiße gäbe es keine Suche nach Wahrheit und Erlösung.

Ich schlage vor, zunächst die unbewussten Rückführungen tunlichst zu vermeiden, indem wir mit großer Aufmerksamkeit üben, Erinnerungen und Programme unseres jetzigen Lebens deutlich schneller zu erkennen, damit wir sie nicht immer wieder »neu« erfahren müssen. Das passiert nämlich automatisch, wenn wir sie nicht rechtzeitig erkennen, sondern irrtümlich denken, dass diese Erfahrungen von gegenwärtigen Anlässen *verursacht* würden. Sie werden von Gegenwärtigem jedoch nur *ausgelöst* und in Erinnerung gerufen, »vergegenwärtigt«, sofern eine ausreichende Ähnlichkeit zu früheren Erfahrungen besteht – besonders zu solchen, die nicht befriedigend abgeschlossen wurden oder die man nochmals machen will, weil sie doch so schön waren.

Damit du nicht dauernd in unfreiwillige »Rückführungen« gerätst, bekommst du von mir einen **Hinweis,** wie du unbewusste Erinnerungen erkennen kannst:

Du machst immer eine »Rückführung«, sobald du dich aufregst und denkst zu wissen, was gleich wieder auf dich zukommt. Wer glaubt, die Zukunft voraussagen zu können, ist in seiner Vergangenheit gelandet – es sei denn, er sieht die Wirklichkeit der Gegenwart, weil er ruhig bleibt: Der nächste Zug einer Schachpartie kann von einem erfahrenen Spieler gut vorausgesagt werden, *sofern sich die Spieler an die Regeln halten und logisch denken.* Deine Aufregung kommt nun daher, dass sich dein Biocomputer an eine Situation erinnert, die er in ähnlicher Form schon erlebt hat. Wenn du jetzt nicht achtsam bist, dann wirst du diese vergangene Erfahrung – meist eine unangenehme – noch einmal durchmachen, und zwar mit dem gleichen Ergebnis wie damals in der Zeit, als sie sich bei dir eingeprägt hat und du dein stereotypes Programm dazu entwickelt hast. Von mir aus sag' Neurose dazu und geh' zu deinem Psychiater, damit er dir eine medikamentöse Therapie verpassen kann, von der du später Parkinson oder Leberzirrhose kriegst.

Ich behaupte hier nicht, dass Reinkarnation vollkommener Blödsinn ist, sondern dass die Art, wie sie meistens erklärt wird, Blödsinn ist. Ich habe ja eingeräumt, dass es sein kann, dass dein »innerstes göttliches Außerirdisches« gleichzeitig *alle* Möglichkeiten enthält sich zu verwirklichen; in gewissen Zuständen kann es vielleicht erfahren, was es über »alle Zeiten« bereits *selbst erschaffen hat und noch erschaffen wird,* und nicht nur seine gegenwärtige Schöpfung. Für ein Ego wäre das ein Schock, den es sicher nicht verkraften würde.

Ich halte es für völlig unnötig, aus »früheren Leben« Erklärungen für die vorliegenden Sachverhalte und Zustände deines gegenwärtigen Lebens abzuleiten. *Es wäre klüger, die Ursachen deiner gegenwärtigen Misere in Fehlern deines jetzigen Lebens zu suchen, anstatt in irgendwelchen früheren Leben herumkramen zu wollen.* Welcher Schauspieler denkt denn bei einer aktuellen Aufführung dauernd an die Rollen, die er in früheren Aufführungen dargestellt hat, statt sich auf seine gegenwärtige Rolle zu konzentrieren? Da kommt er bloß ganz durcheinander und wird als Hindernis aus dem Ensemble entfernt.

Wahrscheinlich wäre es ausreichend, wenn wir *jetzt gleich* unser gemeinsames Großes Selbst in uns und in jedem anderen wiedererkennen würden, anstatt wesentliche Unterschiede machen zu wollen, wo es keine gibt und so nur unser schimpansenhaftes Hordendenken zu pflegen. *Wozu Zeitreisen machen, wenn ALLES JETZT IST?*

Der Volksmund rät jedenfalls: *Neues Spiel, neues Glück.*

2. Kapitel

Die Programmierung des Roboters

Warum die Aufgabe der Eltern einfach ist

Jeder ist klug.
Der eine vorher, der andere nachher.
<small>(CHINESISCHE EINSICHT)</small>

Über die Aufgaben der Eltern bezüglich ihrer Kinder gibt es eine Unmenge an Büchern und sonstigem Kram. Dort wird – angeblich wissenschaftlich untermauert – vor allem darauf hingewiesen, was Eltern als Programmierer ihres Nachwuchses alles falsch machen können und welch katastrophale Folgen das später für ihre Kinder habe. Manche behaupten sogar, dass durch schlimme Erfahrungen eine Art Mord an der unschuldigen Kinderseele stattfände, was immer das bedeuten soll, wenn das Kind trotzdem überlebt hat.

Klar ist natürlich, dass schlimme Erfahrungen traumatisierend wirken und dass solche Kinder darunter leiden und ohne Hilfe möglicherweise tatsächlich nicht überleben würden; *falls doch, haben sie danach aber als Erwachsene die Freiheit, diese üblen Erfahrungen in Gold zu verwandeln* – sofern sie sich nicht später für die Rache entscheiden, womöglich angeregt und begleitet von einem wohlmeinenden Psychotherapeuten oder einem Rechtsanwalt, die sich für derartigen Unsinn oft in bester Absicht zur Verfügung stellen.

Es mag ja aus der Vorgeschichte verständlich sein, dass gar mancher sich an seinen Eltern in einer eher milden Form rächen will, indem er ihnen später als Experte für Pädagogik Bücher unter die Nase hält, deren Lektüre ihnen Schuldgefühle machen soll. Außer vielleicht den Verfassern dieser Art von Lektüre zu Ruhm und

Ehre zu verhelfen nützt das aber niemandem, wenn er Lösungen anstrebt, das heißt, wenn er solche *selbstbestimmten Neuprogrammierungen* plant, die ihm ein gutes und glückliches Leben in Gemeinschaft mit seinen Mitmenschen ermöglichen. Sie nützen nur denen als Rechtfertigung, die sich einbilden, für ihr Leben noch keineswegs selbst verantwortlich zu sein, denn sie können sich auf diese Weise ins Recht setzen und für ihren eigenen Mist weiterhin ihre Eltern oder andere daran völlig unschuldige Mitmenschen verantwortlich machen.

Natürlich kann der Betreffende so keines seiner wesentlichen Probleme lösen, aber er kann sich trotzdem gut fühlen, weil er sofort eine überzeugende Erklärung für seine Misere parat hat. Das beruhigt wenigstens und bereitet ihn schon mal auf eine Karriere als Revolutionär vor. Oder als Penner. Eigentlich steht dir hier auf dem Planeten der Affen mit einer derartigen Haltung jede Möglichkeit offen – außer der, endlich frei, selbstbestimmt und glücklich zu sein. Du kannst also ohne jede Eigenverantwortung Konzernchef, Präsident, Professor, Neonazi, Pfarrer, Diktator, Versager und vieles mehr werden. Sogar ein leuchtender Scheinheiliger.

Ebenfalls existiert jede Menge an Büchern und sonstigen schlauen Ratgebern, in denen geschrieben steht, wie denn eine »richtige« Erziehung ausschauen soll. Wer sich näher damit befasst, der stellt bald fest, dass er eher verwirrt anstatt klar wird davon: Wer all diese Ratschläge beherzigen will, fühlt sich ähnlich wie jemand, der sich an Ratgeber für richtige Ernährung halten möchte und bald nicht mehr weiß, was nun wirklich noch ohne Gefahr für Leib und Leben essbar ist. (Hier ein **Tipp:** *Iss ruhig und achtsam alles, worauf du Lust hast* – falls du hungrig bist.)

Natürlich darfst du diese Ratgeber beherzigen, das ist schon okay. Probiere einfach aus, ob sie für *deine Zwecke* funktionieren. Wenn nicht, ist es besser, sich neu zu entscheiden.

Selbstverständlich ist es schön, wenn du Eltern gehabt hast, die dich in deiner Kindheit auf eine Weise liebten, dass es dir bereits damals leicht fiel, ihr Verhalten als Ausdruck ihrer großen Liebe zu erkennen. Wahrscheinlich hast du damals sogar erkannt, dass sie manchmal aus Liebe böse mit dir waren, meist weil du sie erschreckt hast mit einer gefährlichen Dummheit. (Meine Mutter hat mir mal aus wahrer Erleichterung nach so einer Geschichte eine saftige Ohrfeige verpasst, als ich etwa sechs Jahre alt war. Das hat *sie* natürlich vergessen.) Schön ist es auch, wenn Eltern ihr Leben so in Ordnung halten, wie es etwa Bert Hellinger mittels seiner »Aufstellungsmethode« und sonstigen Empfehlungen darstellt.

Ist die Familie in Ordnung, sind die Kinder meist in Ordnung und werden gedeihen.

Aber egal, wie gut deine Eltern dich versorgt, angeleitet und erzogen haben: Du hattest darauf keinen Anspruch! Und ganz gleich, wie schlimm dein Leben bisher verlaufen ist: Du hast die Pflicht, aus dem, was geschehen ist, etwas Gutes zu machen. Für dein Leben als Erwachsener bist du allein verantwortlich und dafür, wie du deine Zukunft gestaltest, ebenfalls.

Die tatsächliche Aufgabe der Eltern ist einfach, aber nicht immer leicht: ***Ihre Aufgabe besteht darin, dich solange am Leben zu erhalten, bis du fortpflanzungsfähig geworden bist.*** Die Aufgabe der Eltern von »nackten Affen« unterscheidet sich nicht von der Aufgabe anderer Säugetiereltern. Haben es deine Eltern trotz all deiner Macken und deiner natürlichen kindlichen Dummheit geschafft, sogar dich bis zur Geschlechtsreife durchzubringen, haben sie ihren Job erledigt. *Alles Weitere war bereits Zugabe, auf die du keinen Anspruch hattest.*

Selbst wenn deine Kindheit schlimm gewesen ist – du hast sie ja trotzdem überlebt – haben sie ihren Job erledigt. Allerdings ist es in dem Fall schwer, den Eltern nichts nachzutragen, sondern aus all den schlimmen Erfahrungen später Gold zu machen.

Dass die Aufgabe der Eltern genau diese ist, lässt sich relativ einfach aufzeigen:

Beobachte genau, welch schwieriges und kompliziertes Leben diejenigen Menschen führen, die der verbreiteten Überzeugung sind, dass Eltern sehr wohl weitere Aufgaben und Pflichten hätten, die sie angeblich nicht erfüllt haben, die also denken, dass ihre Eltern ihnen durchaus noch etwas schulden würden. Und beobachte, welchen Unsinn Eltern manchmal über Jahrzehnte produzieren, wenn sie denken, sie würden ihren längst erwachsenen Kindern noch etwas schulden und dann nachbessern wollen. (Meistens geschieht das, wenn sie ihren eigenen Eltern insgeheim selber Vorwürfe machen.)

Wenn es aber all denen, die diese Überzeugung vertreten, damit immer in irgendeiner Weise schlecht geht, dann ist es sehr unwahrscheinlich, dass sie stimmt. Wenn etwas wahr ist, erkennst du es nämlich daran, dass es gut funktioniert und du ein gutes Leben hast.

Da diese irrige Ansicht, dass Eltern eine Menge an Pflichten gegenüber ihren Kindern hätten, enorm weit verbreitet ist, kann es häufig geschehen, dass sogar Psychotherapeuten ihre Patienten dazu ermutigen, beispielsweise den Groll auf ihre Eltern endlich einmal zu äußern und denen kräftig Saures zu geben. Es ist häufig vorgekommen, dass speziell bei sexuellem Missbrauch Patienten aufgefordert wurden, den Missbraucher viele Jahre später anzuzeigen – immer mit schlimmen Folgen für diese Patienten; oder sie unterstützen ihre Patienten, wenn die gegenüber ihren Eltern oder gegenüber anderen »ihre Rechte« einfordern wollen.

Natürlich gibt es Passagen in unserem Bürgerlichen Gesetzbuch und andernorts über die Unterhaltspflicht oder über sonstige Pflichten, und sogar die Behauptung, dass man ein Recht auf sein Erbe habe, zumindest auf seinen »Pflichtteil«. Aber was für ein Leben führen diese Menschen, wenn sie ihre diesbezüglichen Rechte einklagen wollen, *statt ihre Eltern notfalls um Hilfe zu bitten,* wo sie sich als Erwachsene selber in eine schwierige Lage gebracht haben! Der Volksmund meint dazu: Hilf dir selbst, *dann* hilft dir Gott. Unternimm selber etwas, um dein Problem zu lösen, *dann* bekommst du Hilfe. (Die sieht meist anders aus, als du jetzt denkst.)

Warum das Programmieren einfach geht

Schönheit, Reichtum und Ruhm sind völlig bedeutungslos.
Es kommt nur darauf an, dass du gut aussiehst,
jede Menge Geld hast, und dass alle dich kennen.
(OTTO WAALKES)

Unser Biocomputer verfügt bereits über eine Art von Vorprogrammierung, ehe er nach seiner Geburt fertig programmiert werden muss. Diese befähigt ihn, zügig zwischen *angenehm* und *unangenehm* (zwischen »aah!« und »bäh!«) zu unterscheiden. Weiterhin hat er angeborene Reflexe, die seine Überlebenswahrscheinlichkeit erhöhen; sie wurden daher von der Mutter Natur beibehalten. Und er hat die Fähigkeit, rasch bestimmte wichtige Muster zu erfassen, etwa das Gesicht seiner Mutter.

Im Übrigen ist dieser Biocomputer anfangs ausgesprochen asozial und total unmoralisch. Er ist nur daran interessiert zu überleben und dabei möglichst im Zustand »Aah« zu bleiben. Er ist dabei vollkommen von seiner Umgebung abhängig, die ihm all das zur Verfügung stellen muss, was er zum Überleben braucht. Das sind: *Luft, Wasser, Futter, ein Platz zum Schlafen und Zuwendung.* Falls ein Element nicht ausreichend zur Verfügung steht, stirbt er wieder ab. Bei Luftmangel ist das am schnellsten der Fall, bei Wasserentzug dauert's länger, und wer am Schlafen gehindert wird, der stirbt spätestens nach vier Wochen – als Säugling natürlich viel früher. Auch ohne Futter kann ein Bio-Roboter einige Zeit am Leben bleiben, vorausgesetzt, er verfügt über genügend Fettreserven. *Aber ohne ausreichende Zuwendung hilft ihm selbst die beste Ernährung nichts: er wird unweigerlich sterben; je nach Lebensalter geht es schnell oder es dauert etwas.*

Damit der kleine Biocomputer, in dem zunächst noch Reste der Erinnerung an seine Existenz als Außerirdischer vorhanden sind, nicht wieder abstirbt, muss er so programmiert werden, dass er genau in der Umgebung, in die er hineingeboren wurde, optimale Überlebenschancen hat – mit genau diesen Eltern und genau diesen Verwandten und Nachbarn. Es würde ihm nicht viel nützen, wenn er so programmiert wird, dass er in der netten Familie Hinze gut klar kommt, wenn er bei den verrückten Kunzes leben muss und er eine Mama hat, die fast jeden Tag säuft und mit ihrem Mann streitet, der leider nicht der Vater des Kleinen ist.

Das Fertig-Programmieren des kleinen Bioroboters geht so einfach, dass auch die verrückten Programmierer der Kunze-Horde das schaffen. *Es geschieht, indem der neu angekommene Bio-Roboter beim Bestreben zu überleben mit seinen Bezugsobjekten Erfahrungen macht, die hinreichend erfolgreich sein müssen, all das in ausreichendem Maß zu bekommen, was er zum Überleben braucht.* Die Erfahrungen, die er in jedem Fall dabei macht, sind absolute Abhängigkeit, enorme Bedürftigkeit und Hilflosigkeit. (Diese Erfahrungen bleiben Teil seiner Programme.) Sind seine Manöver insofern erfolgreich, als er damit ausreichend bekommt, was er braucht, wird er sie wiederholen, sobald wieder der Zustand »Bäh« eintritt.

Viel kann er anfangs allerdings nicht tun, nur so lange erbärmlich schreien, bis Mama kommt und sein Problem wieder beseitigt. Tut sie das nicht, wird er sterben. Wenn er größer geworden ist, hat er wahrscheinlich schon gelernt, dass es außer erbärmlichem Schreien weitere Möglichkeiten gibt, von seinen Programmierern das Notwendige zu bekommen. Besonders wichtig sind für ihn alle Verfahren, mit denen er Zuwendung erhält – egal, wie. *Die Programme, die er dazu in seiner jeweiligen Horde entwickelt, behält er im Prinzip sein restliches Leben bei.* Falls er später wie durch ein

Wunder die Kunst der Selbstprogrammierung erlernt, kann er sie endlich auflösen und an die Wirklichkeit des Jetzt anpassen. Dann wird er auch erkennen, dass ihm nichts Wesentliches fehlt, sondern dass er bereits alles hat, was er braucht.

Erfahrungen, die *nicht funktioniert* haben in Bezug auf die angestrebten Ziele, können ebenfalls Programme erzeugen. Das sind dann solche, die später als Hemmung oder als Blockierung oder als sonstige »Bäh-Zustände« aktiv werden, sobald eine ausreichende Ähnlichkeit zu der Situation besteht, in der das Programm entstand. Solche Programme erzeugen Wiederholungen der Situationen, die damals *nicht* zu einem guten Ende gekommen sind. Damit soll quasi die Vergangenheit nachträglich verändert werden, was natürlich unmöglich ist:

Wenn etwa ein Kind nicht genug von seinem Papa gehabt hat, weil der nicht da war, oder weil die Mama sich andauernd dazwischen gestellt oder ihn schlecht gemacht hat, wird seine Programmierung dafür sorgen, dass es diese Lücke füllen möchte. Beispielsweise versucht es später, einen Papa-Ersatz zu finden, mit dem es aber bald wieder die frustrierende Erfahrung mit dem Originalpapa wiederholt. Oder es verleugnet diesen Mangel, indem es selber schlau sein und keinen Papa mehr brauchen will: »Jetzt bin *ich* hier der Boss. Mir hat keiner mehr was zu sagen.« Aber jeder kann sehen, dass er eine »väterliche« Anleitung braucht, weil er laufend Scheiß baut. Oder die geschlechtsreife Tochter kommt eines Tages mit einem Typen daher, der genau so ist, wie Mama den Papa immer dargestellt hat. Die fällt fast in Ohnmacht, weil die Tochter ihr gerade mit leuchtenden Augen eröffnet hat, dass sie diesen Deppen liebt – »und außerdem bin ich schwanger, Mama!«

Solche Programme funktionieren später im Erwachsenenalter genau wie zu der Zeit, als sie entstanden sind. Daher kann sich ein Erwachsener immer wieder fühlen und benehmen wie etwa ein Vierjähriger. Oder sie laufen nach dem Muster ab: »Ich mach' jetzt das, was ich als Kind nicht durfte!« Dabei ist weiter das jeweilige »innere Kind« am Werk und nicht ein Erwachsener. Wenn aber ein Kind am Werk ist, benötigt es einen Aufpasser, damit nichts Schlimmes passiert, weil ein Kind noch nicht durchblickt und daher selbst in bester Absicht Unsinn anstellen kann – was nun besonders gefährlich ist, weil dieses »Kind« bereits einen Erwachsenenkörper und mehr Möglichkeiten zur Verfügung hat.

Mit Beginn der Pubertät naht das Ende der Grundprogrammierungen. In dieser Zeit muss der Biocomputer noch lernen, mit wem und auf welche Weise er Sex haben darf und wie und mit wem besser nicht. Er wird quasi darauf programmiert, ob, mit wem und auf welche Weise er sich fortpflanzen darf und was »pervers« ist. Natürlich gibt es im Bereich Sex schon vorher Erfahrungen, die Programme erzeugen. Wer als katholisches Kind einmal beim reizvollen Doktorspiel erwischt wurde, der weiß genau, wie eindringlich diese Erfahrungen sein können. Sie wirken häufig prägend und sind daher später deutlich schwerer umzuprogrammieren, als etwa die so genannten Konditionierungen; wenn nämlich Konditionierungen nicht weiterhin »verstärkt« werden, verschwinden sie von selber wieder – wie ein Schriftzug im Sand, der nicht dauernd aufs Neue nachgezeichnet wird.

Wenn wir Glück haben, geraten wir an Programmierer, die halbwegs wissen, was sie tun und die nicht all zu verrückte Vorstellungen von Gott und der Welt haben. Wenn nicht, haben wir später doch einiges zu arbeiten, um diese Programme zu identifizieren und zu überschreiben, oder uns vielleicht ganz neu zu programmieren. *Aber je mehr Schlimmes wir erfahren haben, desto mehr haben wir später für die Transformation ins Licht zur Verfügung.* Hauptsache ist also, dass wir mit unseren Programmen bis zur Geschlechtsreife überlebt haben. Damit haben unsere Programmierer ihren Job erledigt, denn ab da ist es ausschließlich unsere Sache, was wir daraus machen: Weiterhin Mist oder doch noch Gold.

Planet der Affen:
Warum wir zunächst programmiert werden müssen

Was ist das: Ist grün und blau und lässt sich nicht ficken?
Antwort: Der Neuzugang im Frauenhaus.
(MACHO-EINSICHT. –
LOS, SEI ENTRÜSTET!)

Ich will mich hier kurz fassen:

Wie bereits mehrfach erwähnt landen wir mit unserer Geburt als vormals Außerirdischer auf dem Planeten der Affen. Das führt zu der schockierenden Situation, dass wir uns völlig verwirrt in einer Art von biologischer Maschine wiederfinden, die wir zunächst nicht steuern können und die zusätzlich äußerst abhängig von Zuwendung ist, weil sie sonst schnell wieder abstirbt. Diese Maschine ist zwar vorbereitet für ihren Überlebenskampf – genau wie all die anderen tollen biologischen Maschinen auf diesem schönen Planeten – indem sie über ein Basisprogramm verfügt; sie muss aber noch zusätzlich programmiert werden, weil sie als Sonderform eines Säugetiers nicht mehr nur mit der Natur übereinstimmen muss, sondern weil sie in einer Umgebung landet, die gewissermaßen nicht mehr natürlich ist, sondern eben kultiviert. Der »nackte Affe« hat sich im Lauf der Zeit nämlich eine Welt erschaffen, die oft in krassem Gegensatz zu Mutter Natur und zur wirklichen Wirklichkeit steht: Die Welt, die er sich kollektiv *und* individuell erschaffen hat, gründet hauptsächlich auf Einbildungen, die von ihm als Wirklichkeit angesehen werden: *Er hat sich die Traumzeit erschaffen und mit ihr ein Ego, mit dessen Hilfe er seine Einbildungen als real bestätigen kann.*

Zunächst müssen wir aus rein praktischen Gründen fertig programmiert werden, damit wir unter den derzeit gegebenen Umständen hier überhaupt überleben können, denn dazu sind die von der Mutter Natur vorinstallierten Programme nicht mehr ausreichend. Die Welt, die wir uns im Lauf der Jahrtausende kollektiv erschaffen haben, ist inzwischen viel zu komplex geworden. Diese komplexen *und komplizierten* Systeme werden jedoch nach wie vor meist von unseren Säugetierprogrammen gesteuert, bei denen es ja vor allem ums Überleben geht. Es sieht daher zwar so aus, als ob wir bereits richtige Menschen wären, aber wir haben normalerweise bei all unseren Aktivitäten nichts weiter im Sinn, als uns abzusichern, indem wir in unseren jeweiligen Horden versuchen, die vorgegebenen Regeln zu beachten, damit wir nicht verstoßen werden; und dass wir es vielleicht doch noch schaffen, Oberboss zu werden, selbst wenn die Horde nur klein ist. Ein gewisser Gajus Julius Cäsar hat es damals auf den Punkt gebracht, als er sagte: »Lieber in einem Dorf der Erste, als in Rom der Zweite.«

Wenn es uns gelingt, mächtig, reich und berühmt zu werden, oder wenigstens angesehener Stadtrat, dann fühlen wir uns gut und abgesichert: Endlich sind wir wer – und stecken in der Falle. Wenn du also denkst, dass du es inzwischen »geschafft« hast, hast du in Wirklichkeit ein echtes Problem: Du hast dir zwar endlich deinen kindlichen Schimpansenwunsch erfüllt und bist wichtig geworden, aber die Folge davon ist, dass du wohl bis zum Tod bestenfalls ein Oberaffe bleibst, falls du nicht vorher wieder abgesägt wirst.

Selbstverständlich hast du damit zunächst dein Überleben passabel abgesichert, denn du bist jetzt in gewisser Weise deutlich besser dran, als etwa ein Penner. Deine Programme haben funktioniert und das war ja ihr Zweck. Aber sie helfen dir nicht, ein

Mensch zu werden, denn es handelt sich dabei um Säugetierprogramme, die nur dein Überleben sichern sollen in einer verrückten Welt, die zivilisiert genannt wird. Du bist also ein verrücktes Säugetier, das sich deswegen sicher fühlt, weil es in seiner Horde eine gewisse Position erreicht hat und sich nun einbildet, dass es deswegen bereits über echte Kontrollmöglichkeiten verfügen würde. Das ist ein Irrtum, der sich leicht demonstrieren lässt, denn in diesem Stadium bist du noch nichts weiter als ein von Äußerlichkeiten gesteuerter Bio-Roboter, der durch seine Programmierung in berechenbaren Bahnen gehalten wird. Du kannst ja täglich beobachten, wie leicht du aus der Fassung zu bringen bist – oft nur von Kleinigkeiten. (Beobachte deine Reaktion, wenn du dir jetzt *vorstellst,* dass du deinen Job verlierst, weil die Firma, in der du arbeitest, überraschend Konkurs anmeldet oder dich wegen Arbeitsmangel entlässt.)

Alle Programme, sowohl die, die wir von unserer Mutter Natur mitbekamen, als auch die, die uns später von unseren wichtigsten Hordenmitgliedern einprogrammiert wurden, damit wir hier auf dem Planeten möglichst gut überleben, haben einen immensen Nachteil: Sie verhelfen uns nicht dazu, wieder ein Außerirdischer zu *sein,* sondern sie fesseln uns weiter an unsere Basisprogramme, die unter allen Umständen unser biologisches Überleben absichern sollen. Wir bleiben vorerst sprachbegabte Affen mit einem schimpansenhaften Hordendenken und ohne die notwendige Fähigkeit, eine ganzheitliche Sichtweise zu entwickeln. Aber wir sind zu Experten in Überlebensfragen als »Individuen« in Gruppen geworden, die sich weiterhin von anderen Gruppen abgrenzen wollen und mit anderen konkurriert, anstatt zu kooperieren. Die vor allem in den USA zu beobachtende so genannte Gewinnermentalität ist dafür ein gutes Beispiel: Es ist letztlich egal, auf welche

Weise du es geschafft hast – du wirst dafür bewundert, selbst wenn du eigentlich ein Verbrecher bist.

Diese sprachbegabten Affen haben aber eine Eigentümlichkeit: Sie sind von Natur aus recht neugierig. Diese Eigenschaft führt sie zwar auf allerlei Holzwege, jedoch in Einzelfällen zu der Haltung »das kann doch nicht alles gewesen sein« – einer Haltung, die die nackten Affen nach »Höherem« suchen lässt und wodurch sie sich von anderen Säugetieren unterscheiden. In Verbindung mit vielen latenten Möglichkeiten, die sie bereits haben ohne es so recht zu merken, können sie auf einen richtigen Weg geraten. Das gelingt zwar selten ohne Hilfe – meist ist dazu sogar ein Anstoß in Form einer existentiellen Krise nötig – aber wenn es geschieht, *kann* es dazu führen, dass der programmierte Bio-Roboter merkt, dass er programmiert ist und damit beginnt, sich seiner fremden Programmierungen zu entledigen und seine angelegten Säugetierprogramme endlich bewusst zu steuern: *Er kann jetzt damit loslegen, sich selbst neu zu erschaffen – oder, was dadurch auch geschehen kann, sich wieder an sein wahres Wesen zu erinnern.* Das wäre ein echtes Wunder.

Zu diesen neuen Kontrollmöglichkeiten der vorerst potenziellen Außerirdischen komme ich später.

Wir spielen hier jede Menge schöner, verrückter oder auch gefährlicher Spiele. *Damit wir dabei gewisse Erfahrungen machen können, müssen wir sie zunächst ernst nehmen* und uns mit all dem Zeugs identifizieren, das uns eingetrichtert wurde durch diese Gehirnwäsche, die uns dazu verhalf, etwas als real zu erleben, was in Wirklichkeit nur Erfindungen sind. Leider kommt es dadurch immer wieder zu echten Horrorszenarien, die wir dann ganz besonders ernst nehmen und uns damit unsere Hölle erschaffen: Das ist der Preis dieser Freiheit.

Wenn wir aber nicht vorher in unserer selbst erschaffenen Hölle landen würden, könnten wir unmöglich den Wunsch entwickeln, uns zu verändern und nach Wegen zu suchen, wie wir unsere Hölle wieder verlassen können. Wir *wollen* uns sogar unbewusst wieder zurückerinnern an das, was wir im Innersten nach wie vor geblieben sind und dann diese immense Freude und dieses Glück erfahren, wenn wir es geschafft haben, uns wieder in den Himmel zurück zu erinnern, ihn erneut in Gemeinschaft mit anderen zu er-*finden*.

Und noch etwas spielt eine wichtige Rolle:

Wir sind »Energietransformatoren«. Wir transformieren ja andauernd alle möglichen Energieformen, unser Mittagessen beispielsweise, in andere Formen. (Klar, auch in Scheiße, aber doch meist in körperliche und mentale Tätigkeiten, durch die wir etwas erschaffen. Obwohl: bei manchen scheint es nur noch Wärme- und Geräuschabstrahlung zu sein.) Daher ist es völlig logisch, *dass wir nur das transformieren können, was wir real zur Verfügung haben.* Erst wenn wir in unserem Leben realen Mist produziert haben und somit vorfinden, können wir diesen auch in Gold zurück transformieren – oder uns weiterhin darüber aufregen, anstatt uns selbst als die Produzenten dieses Unsinns zu erkennen.

Und wie sollst du jemandem helfen, ein Problem zu lösen, das du selber nicht verstehst, weil es dir fremd ist? *Was du nicht selber in dir hast, das kannst du auch nicht transformieren und niemandem dabei helfen, es zu transformieren.* Sei daher froh über alle deine Macken, besonders, wenn du bereits weißt, wie du sie in Gold verwandeln kannst: Je mehr du davon hast, desto mehr Gold wird dann *sein*. Ungünstig wäre jedoch, wenn du dich nach wie vor für schlecht hältst, weil du Macken hast. Ich bitte dich inständig, mit diesem Unfug der Selbstverurteilung endlich Schluss zu machen, damit du nicht weiter unnötig in deiner selbst erfundenen Hölle schmoren musst. Es ist ja wirklich schade um dich, wenn du auf diesem Trip bleiben willst, nur weil du Katholik bist. Das ist nämlich kein wirklich guter Grund für derartigen Unsinn. Ebenso wenig nützt es dir, wenn du stattdessen andere verurteilst. Du kannst dich zwar dabei etwas besser fühlen, bist aber zum Ausgleich andauernd von dem umzingelt, was du so konsequent verurteilst. Das macht dir bestimmt auf Dauer auch keinen Spaß.

Aber du kannst ja zuerst noch mal mit deinem Therapeuten darüber reden. Vielleicht ist der schon halbwegs wach und kann dir behilflich sein bei der *Selbst*-Erkenntnis.

Fast hätt' ich's vergessen:

Besonders unseren kollektiven und individuellen Programmierungen haben wir es letztlich zu verdanken, dass wir inzwischen eine Welt erschaffen haben, in der es möglich geworden ist, solche Fragen zu stellen, wie wir sie brauchen, um endlich zur Besinnung zu kommen:

»Wer bin ich wirklich?«

»Zu welchem Zweck existiere ich?«

»Wo komme ich her und wohin gehe ich?«

»Wie wirklich ist die Wirklichkeit?«

Früher war das nur für sehr wenige möglich; der überwiegenden Mehrheit ging es zeitlebens darum, wie sie es schaffen zu überleben und wie sie ihre Kinder am Leben erhalten. Da ist für solche Fragen wahrhaftig keine Zeit.

Wir wurden also auch zu dem Zweck so programmiert und haben unseren schlauen Verstand entwickelt, damit wir ebenfalls etwas zum Fortschritt der gesamten Menschheit beitragen; für jeden Irdischen könnte es heute möglich sein, ein Leben zu führen, in dem er sich diesen Fragen zuwenden kann, anstatt ums Überleben kämpfen zu müssen oder gar zu verhungern. Die notwendigen Voraussetzungen dafür sind längst vorhanden.

Warum der nackte Primat vier
Prägungsschaltkreise braucht

Unser Bio-Roboter ist von der Mutter Natur bereits vorprogrammiert worden und verfügt über vier Schaltkreise, die in der »hardware« unseres Nervensystems angelegt sind und sich nacheinander öffnen; in diesen Öffnungs-Phasen können sie deutlich leichter programmiert werden.

Auch Freud, ein genialer Muttersohn, hatte das bemerkt und ihnen Namen gegeben: Orale, anale, Latenz- und genitale Phase. Während dieser Phasen kann seiner Ansicht nach die Libido-Energie so geprägt werden, dass die kleine Maschine später gut in ihre Umgebung passt und keine Probleme macht. Er hat auch beschrieben, was während dieser Phasen bei der Programmierung schief gehen kann und welche Folgen das hat.

Den dritten Schaltkreis hat er anscheinend nicht erkannt, sondern hat diese Lücke Latenzphase genannt.

Libido war seine Bezeichnung für die Grundenergie des Bio-Roboters, die er als An-*Trieb* dafür ansah, dass der Roboter unbedingt den Zustand »Aah!« erreichen und ihn möglichst auf ewig behalten will: Er will unbedingt Spaß und Wohlbefinden und lehnt Unangenehmes strikt ab. Anstatt aber später immer noch Spaß dran zu haben, dass er alles in den Mund nehmen kann wie in der oralen Phase, oder hauptsächlich Spaß am Kacken oder am Spielen mit Scheiße zu haben wie in der analen Phase, sollte er am Ende seiner Programmierungen Spaß am Ficken haben und ansonsten ein guter Bürger sein. Er sah den Bio-Roboter tatsächlich als eine Art von Maschine an, die angetrieben wird von dieser Libido-Energie. Fast wie eine Dampfmaschine. Etwas später kam er auf die Idee, dass der Maschine sogar eine Selbstzerstörungsautomatik innewohnt; er nannte sie Todestrieb. Mit der Zeit ist er also recht pessimistisch geworden.

Kein Wunder.

Eine andere Gruppe von Psychologen, die so genannten Behavioristen, haben sich zwar intensiv mit Programmierungen und Umprogrammierungen beschäftigt, aber anstatt ihren Patienten – oder Opfern? – zur Freiheit der Selbstprogrammierung zu verhelfen, haben diese Forscher nur deren bessere Kontrolle im Sinn gehabt. Die daraus entstandenen Methoden der Verhaltenstherapie in ihren verschiedensten Formen sind der Versuch geblieben, durch teilweise Neuprogrammierung eine bessere Anpassung der Bio-Roboter an die Erfordernisse der bestehenden »Affenkultur« zu erreichen. Die Freiheit der Selbstprogrammierung hatten sie nie wirklich im Sinn, obwohl das einige behauptet hatten.

Ich werde mich im Folgenden aber nicht so sehr an Herrn Freud oder an den Behavioristen orientieren, sondern ein Modell vorstellen, das von Timothy Leary konzipiert wurde, dem unermüdlichen Verfechter des kontrollierten Gebrauchs von LSD – an sich eine recht gute Idee. In seinem etwas eigenwilligen Stil breitet er es unter anderem in seinem Buch »Info-Psychologie« aus. Ich will ihm da zwar nicht in allem folgen und verwende etwas andere Bezeichnungen für diese Schaltkreise, aber die hier variierte Grundidee halte ich für ziemlich zutreffend.

1. Der Bio-Überlebensschaltkreis

Alles, was lebt, »will« weiterleben, am liebsten bis in alle Ewigkeit, oder anders ausgedrückt: *Leben »will« sich ausdehnen* und das ist letztlich nicht zu verhindern. »Will« steht deswegen in Anführungszeichen, weil das bei allen Formen lebender Materie der Fall ist, fast als ob alles Leben einen eingebauten Willen zur Ausdehnung hat, selbst »bewusstloses« wie etwa Bakterien, Pflanzen, niedere Tierarten usw., nicht nur höher entwickelte Lebewesen. Wer einen Garten hat, der weiß, was ich hier meine. Lebende Materie »will« sozusagen ewig existieren und sie wird das auf *geistiger* Ebene schaffen, obwohl die individuellen Erscheinungsformen sehr wohl absterben – trotz ihres individuellen Überlebenstriebs. Unsere eigene biologische Maschine ist ebenfalls mit diesem Überlebenstrieb ausgestattet, obwohl der bei uns Primaten deutlich komplexer angelegt ist als etwa bei einem Frosch. Dessen Programm ist sehr einfach und für ein Froschleben optimal: Wenn er etwas sieht, das kleiner ist als er und sich bewegt, versucht er es zu fressen; ist es größer als er und bewegt sich, haut er schnell ab, damit er nicht selber gefressen wird; und ist es etwa so groß wie er selber und bewegt sich, versucht er es zu begatten.

Es ist klar, dass wir mit einem derartig simplen Programm nicht recht weit kommen würden, obwohl manche den Eindruck machen, als hätten sie tatsächlich nur ein Frosch-Programm.

Unser Bio-Roboter reagiert bereits nach einem Säugetier-Überlebensprogramm, ehe er überhaupt denken kann. Damit er überlebt, muss dieses Programm dafür sorgen, dass er möglichst in einem Zustand »Aah!« verbleibt und nicht in einen Zustand »Bäh!« gerät, und wenn doch, dass der schnell endet und der gewünschte Zustand »Aah!« wieder hergestellt wird, weil sonst die Gefahr steigt, dass er abstirbt oder gefressen wird.

Die kleine Biomaschine hat aber zunächst von sich aus keine Möglichkeit, selber etwas dafür zu tun, denn sie ist vollständig abhängig von fremder Hilfe, seit die Nabelschnur durchtrennt worden ist. Sie ist damit extrem abhängig, äußerst bedürftig und völlig hilflos geworden; sie kann bestenfalls schreien und strampeln, bis die Große Gute Muttergottheit erscheint und sie *stillt:* Die sorgt dann dafür, dass alles wieder gut ist – hoffentlich.

Das kleine Monster braucht vor allem Luft, Wasser, Futter, eine Schlafmöglichkeit – und viel Zuwendung, und die Gottheit muss dafür sorgen, dass alle »Bäh!«-Zustände schnell beendet werden, etwa Bauchweh oder Hunger oder Schlafmangel.

Dieses Zentralprogramm ist die Basis für die weiteren Programme, die nach Öffnung der anderen drei Schaltkreise einprogrammiert werden, denn es geht immer darum, dass sie so lange am Leben bleibt, bis sie sich endlich fortgepflanzt hat. Danach könnte sie absterben. Sie hat der Ausdehnung des Lebens damit bereits gedient. Die Brut kann notfalls ja von anderen Hordenmitgliedern ausreichend versorgt werden. Sie will aber nicht absterben.

Nun kann es passieren, dass die kleine Biomaschine erlebt, dass die Muttergottheit eben nicht immer zur Verfügung steht, sondern dass es einige Zeit (»Ewigkeiten«) dauern kann, bis sie endlich auftaucht und es dann weiter am Leben erhält. Vielleicht hat die ja einen dieser Ratgeber gelesen, in denen steht, dass man den Kleinen durchaus brüllen lassen soll, weil das seine Lungen kräftigt und er deshalb später Opernsänger werden kann; ihr bricht zwar fast das Herz dabei, aber sie will es richtig machen. Oder sie hört ihn einfach nicht, weil sie in den Garten gegangen ist und dachte, dass er jetzt endlich schläft und sie dort arbeiten kann. Es ist natürlich auch möglich, dass es ihr einfach egal ist und sie den Balg ohnehin hasst, weil sie den Vater des Balges hasst. (Dann hat der kleine Automat ganz schlechte Karten.) Wie auch immer: das Programm, das durch diese Erfahrungen im kleinen Bioroboter entsteht, funktioniert etwa so: »Muss machen, dass es *immer* da ist. Wenn das Gott nächstes Mal zu spät erscheint, ist *Vernichtung*. (Psychologen meinen, dass es jetzt am Urvertrauen mangelt.)

Jedenfalls kommt es laufend zu Komplikationen, wenn dieses Programm, das ja eigentlich eine Prägung darstellt, später nicht geändert wird durch *grundsätzlich neue* Erfahrungen in diesem Bereich der Bio-Überlebens-Sicherheit.

Allerdings ist eine Prägung viel schwerer zu ändern, als eine Konditionierung. Da kann z. B. ein Bio-Roboter sogar als Vierzigjähriger zu seinem Partner allen Ernstes sagen: »Wenn du mich verlässt, bring' ich mich um! Ich kann ohne dich nicht leben.« Das ist ein Manipulationsversuch, mit dem der Partner magisch gezwungen werden soll, seinen Kleinkind-Willen zu tun. Er glaubt dabei tatsächlich, dass er ohne ihn nicht wirklich lebensfähig sei. Du kannst dir vorstellen, welche Art von Ehe dabei herauskommt. Sollte dein Partner zu dir so etwas sagen, dann sieh zu, dass du zügig verschwindest! Nur keine Skrupel in dem Fall – es sei denn, du legst Wert darauf, den Rest deines ohnehin wohl schon verpfuschten Lebens als eine Mutti zu verbringen. Du kannst das auch zum Beruf machen und beispielsweise Politiker, Psychotherapeut, Heilpraktiker, Arzt oder Pfarrer werden; so bekommst du wenigstens etwas Geld für deinen Wahn.

Sobald dieser nackte Affe also einmal alleingelassen wird *oder sich so fühlt,* klickt sofort das Basisprogramm an, bei dem es ja immer ums Überleben geht, und er sieht sich während des Programmablaufes wieder genau so hilflos und abhängig wie damals, als dieses Programm eingeprägt wurde: *Der Zustand während der Programmierung ist ein Bestandteil des jeweiligen Programms.*

Bei all diesen Prägungen handelt es sich letzten Endes um Formen des Überlebensprogramms. Gefährliche Situationen sollen strikt vermieden, da diese am Ende tödlich sein könnten, und angenehme sollen erreicht werden – vor allem solche, in denen sich der Bio-Roboter als satt und als abgesichert erfährt. Daher kann man bei ungünstigen Prägungen des ersten Schaltkreises jede Menge an oft unsinnigen Absicherungsmaßnahmen beobachten:

Ein auf übliche Weise programmierter Bio-Roboter legt größten Wert auf *äußere* Sicherheit, hauptsächlich materieller Art, was etwa Banken und diversen Lebens- und anderen Versicherungsgesellschaften beträchtliche Gewinnmöglichkeiten eröffnet; oder er will ein anerkannter und geachteter Experte sein für was auch immer, und sei es nur in der Kunst der Steuerhinterziehung; oder er definiert sich über das, was er besitzt und womit er sich dann identifizieren kann. Sein Sicherheitsbedürfnis führt zu gewalttätigen Formen des Besetzens von Lebensräumen anderer Wesen, vor allem die seiner nächsten Angehörigen, von denen er sich abhängig fühlt und die er daher von sich abhängig machen will. Schafft er das nicht, bekommt er Angst und macht Lärm. Das ist eine Folge davon, dass wegen eines Problems auf dem *zweiten Schaltkreis* (siehe unten) der Bio-Roboter alarmiert sofort eines seiner Schutz-Programme des *ersten Schaltkreises* aktiviert hat.

Eine ungünstige Prägung dieses Schaltkreises ist der Grund, dass der Bio-Roboter versucht, mit aller Anstrengung den Rest seines stressigen Lebens weiter »die Mutter« jederzeit und sofort und ausreichend verfügbar zu haben. Am besten fühlt er sich, wenn gleich mehrere Mütter zur Reserve bereit stehen, etwa seine Frau, sein Doktor, seine richtige Mutti, sein Geld, sein Auto, seine Freunde und notfalls der Staat, wenn alle Stricke reißen. Es gibt aber viel mehr Muttis: Etwa die Klinik, der Psychiater und die Klapsmühle für die armen Kinder, die Polizei und die Justiz für die bösen und trotzigen, Suchtmittel wie Medikamente und Alkohol für die vaterlosen, und für letztere überhaupt alles, wovon man abhängig werden kann.

Speziell bei Süchtigen kannst du gut das Prinzip erkennen: *Vorratssicherung.*

2. Der Territorial-Hierarchie-Schaltkreis

Sobald das noch immer unschuldige kleine Monster anfängt zu laufen und zu sprechen, öffnet sich der nächste Schaltkreis für eine Prägung. Die seelische Nabelschnur zur Mutter beginnt sich nun weiter auszudünnen und es muss jetzt dafür sorgen, dass es ein eigenes und ausreichend großes Territorium zur Verfügung hat, das es notfalls verteidigen kann. Wer sein Territorium nicht verteidigen kann, hat schlechte Überlebenschancen, was man an der Geschichte der nordamerikanischen Indianer studieren kann.

Und der kleine Bioroboter muss nun zusehen, dass er innerhalb der Hierarchie seiner Horde zunächst wenigstens über dem Hund steht, sonst wird es brenzlig für ihn, denn wenn zuerst der Hund Futter bekommt und erst danach er, dann ist vielleicht nicht mehr genug übrig und er muss verhungern. *Alle Kinder wollen daher wichtig sein, weil das ihre Überlebenschancen verbessert.* Wenn sich Erwachsene wichtig machen, so nur aus diesem Grund: Ihr Programm erzwingt dieses Hierarchie-Gerangel.

Die Programmierung des zweiten Schaltkreises erfolgt auf die gleiche Art wie die des ersten: Der Bio-Roboter macht diverse Erfahrungen mit seinen Hordenmitgliedern, besonders mit den Alpha-Tieren, von denen er weiterhin enorm abhängig ist: *Es geht jetzt darum, wie unvermeidlich auftretende Grenzprobleme gehandhabt werden,* denn er wird unweigerlich in seinem natürlichen Expansionsdrang an die Grenzen anderer Hordenmitglieder stoßen und erleben, wie die darauf reagieren. Wie sie mit seinen Verteidigungsbemühungen der eigenen Grenzen umgehen, gehört ebenfalls zu den Prägungserfahrungen.

Wenn der Kleine nun eine ängstliche Mama hat, wird er feststellen, dass die oft übergriffig wird und ihn in drei Pullis steckt, weil *ihr* kalt ist. Der Kleine schwitzt jetzt wie eine Sau, kann aber nicht viel machen, weil die Mama stärker ist und wild entschlossen, ihn vorm Erfrieren zu schützen. Später sagt er als Erwachsener: »Wissen Sie, ich kann halt nicht Nein sagen.« Oder er reagiert sofort defensiv, wenn einer offensiv und fordernd auf ihn zukommt und ist vernünftig: »Der Klügere gibt nach«, sagt er, anstatt zu merken, dass er Angst vor einer Auseinandersetzung und deren fantasierte Folgen hat.

Oder er darf nichts anfassen, weil sich die Eltern kürzlich eine neue Wohnzimmergarnitur gekauft haben und Angst haben, dass er die verschmiert oder verkratzt. Kaum bewegt er sich auf die neue Couch zu, ertönt sofort ihr entsetzter Schrei: »Halt! Nicht anfassen!« Später reagiert er selbst als Erwachsener noch auf jeden inneren Impuls automatisch mit einer Hemmung, um sich erst mal zu vergewissern, ob er das darf, was er jetzt will; als ob die anderen seine Eltern wären und er Angst hat, wieder ausgeschimpft zu werden.

Es geht natürlich auch anders herum, dank der modernen

Pädagogik speziell für allein erziehende Mütter: »Mein Kind kennt kein Nein. Es soll sich frei entfalten können und nicht gegängelt werden wie ich damals.« Damit zieht sich diese Mutter aber ein Monster heran, das skrupellos die Grenzen und Territorialrechte seiner Mitmenschen verletzt. Manchmal kommt dann die strenge Mutti »Polizei« ins Spiel, um dieses Treiben wieder zu beenden.

Die liebevolle kleine Maschine entwickelt jetzt einen Größenwahn, der ihr hilft, die Illusion einer Kontrolle über seine Götter zu etablieren: sie wird egozentrisch und bildet sich auch eine Welt voll magischer Zusammenhänge ein. Sie wähnt sich so groß und wichtig, dass sie denkt, dass alles wegen ihr passiert und dass sie Macht über die Götter gewinnt, indem sie magische Rituale ausführt. Sie glaubt nun tatsächlich, dass sie durch *direkte Manipulationen* diese Götter zu dem veranlassen kann, was sie selber für richtig und notwendig erachtet. Oft scheinen diese Manipulationen und Rituale zu funktionieren und das hilft ihr, Hoffnung zu haben, anstatt zu verzweifeln. Sie führt etwa ein Opfer-Ritual durch, indem sie brav ihren Spinat isst, den sie überhaupt nicht mag, weil sich die Mama dann freut und die kleine Maschine Zuwendung bekommt. Führt das Ritual nicht zum gewünschten Erfolg, fühlt sie sich betrogen: »Jetzt hab' ich so oft den Spinat gegessen und immer noch keine Schokolade bekommen: Betrug!« Da es sich jedoch um ein Wahnsystem handelt, funktioniert die Sache nicht wirklich: Die kleine Maschine bleibt ja trotzdem abhängig und bedürftig und hat keine wirkliche Macht über ihre Götter. Und ihre Egozentrik hat den Nachteil, dass sie dass sie Dinge auf sich bezieht, die mit ihr gar nichts zu tun haben. Na ja – alles hat eben zwei Seiten.

Das höchste Ziel des kleinen Bio-Roboters ist es, in der Hierarchie seiner Horde möglichst ganz nach oben zu gelangen. Der Grund dafür ist offensichtlich: Je wichtiger er in seiner Horde geworden ist, desto eher wird er das bekommen, was er zum Überleben benötigt, denn desto größer ist jetzt sein Revier.

Das ist soweit völlig okay. Probleme wird es erst geben, wenn er die vorgegebene Hierarchie nicht anerkennt: Wenn er sich also wichtiger vorkommt, als einer der tatsächlichen Hordenführer (Mama und Papa) und wenn er vielleicht sogar so behandelt wird, als ob er wichtiger wäre. Es gibt ja bereits Probleme, wenn er »größer« sein will, als sein älteres Geschwister. Warum? Weil es nicht wahr ist! Wenn etwas nicht wahr ist, kann es nicht funktionieren. Es gibt eine Ordnung im Universum und die muss beachtet werden. Wer sich wichtiger und größer vorkommt als seine Eltern oder sein großer Bruder, bekommt bald Probleme, genau wie einer, der sich an der Kaufhauskasse vordrängelt. Ein auf diese Weise verrückter Bio-Roboter kann zwar später Bundeskanzler, Filmstar, Millionär, Psychotherapeut, Arzt, Penner oder meinetwegen auch Rächer der Enterbten werden, er wird es jedoch nicht schaffen, auf dieser Basis ein glückliches und funktionierendes Leben zu führen. Er hat nur geschafft, endlich Oberaffe in einer oder in mehreren Horden zu werden, wird aber so nie ein Mensch. Er bleibt weiter ein Irischer, der sich einbildet, toll und bereits ein Mensch zu sein. Trotz seiner eingebildeten Wichtigkeit muss er sich jetzt dauernd anstrengen, um seinen erreichten Status zu verteidigen, was auf Dauer nicht möglich ist. Irgendwann ist seine Zeit vorbei.

Probleme im Zusammenhang mit Dominanz und Unterordnung sind ebenfalls Folgen einer Prägung auf diesem Schaltkreis. Alle Auseinandersetzungen zwischen Paaren, Nachbarn, diversen Gruppierungen, Völkern und Kulturen sind das Ergebnis von Schimpansenpolitik: Wer nicht zur eigenen Horde gehört oder mein Territorium bedroht, und sei es nur dadurch, dass er eine andere Ansicht hat als ich, der darf oder muss bekämpft oder notfalls eliminiert werden.

Auf dem Planeten der Affen werden solche Konflikte als ganz natürlich angesehen und auch auf natürliche Weise angegangen – »natürlich« aus der Sicht von Schimpansen, die diese Art von Problemen *immer gewalttätig* anpacken. Mit entsprechenden Folgen.

3. Der sozio-semantische Schaltkreis

Wenn der kleine Bio-Roboter überleben will, muss er aber nicht nur lernen, in der Hierarchie seiner Horde eine gute Position einzunehmen und sein Territorium zu verteidigen, sondern er muss auch lernen, *symbolisch* mit seinen Hordenmitgliedern zu kommunizieren. Er muss zu diesem Zweck *Symbole und Bedeutungen* lernen, um passabel zu überleben. Das komplexeste Symbolsystem haben wir nackten Affen entwickelt: Eine Sprache.

Er muss dabei lernen, *dass Symbole und Bedeutungen eine Wirklichkeit sind,* muss also einen völligen Blödsinn lernen, denn die Dinge der Welt bedeuten nichts: Sie sind einfach das, was sie sind. Das Kind muss etwa lernen, dass ein Geldschein nicht ein Stück Papier ist – was natürlich stimmt – sondern dass er etwas »bedeutet«: Das Papier bedeutet angeblich einen Wert von fünfzig Euro. Gut: Dann versuch' mal, mit dem Papierstück einem Pygmäen etwas abzukaufen, meinetwegen eine Handvoll gerösteter Raupen, falls du Hunger hast.

Da auch diese Prägung nicht das Geringste mit der Wirklichkeit zu tun hat, entstehen weitere nicht mehr lösbare Probleme. *Wir regen uns nun über Bedeutungen auf, die es nicht gibt* und können dabei derartig rabiat werden, als ob's ums Überleben ginge: Meine Frau weigert sich, meine Leibspeise zu kochen und das *bedeutet,* dass sie mich nicht mehr liebt. Falls mir ihre Liebe aber derartig wichtig ist, dass der Sinn meines Lebens davon abhängt (als ob ich noch ein Kind wäre und sie meine Mutter), dann schaltet mein Biocomputer sofort zurück auf den ersten Schaltkreis: Mir droht scheinbar ein massiver Liebesentzug und ich fühle mich daher von Vernichtung bedroht, würde einen Riesenzirkus veranstalten und sie nun zwingen wollen mir umgehend zu beweisen, dass sie mich noch immer liebt, indem sie genau das tut, was ich jetzt von ihr will. Meist werden dabei Verfahren eingesetzt, die man als Kind von seiner Mutter gelernt hat, etwa die Drohung zu verschwinden, indem man sich tagelang beleidigt zurückzieht. In solchen Beziehungsformen kann es schon mal zu Mord oder Selbstmord kommen.

Oder eine Gruppe greift zu den Waffen, weil andere es gewagt haben, ein buntes Tuch zu verbrennen und darauf herum zu trampeln: »Diese Frevler haben gerade unsere heilige Fahne entehrt und damit gezeigt, dass sie Feinde sind und daher vernichtet werden müssen.«

Es geht im Alltag noch dümmer: Jemand hat sich gerade über seine Frau geärgert und schaut nun finster in deine Richtung. Das *bedeutet* für dich, dass er etwas gegen *dich* hat, weil du ja nichts über die tatsächliche Ursache seines Ärgers weißt; daher wappnest du dich und bereitest dich auf einen Gegenangriff vor, um dich zu verteidigen. So verhältst du dich aber wie ein kleines Kind, das noch alles auf sich bezieht; du hast doch damals geglaubt, dass

Papa auf dich böse ist, obwohl er sich über Mama geärgert hat und nun finster um sich blickte und du nur zufällig im Weg gestanden bist. Falls du nicht einmal als Erwachsener klar unterscheiden kannst, ob du gemeint bist oder nicht, wirst du erleben, dass sich in solchen Situationen schnell dein Überlebensprogramm aktiviert und dann fürchtest du dich und denkst, du müsstest dich sofort verteidigen und jetzt kämpfen.

Jede Menge Irdischer kannst du in helle Aufregung versetzten nur mit Wörtern oder Bildern, weil sie derartige Symbole für Wirklichkeiten halten und sie mit entsprechender Wichtigkeit versehen. Benutzt du in gewissen Kreisen verbotene Wörter (etwa: »Gestatten, gnädige Frau, ich möchte Sie gerne ficken«), kannst du dir eine Menge Ärger einhandeln. Oder erzähle in entsprechender Gesellschaft einen so genannten Judenwitz (»wie heißt eine jüdische Sauna? – Aus-schwitz!«), kannst du bei gewissen engagierten Irdischen sogar damit rechnen, dir eine Vorstrafe einzuhandeln, besonders im diesbezüglich extrem rechtschaffenen Deutschland.

Vor einigen Jahren wurde ein dänischer Karikaturist von rechtschaffenen Islamisten mit dem Tod bedroht, weil er den Propheten Mohammed mit einem Turban gezeichnet hat, der eine Raketenspitze hatte. Oh Allah, was ist denn nur aus all deinen Fans geworden? Das war doch früher einmal eine enorm fortschrittliche und geistig hoch stehende Kultur im Orient.

Übe und lerne jetzt zu unterscheiden:

Die Dinge der Welt bedeuten zwar nichts, aber sie können auf andere Dinge hindeuten, mit denen sie offenbar irgendwie zusammenhängen. Du solltest folglich genau beobachten, mit welchen sie zusammenhängen, damit du klug entscheiden kannst, anstatt den »Dingen an sich« eine Bedeutung zu geben, die sie nicht haben, und dich über eingebildete Bedeutungen noch mordsmäßig aufzuregen.

Selbstverständlich musst du lernen, mit anderen symbolisch zu kommunizieren, wenn du auf diesem Planeten passabel überleben willst. Du solltest mindestens halbwegs deine Muttersprache beherrschen, lesen und schreiben lernen und die Bedeutungen möglichst vieler Symbole erfassen, wenn du unnötigen Ärger vermeiden und nicht als Depp da stehen willst. Aber höre endlich damit auf, Bedeutungen und Symbole als eine Wirklichkeit anzusehen und die vorhandenen Moralvorstellungen als gottgegeben und wahr zu betrachten. Symbole sind doch nur praktische Hilfsmittel, um Information durch Zeit und Raum zu transportieren.

Erst dieser Schaltkreis stellt einen wichtigen Unterschied zu den Schimpansen dar, obwohl er meist durch ungünstige Prägungen der ersten beiden Schaltkreise gestört wird: Er ist wirklich revolutionär und ermöglicht dem nackten Affen, wie erwähnt, Informationen über Zeit und Raum zu transportieren, so dass nicht jede Generation wieder alles ganz von vorne lernen muss. Wir können inzwischen auf das Wissen und die Erkenntnisse unserer Vorfahren zurückgreifen und darauf aufbauen. Du kannst beispielsweise auf Informationen zugreifen, die ein gewisser Gautama Buddha vor mehr als zweieinhalbtausend Jahren absonderte. *Ohne diesen Schaltkreis wäre Kultur nicht möglich.*

Aber eine andere Sache wird nun ebenfalls möglich:
Wer diesen Schaltkreis kontrolliert, indem er die Symbole und ihre Bedeutungen kontrolliert, der kontrolliert in einem hohen Maß

den Verstand und somit das Bewusstsein und das Verhalten der Ir-dischen. Derzeit ist es also noch vernünftig, etwas paranoid zu sein.

Für Fortgeschrittene reicht allerdings Skepsis.

4. Der sozio-sexuelle Schaltkreis

Damit ein Irdischer hier gut überleben kann, muss er auch so pro-grammiert werden, dass er weiß, was ihn sexuell anmachen darf und was pervers ist und daher mit Strafe bedroht wird: Die Stra-fe besteht mindestens in krasser Zurückweisung, kombiniert mit Entzug aller Lauseinheiten. Lernt er das nicht rechtzeitig, kann er im Knast landen.

Zusätzlich muss er lernen, mit wem er Sex haben darf und mit wem besser nicht, weil ihn das eventuell sogar seinen Kopf kos-ten kann. Solltest du nämlich die heiße Braut eines Mafia-Bosses flach legen, wird das mit großer Wahrscheinlichkeit dazu führen, dass du mit einbetonierten Füßen auf dem Grund eines idylli-schen Sees landest, wo dir ziemlich bald die Luft ausgeht. Es ist nicht ratsam, sich die falschen Partner zur Fortpflanzung auszusu-chen – Liebe hin, Liebe her – derzeit ganz besonders in gewissen islamischen Gesellschaften.

Prägungen dieses vierten Schaltkreises erfolgen ebenfalls durch meist eher unangenehme Erfahrungen, die dir gewöhnlich von den Alpha-Tieren deines Lebens verpasst werden.

Spätestens mit Beginn der Pubertät wird den jungen und in die-sem Alter ja besonders geilen Irdischen klar gemacht, was sie dies-bezüglich dürfen und was nicht. Aber bereits vor dieser Zeit ma-chen sie meist schon unangenehme Erfahrungen, wenn sie zum

Beispiel bei gewissen aufregenden Spielereien erwischt werden. Manchen wird dabei eine echte Fixierung verpasst und sie werden später womöglich kompensatorisch Gynäkologe, Voyeur oder Exhibitionist. (Die beiden Letzteren sind Kompensationsversuche, die eher wenig empfehlenswert sind.)

Du kannst hier recht gut diesen Prägungseffekt beobachten: Mit Sicherheit erinnerst du dich noch an deine erste sexuelle Erfahrung mit einem anderen. Entsinne dich nun – aber ehrlich – was dich beim Sex auch heute noch am meisten anturnt. Selbst wenn du diese Fixierungen als Erwachsener auslebst, weil du glaubst, dass du jetzt so groß bist, dass dir keiner mehr was verbieten kann, unterliegst du doch weiterhin deinen Programmierungen. Es gibt Fachliteratur, in der beschrieben wird, wohin das führen kann. Es wäre wohl fürs Erste ausreichend, wenn du zunächst im Strafgesetzbuch nachliest.

Die Prägungen dieses Schaltkreises haben ebenfalls ihren Sinn, denn du kannst zum Außenseiter werden, wenn du hier unvorsichtig aus der Reihe tanzt; und auch er unterscheidet uns von den Schimpansen.

Aber bei dieser Prägung wird besonders deutlich, dass jede Art von Prägung einen starken Verlust an Freiheit darstellt. Prägungen auf diesem Schaltkreis demonstrieren klar, was das im Endeffekt bedeutet: Der Verlust von Freiheit ist gleichbedeutend mit Fehlen von Lust und Lebensfreude – er ist sogar lebensfeindlich. (Es gibt Tierarten, die sich in Gefangenschaft nicht mehr fortpflanzen oder sogar eingehen.)

Zur Sicherheit wiederhole ich: Die vorhergehenden Prägungen wirken sich auf die später geprägten Schaltkreise aus. Wer etwa so geprägt wurde, dass es ihm auf dem ersten Schaltkreis bereits an »Urvertrauen« mangelt, der wird natürlich bei der Prägung des zweiten Schaltkreises Probleme haben, sein Territorium auszuweiten und sich in Hierarchiekonflikten angemessen zu verhalten. Er wird später entweder gleich den Schwanz einziehen oder »kontraphobisch« ausflippen und dafür eins auf den Deckel bekommen, anstatt sein Ziel zu erreichen. Oder er traut sich nicht an eine Frau ran und kauft sich lieber einen Pornofilm, mit dem er sich aber nicht fortpflanzen kann.

Es ist offensichtlich sinnvoll, *jede* Art von Programmierung und Prägung zu identifizieren und zunächst ganz sorgfältig zu beobachten – sogar lebensnotwenig, sie mit der Zeit zu kontrollieren, falls sie ein angemessenes Handeln nur noch behindern.

Wir sollten bald lernen, mit anderen Irdischen endlich zu kooperieren und ganzheitliches Denken zu entwickeln, sonst bleiben wir Affen, die berechenbar sind wie Maschinen und sich dabei dauernd selber schädigen, etwa weil sie glauben, dass sie auf Kosten ihrer Mit-Irdischen einen Nutzen haben könnten. *Auf diesem Planeten findet nach wie vor ein Überlebenskampf statt, obwohl bereits alle Mittel zur Verfügung stünden, Hunger und Krieg vollständig und auf Dauer zu beenden.*

Wenn du bereits klug bist, anstatt nur clever, dann wird dich das Studium deiner Programme und die Erinnerung daran, wie du programmiert wurdest, automatisch zu Dankbarkeit führen. Ohne diese geprägten Programme wären wir nämlich nicht in der Lage gewesen, als Spezies und als Einzelwesen zu überleben und gemeinsam eine Kultur zu erschaffen, die bereits alle technologischen Voraussetzungen bietet, die vorliegenden ökonomischen und ökologischen Probleme zu lösen, damit der nächste Evolutionssprung der Menschheit schneller möglich wird. Langsam wird es aber Zeit, dass es richtig damit losgeht.

Am Besten, du fängst jetzt gleich bei dir selber mit einer Neuprogrammierung an. Das ist ohnehin der einzige Ort, an dem du die Macht hast, etwas zu bewirken.

Warum ein Ego nicht geheilt werden kann – und seine wichtigsten Tricks

Wenn der falsche Mensch die richtige Methode benutzt,
wirkt die richtige Methode auf die falsche Weise.
(CHUANG TSU)

Was ist das denn jetzt eigentlich, ein Ego? (Dir wird aufgefallen sein, dass ich die Begriffe Ego, Irdischer und Bio-Roboter als nahezu identisch verwende.)

Ich definiere ein Ego hier als *die Fähigkeit, sich mit jedem Objekt seiner Wahl und mit jedem seiner vielen Programme zu identifizieren, um sich auf diese verrückte Weise ausdehnen und absichern zu können.*

Da das Ego die Krankheit unseres Geistes ist, kann es nicht geheilt werden, sondern höchstens entmachtet durch Selbst-Erkenntnis.

Ausdehnen macht ja normalerweise Spaß. Leider führt es zu Abhängigkeiten, wenn man sich auf die oben erwähnte Weise auszudehnen versucht, indem man Dinge der Welt »besetzen« will. Aber ein Ego ist eben davon überzeugt, dass es abgetrennt sei von der übrigen Welt und von allen anderen und dass ihm immer irgendetwas Lebenswichtiges fehlen würde. Es muss sich daher ganz logisch auf Kosten anderer ausdehnen und sie unter Kontrolle bringen; klappt das nicht, will es sich mit ihnen identifizieren und sie auf diese Weise »besetzen«, um sich dann selber groß und somit sicher zu fühlen: »Ich bin stolz, ein Deutscher zu sein und nicht ein primitiver Neger oder ein sonstiger Affe.« Dass dieser Deutsche in Wirklichkeit ein arbeitsloser Säufer und ein halber Analphabet ist, dafür aber ein Vollpfosten, spielt dabei keine Rolle, denn hier läuft ein ganz normales Programm des zweiten Schaltkreises: »Wer nicht zu meiner Horde gehört, der ist auch kein richtiger Schimpanse und muss weg!«

Das Identifizieren geht oftmals nach hinten los: Ich kann mich dann schämen, weil mein Partner sich meiner Ansicht nach gerade wieder saudumm benommen hat; oder ich muss mich furchtbar aufregen, weil mir ein Trottel eine Delle in meinen neuen Mercedes gefahren hat.

Eine Bekannte, die bei einer Versicherung arbeitet, hat mir einmal eine Kostprobe überreicht, wie sich dieses Problem auf der sprachlichen Ebene abbildet. Der Autor eines Unfallberichtes formulierte da Folgendes: »Ich bin an der Ampelkreuzung der Frau X hinten hinein gefahren und habe mir dabei meine Stoßstange verbogen.« Das klingt fast, als ob er jetzt schnellstens zu einem chirurgisch arbeitenden Urologen müsste, dieses Ferkel.

Ein Ego ist also kindisch und komplett wahnsinnig, weil es sich jetzt durch Identifizieren, Eroberung und Besetzung ausdehnen will, damit es sich endlich sicher fühlen kann, anstatt durch Liebe und der Erkenntnis der Einheit von Allem.

Da deine Persönlichkeit – genauer: diese *vielen* Persönlichkeiten, die du leider andauernd für ein- und dieselbe hältst – ebenfalls eine Erfindung des Egos ist, ist es natürlich zwecklos, sie verbessern oder sonst in irgendeiner Weise verändern zu wollen: Du kannst dein zentrales Pro-blem auf diese Weise unmöglich lösen, weil du dich damit längst nicht mehr auf dem Boden der Tatsachen bewegst. Du hast ja diese Illusionen von »Stabilität in Form einer überdauernden Persönlichkeit« erfunden, damit du in dieser

Welt überleben kannst und diese Illusion hat dir dabei in der Tat gute Dienste geleistet: Du lebst nach wie vor und bist noch einigermaßen in Schuss, hast sogar einen Partner, obwohl du dich gelegentlich wie ein Kotzbrocken benimmst, und du bist auch nicht zum Außenseiter in deinen jeweiligen Horden geworden. (Klingt schön: »Horden geworden.«) Dein verrücktes Ego hat mit seinen teilweise abstrusen Erfindungen dein Überleben bisher erfolgreich abgesichert.

So weit, so gut.

Leider hast du dich mit diesem Versuch, deine Einbildungen zu fixieren, damit du als Ego der Vernichtung entgehst, vom Wesentlichen derartig abgesperrt, dass du vergessen hast, wer du wirklich bist: nämlich *das absolute göttliche Nichts,* die Leere, das Chaos, das Tao, das alles *sein* kann, was es will und *das sich ewig selbst neu ordnet.* Weil du dich als Ego aber laufend einmischt und denkst, du könntest statt dessen deine eigenen Erfindungen verewigen und so den Prozess der dauernden Umwandlung, des dauernden Sterbens, stoppen, bist du in große Schwierigkeiten geraten, die auch dadurch nicht viel besser werden, dass du sie mit der Mehrheit teilst und sie deshalb für natürlich hältst.

Was? Du bist überhaupt nicht in Schwierigkeiten? Das ist ja noch schlimmer. Dann hast du ja dein Grundproblem überhaupt nicht erkannt! – Ach so, du bist inzwischen auf der Suche nach einem Guru, der dir genau sagen wird, wie du meditieren sollst, bis du endlich erleuchtet bist und gehst bereits seit zwei Jahren regelmäßig zum Yogakurs in die Volkshochschule. Alles okay.

Wer sein Problem nicht erkennt, der ist arm dran, denn er ist damit außerstande, es zu lösen. Das ist klar, nicht wahr? Wer nicht merkt, dass er ein Problem hat, der wird es auch nie lösen. Aber er kann sich durchaus gut fühlen dabei, wie du ja siehst.

Also nochmals von vorne:

Es ist völlig sinnlos, deine Persönlichkeit, deinen Charakter, dein Selbstbewusstsein oder dein Äußeres usw. verändern zu wollen, um dadurch ein besserer Mensch zu werden – wiewohl deine (hoffentlich) lauteren Absichten von mir durchaus gewürdigt werden. Es kann nicht funktionieren, weil du dich mit all diesen Versuchen nur selbst an der Nase herumführst und dir dabei zusätzlich einredest, dass du so, wie du bist, nicht okay wärst. Dir geschieht daher laufend nach diesem Glauben. Das ist wie beim Kampf des Herakles mit der Hydra: *für jeden Kopf, den er diesem Monster abgeschlagen hatte, sind zwei neue nachgewachsen.*

Bei allen Versuchen, dich bessern zu wollen, bewegst du dich im Bereich der Illusionen des Egos, das sich trotz seines Größenwahns und seiner vielen Tricks als unvollkommen und als bedürftig erfährt, weil es überzeugt ist, abgetrennt und daher existentiell bedroht zu sein. Im Bereich der Ego-Illusionen kann es unmöglich zu wesentlichen Veränderungen kommen, weil das Ego sich ja vom Wesentlichen abgetrennt hat. Ein Aufgehen in das Große Ganze fürchtet es zwangsläufig als drohende Vernichtung. Zu Recht. *Wesentlich ist das sich selbst organisierende Chaos, das göttliche Nichts, das Seiende und ewig Werdende, der Große Hyper-Programmierer, der du bereits bist, ohne dass du dich bisher wieder daran erinnert hast.*

Dieses wohlgeordnete »Chaos« entzieht sich jedoch völlig allen Versuchen eines Egos, es zu kontrollieren, um damit korrekte Voraussagen und somit äußere Sicherheit zu ermöglichen. Das kannst du täglich am Wetterbericht studieren, denn das Wetter ist ein solches chaotisches System, das daher nur *Wahrscheinlichkeitsaussagen* zulässt. Und es gibt nichts, was ein Ego mehr fürchtet und daher hasst, als den Verlust seiner Pseudokontrolle. Es fürchtet ihn wie die Nonne den Zuhälter.

Was aber soll es bringen, aus purer Verzweiflung dann seine Illusionen verändern zu wollen, um seinen Arsch zu retten, indem man sich nach seiner Besserung etwas anderes einbildet als vorher?

Du musst erst auf den Boden der Tatsachen kommen, indem du die Wirklichkeit anerkennst, wie sie ist. Es wird dir nichts nützen, wenn du dir einen Guru suchst, der dir sagen soll, wie und wie oft du täglich meditieren musst, damit du doch noch erleuchtet wirst. Dieser Versuch bestätigt dir nur, dass du *jetzt* noch nicht erleuchtet bist. *Sobald du aber dein Ziel in die Zukunft verlegst, wird es völlig unerreichbar.* Du bekommst daher die Bestätigung, dass du nach wie vor nicht erleuchtet bist, obwohl du dich wahrscheinlich nach deiner erfolgten Einweihung als etwas Besseres ansiehst im Vergleich zu den vielen Trotteln, die von Meditation und all den Weisheiten der Eingeweihten nichts verstehen. *Mit dieser Einbildung wärst du jetzt aber schlechter dran als vorher, denn wer denkt, dass er richtig liegt, der ist ein Experte geworden und somit hoffnungslos wahnsinnig.*

Es gibt da einen Spruch, den du sicher kennst und wahrscheinlich genau so wenig verstanden hast, wie deine Mit-Irdischen. Er heißt: »Der Weg ist das Ziel«. Was soll das bedeuten?

Es soll bedeuten, dass es kein *wesentliches* Ziel gibt, das du auf irgendeinem *Weg* erreichen kannst. *Es gibt nur das Ewige Jetzt, das Weg und Ziel gleichzeitig ist.* Sobald du denkst, dass du erst einen Weg beschreiten musst, damit du ein künftiges Ziel erreichen kannst, wird dieses Ziel unerreichbar, denn eine Zukunft existiert nicht. Nur das Ewige Jetzt existiert.

Du würdest also mit einer derartigen Vorstellung wie ein Esel einen fremden Karren ziehen, weil dir derjenige, der auf diesem Karren hockt, dabei mit einer Angel eine Karotte vor die Nase hält – eine Karotte, die du aber nie erreichen wirst, egal, wie lange du auf deinem Weg dahintrottest und für andere den Karren ziehst.

Wie sagte damals ein gewisser Maharishi Mahesh Yogi mit seiner tollen Fistelstimme:

»If you practice transcendental meditation, you will get cosmic consciousness«. (Zu deutsch: »Wenn du Transzendentale Meditation praktizierst, wirst du komisches – äh – halt, nein, nicht komisches: wirst du kosmisches Bewusstsein erlangen.«)

Aber Vorsicht, denn es heißt auch »Übung macht den Meister.«
Wende hier Unterscheidungsvermögen an.

Wenn du willst, kannst du dein Ego ebenso gut als die Summe aller Programme ansehen, inklusive derer, die du von der Mutter Natur mitbekommen hast. Dieses Ego hält dich jedenfalls fern vom wahren Wissen, also von der Erfahrung des Wesentlichen, aber es hilft dir zu überleben.

Ein Ego ist weder schlecht noch böse und es bedeutet nichts; es ist einfach so, dass es dein Leben steuert auf eine Weise, dass es selber überlebt – möglichst bis in alle Ewigkeit. Es wäre nicht klug, es abtöten zu wollen, um so endlich ein guter Mensch zu werden. Du solltest es nur entdecken und durch genaues Beobachten seiner Aktivitäten entmachten, damit du endlich selber Chef in deinem Leben wirst, statt dich vom Ego weiterhin führen zu lassen. Beobachte es genau und lass' davon ab, es zu bekämpfen: Es ist der Teil, den dir die Mutter Erde über deine Ahnen mitgegeben hat, damit du hier gut überlebst.

Da du das geschafft hast, wird es Zeit für deinen nächsten Schritt: Das ist der Schritt zum »Vaterprinzip« und damit zur Freiheit. *Damit der möglich wird, musst du aber zunächst deine Mutter entbinden.* (Dazu später mehr.)

Da sich ein Ego schlau und kompromisslos gegen seine Entdeckung und somit gegen seine Entmachtung wehrt – es ist ja eine Überlebensmaschine, die selber überleben will – bekommst du im Folgenden nochmals einige Hinweise zu den wichtigsten Tricks des Egos. Du weißt ja bereits, dass das Ego entstanden ist als Folge der Identifikation des Geistes mit dem Körper, der von Mutter Natur auf eine weise Art vorprogrammiert wurde, damit sein Überleben wahrscheinlich genug wird, dass dieser Körper sich fortpflanzen und somit der Ausdehnung des Lebens dienen kann.

Tiere haben kein Ego, aber ebenfalls Grundprogrammierungen, die deren Überleben sichern sollen. Wir sind auf dieser Ebene den Tieren gleich, hätten jedoch die Möglichkeit, die von der Natur vorgegebenen Programme zu kontrollieren und sie sogar zu verändern. Bisher ist das auf diesem Planeten nur ganz selten geschehen und diejenigen, die es geschafft haben, wieder Außerirdische zu werden, bekamen Probleme mit den Irdischen und wurden oft sogar von denen umgebracht.

Das Ego ist eine komplexe und extrem schlaue Überlebensmaschine – *und das sogar bei einem Volltrottel.* Wir sollten zunächst froh sein, dass es uns bisher geholfen hat, am Leben zu bleiben und eine halbwegs passable Position in unseren jeweiligen Horden einzunehmen. Damit uns diese Überlebensmaschine aber nicht auf unserem Weg zur Menschwerdung weiter behindert und wir dann nur »nackte Affen« bleiben, wäre es sehr hilfreich, die Tricks dieser Überlebens-Maschine endlich zu durchschauen, damit wir dieser Basisillusion nicht länger ausgeliefert bleiben.

Eines der Hauptinstrumente des Egos ist der Verstand.

Du solltest erkennen, dass dir der Verstand bei einer Lösung dieses grundsätzlichen Problems nichts nützt, weil er Teil des Problems ist. Was du brauchst, sind nicht gute Erklärungen und Erkenntnisse anderer Leute, *sondern die genaue Beobachtung deiner eigenen Wirklichkeit.* Das ist leider nicht so leicht, wie du denkst, denn dein Verstand will dir beweisen, dass das wirklich ist, was er denkt.

So lange es dir nicht gelingt, deinen Verstand dabei zu beobachten, wie er seine Erklärungen und Geschichten für wahr ausgibt, hast du eigentlich keine Chance. Er ist ja nichts weiter als eine Richtig-Falsch-Maschine, die dir helfen soll, gut durchzukommen und deine Überlebenschancen zu verbessern.

Das hat sie bisher geschafft, diese Maschine, nicht wahr? Sie ist aber nur Teil und Hilfsmittel des Egos und verhilft dir daher nicht zur notwendigen Einsicht. Dazu brauchst du *neuartige Erfahrungen und endlich eine ganzheitliche Sichtweise,* die ein Ego aber verbissen zu verhindern sucht.

Und was sind nun die wichtigsten Tricks dieses Egos – außer, dass es einen Verstand hat?

1. Es verfügt über einen sehr zuverlässigen Grenzwächter.

Mit Hilfe dieses Wächters schützt es sich vor seiner Entdeckung, davor, dass du endlich wach wirst. Dieser Wächter hat die wichtige Aufgabe, dich bei einer zu starken Annäherung an die Grenze zum Erwachen mittels äußerst heftiger Gefühle wegzuscheuchen; gewöhnlich handelt es sich dabei um starke Wut oder starke Furcht. Damit katapultiert der Ego-Wächter dich zurück in den Bereich des Bekannten und des sicheren Expertentums.

Näherst du dich nur etwas und eher versehentlich dieser Grenze, so lenkt dich dieser Wächter einfach wieder ab, genau wie man ein Kind ablenkt, damit es woanders weiterspielt.

Dieser Wächter gibt dir jedoch auch eine echte Chance, diese Grenze zu überschreiten:

Dazu musst du jedoch lernen, diese Wächtergefühle genau zu beobachten, anstatt sie sofort auszuagieren, wie die Psychologen das nennen würden. Genauso wichtig ist es, die näheren Umstände zu erforschen, die Auslöser für diese starken Gefühle sind. Dann kann der Wächter mit der Zeit zum Führer werden, der dich gut und sicher über die Grenze zum Wachwerden bringt.

Das Ego hat zum Zweck seiner Eigenstabilisierung noch die folgenden gut funktionierenden Verfahren parat:

2. Erzeugen der Illusion von Abhängigkeit und Mangel, anstatt Erkenntnis der Fülle

Das Ego ist quasi ein Körper, der überleben will. Das ist so, weil der Körper Teil der Natur und somit den Gesetzen der Natur ausgeliefert ist. Die aber »stresst« ihre Kinder, indem sie durch laufende Veränderungen bestimmte Probleme stellt, die ihre Kinder lösen müssen, damit sie überleben. Auf diese Weise sind sie gezwungen, sich anzupassen an eine sich verändernde Umwelt und »fit« zu bleiben, anstatt mit der Zeit einzurosten. Charles Darwin hat das als einer der Ersten ziemlich gut beschrieben. Das Ego als »Körper« ist Teil der Natur und daher gewissermaßen einem Überlebenskampf ausgesetzt wie alle Lebewesen; dafür ist es gut ausgerüstet. Es ist sozusagen auf diesem Gebiet ein Meister. Bedauerlich ist, dass ein Ego nicht erkennen kann, dass es keinen wirklichen

Mangel gibt, sondern dass diese Vorstellung nur Folge der Programmierung ist, die alle Säugetiere benötigen, um zu überleben.

Der »nackte Affe« ist jedoch im Gegensatz zu Tieren in der Lage, seine Erfahrungen selbst zu erschaffen – inclusive der Erkenntnis, dass er als eigentlich Außerirdischer ein echter Gott ist. *Einem Gott aber fehlt nichts, denn er hat schon alles, was er braucht. Er ist ein Schöpfer, nicht mehr nur ein Geschöpf.* Das unterscheidet ihn von den Tieren. Irdische haben sich noch nicht wieder daran erinnert und sind aus diesem Grund weiter diesem Überlebensprogramm unterworfen, trotz der enormen Schlauheit, die sie inzwischen entwickelt haben und all ihren großartigen technologischen Errungenschaften.

Dein Verstand wird aber gleich wieder beweisen, dass Mangel tatsächlich existiert. Und das sogar, obwohl du weißt, dass bereits alle Voraussetzungen bestehen, das Hungerproblem vollständig zu lösen. Nur wegen unserer Schimpansenprogramme und dem damit zusammenhängenden Hordendenken ist das bisher nicht geschehen. Wir nennen das allerdings Weltwirtschaft, wenn wir täglich hunderttausende Tonnen von Lebensmitteln vernichten und Monokulturen anlegen, damit wir Biotreibstoff produzieren können.

3. Erzeugen von Als-ob-Realitäten, anstatt Erkenntnis

Ein Ego ist eine Illusion und daher kann es natürlich nur weiter Illusionen erzeugen. Die aber erscheinen ihm als Wirklichkcit, genau so, wie ein nächtlicher Traum dir als Wirklichkeit erscheint, so lange du ihn nicht als einen Traum identifizieren kannst. Wenn du aber deine Träume als eine Wirklichkeit ansiehst, wirken sie auf dich mittels Feedback zurück, obwohl du ja deren Schöpfer bist.

Wenn du dir also etwas einbildest und es für real hältst, dann wirkt diese Einbildung auf dich und du bist ihr ausgeliefert. Dein Verstand hilft dir zwar, diese Als-ob-Realität anschließend vollkommen »logisch« als Wahrheit zu beweisen, er hilft dir aber nicht, diese Einbildung damit aufzulösen, denn der Verstand ist selber ein Programm, mit dessen Hilfe du deine Schöpfungen rechtfertigen kannst, um dich vor den Folgen deiner Dummheiten zu schützen, oder mit dessen Hilfe du aus diesem Grund schlaue Manöver ausführst und dabei mehr, jedoch oft eher weniger sinnvolle Erfindungen tätigst, beispielsweise, wie du anderen ihr Geld aus der Tasche ziehen kannst.

Der Verstand operiert mit Begriffen und sonstigen Symbolen und er gibt zusätzlich allen Dingen der Welt eine Bedeutung. Die Dinge der Welt haben aber keine Bedeutung. Sie sind einfach nur da, und zwar genau *jetzt*. Wenn du dich an etwas erinnerst, das gestern da war, dann ist das nur eine Erinnerung und keine Realität.

»Eine Rose ist eine Rose ist eine Rose« hat Gertrude Stein einmal gedichtet. Genau! Nichts weiter. Sie hat keine Bedeutung an sich, sondern sie ist einfach da. Einmalig *und jetzt*. Alles Weitere ist reine Erfindung. Über das, was einfach nur ist, kann man sich nicht aufregen, sondern man kann es zur Kenntnis nehmen – oder auch nicht. Das, was ist, kann auf dich angenehm oder unangenehm wirken, aber das bedeutet nichts. Es ist einfach nur so. Du kannst dann damit etwas tun oder es lassen und auch das bedeutet nichts. Da ein Ego seine Als-ob-Realitäten jedoch als Wirklichkeit betrachtet, zieht es daraus die Bestätigung, dass seine aufgeregten Reaktionen richtig und angebracht sind. Durch dieses positive Feedback stabilisiert sich sein Ego-Wahn.

Eigentlich gäbe es keinen Grund für Aufregung, wenn wir nicht allen Dingen eine Bedeutung geben würden, die sie nicht haben. Wir regen uns nur über unsere eigenen erfundenen Bedeutungen auf, und das um so mehr, je wichtiger uns diese Bedeutungen sind. Alle Probleme, die es auf der Welt gibt, kommen von diesem Wahn: Dass Mangel existieren würde, dass Illusionen eine Wirklichkeit wären und dass alles etwas bedeuten würde.

Wenn uns tatsächlich Außerirdische beobachten, kannst du dir vorstellen, was sie von uns hielten: Sie hielten uns für völlig verrückt. Und sie hätten völlig Recht damit.

4. Projektionen, Urteilen und Identifizierung, anstatt Kontakt

Ein Ego blickt nicht durch und kennt nur zwei Lager: Außerhalb und Innerhalb.

Es *ur*-teilt das Große Ganze und kann so nicht mehr erkennen, dass in Wirklichkeit alles Eins ist. Aufgrund seines Dauerwahns, dass ihm Lebenswichtiges fehlen würde und dass es von Vernichtung bedroht sei, wenn es ihm nicht gelingt, sich das Lebenswichtige zu beschaffen und es zu verteidigen, fühlt es sich »eng« durch seine erfundenen Beschränkungen: Es hat die Angst erfunden und vegetiert nun im Zustand dieser eingebildeten Enge.

Um sich wieder abzusichern geht es auf Eroberung aus, aber es macht sich auch daran, alles, was es als schlecht und böse *beurteilt,* auf andere zu projizieren und es »dort draußen« umgehend zu bekämpfen. Es soll damit bewiesen werden, dass Ego bei den Guten ist, denn das ist sicherer; es ist nicht ratsam, wie das Böse und Schlechte da drüben zu sein. Andererseits will Ego sich *durch Identifizierung* wieder ausdehnen und sich so von seiner eingebildeten Enge befreien: Es liebt ja nicht, sondern es fühlt sich stattdessen eng – es hat Angst. *Angst und Liebe schließen sich gegenseitig aus.*

Der Vorschlag, doch auch mal bei sich selber zu schauen und diesbezüglich neugierig zu werden, wird strikt abgelehnt, weil das vom Ego als höchst bedrohlich angesehen wird: Falls »Ich« ebenfalls so böse sein könnte, würde »Ich« von den Guten ja ebenfalls verurteilt und bestraft werden. Selbsterkenntnis wird damit unmöglich.

Ein Ego geht entweder dauernd auf Eroberung aus oder es will sich verteidigen: Es versucht, das Benötigte dadurch zu erobern, indem es darüber Kontrolle gewinnt oder sich damit identifiziert: Mein Haus, mein Auto, meine Frau, mein Kind, mein Land, meine Religion usw.; kommt jemand daher, dem an meinem Haus etwas nicht gefällt, regt sich mein Ego auf und nimmt es persönlich. Macht meine Frau etwas, womit ich nicht einverstanden bin, passiert das gleiche. Sagt sie etwas Dummes, schäme *ich* mich und rüge sie später dafür. Kommt sie auf die Idee, etwas zu tun, was ich hasse, reagiert mein Ego eventuell sogar panisch. Das ist dann fast, als ob mein Arm sich plötzlich von meinem Rumpf lösen würde, um sich selbständig zu machen und jetzt ein eigenes Leben zu führen.

Du kannst dir vorstellen, welche Art von Beziehung Egos also pflegen: Der reine Horror. Überall diverse Formen von Gewalttätigkeit und immer mit der Überzeugung verbunden, im Recht zu sein. Dazwischen wieder das notwendige gegenseitige »Lausen«, dieses Nett-zueinander-Sein für den Zusammenhalt; die tägliche Selbstvergewaltigung gehört ebenfalls dazu: »Na gut, dann bin ich halt vernünftig und mach' das, was ich muss.«

Ein Ego will durch Identifizierung auch jeden Unterschied vermeiden, weil der von ihm ebenfalls als Bedrohung angesehen wird, als Kontrollverlust. Es will auf diese kindliche Weise wieder eins sein mit seinen wichtigsten Bezugspersonen oder mit deren Vertretungen, indem es natürliche Unterschiede verhindern will, wobei es gleichzeitig alles verurteilt, was nicht so ist, wie es ein Ego für richtig hält. Ein Ego kann sich daher mächtig über die hiesigen Politiker aufregen, aber wenn ein Türke das macht, regt sich Ego sofort über den Türken auf: »Der soll doch heimgehen, wenn es ihm bei uns nicht passt!« Ego ist nämlich trotz seines Meckerns mit seinem Land identifiziert und nimmt die Kritik des Türken persönlich. Und überhaupt: »Der gehört ja gar nicht zu meiner Horde Deutschland!«

Identifizieren und Hordendenken führen zu Haltungen fast wie bei einer Mutti-Kind-Beziehung: Mutti erlaubt nicht, dass ihr Kind, mit dem sie identifiziert ist, etwas macht, was sie für falsch hält. Und das Kind traut sich andererseits nicht, etwas zu tun, wovon es weiß, dass es Mutti nicht gefällt, weil es sonst Ärger gibt. Ängstliche Muttis sind nämlich sehr gewalttätig – nur zum Besten ihrer Kinder. (Das muss aber nicht heißen, dass sie ihrem Kind gleich eine reinhaut. Es gibt ja auch seelische Grausamkeit, wie jeder amerikanische Scheidungsanwalt weiß.) Das Kind darf nicht eigenständig sein, weil Mutti sonst die Kontrolle verliert. Das Kind kann zwar bocken, aber das nützt ihm nichts. Es bleibt ja trotzdem abhängig und ist seinerseits mit der Mutti identifiziert. Wenn sein Spielkamerad jetzt was gegen Mutti sagt, dann ist das Kind sofort mit dem böse und nimmt Mutti in Schutz.

Kontakt ist etwas ganz anderes als Identifizierung. *Kontakt setzt Unterschied voraus,* weil ja ohne Unterschied kein Kontakt und damit auch kein Austausch möglich ist. Allerdings nützt dafür der Unterschied nichts, der scheinbar durch die Projektionen des Egos entsteht, weil der illusionär ist. Diese Art von Unterschied vermeidet Kontakt aktiv und will stattdessen Kontrolle. *Kontrolle ist ein zuverlässiges Mittel, nicht nur Kontakt, sondern auch Kommunikation vollständig zu verhindern,* denn sobald sich jemand kontrolliert fühlt, beginnt irgendeine Form von Lüge Einzug zu halten und es entsteht Ablehnung.

Für echten Kontakt wäre nicht nur eine wichtige Voraussetzung, selber echt und wahrhaftig zu sein, anstatt sich mit einer Persönlichkeit zu identifizieren, sondern auch, beobachtbare Unterschiede als eine *notwendige* äußerliche Unterschiedlichkeit des im Innersten Gleichen zu erkennen, *als Vielheit des All-Einen zum Zweck seiner Selbsterkenntnis.*

Ein Ego identifiziert sich aber nicht nur mit Objekten, *sondern es identifiziert sich ebenfalls mit seinen jeweiligen Zuständen.* Ein Ego fühlt sich daher in gewissen Situationen nicht klein und beobachtet diese Art von Erfahrung neugierig und interessiert, sondern es *ist* dann klein! Es kann daher diese Zustände nicht aktiv wieder verändern, weil es ja so zu *sein* glaubt. Es beobachtet nicht einen interessanten Prozess, wie etwa »aha, ich merke, dass ich jetzt aufgeregt werde und ich mache dich dafür verantwortlich, weil du nicht so bist, wie ich dich jetzt will«, sondern ein Ego sagt: »Ich *bin* verletzt *wegen* dir!« Es ist mit seinem aktuellen Zustand völlig identifiziert und will dafür nicht einmal selbst verantwortlich sein.

Ein Ego identifiziert sich auch unkontrolliert mit all seinen vielen Persönlichkeiten, die es »sein« kann – wie ein Schauspieler, nur eben unbewusst und abhängig von den jeweiligen Umständen, die so natürlich ebenfalls nicht kontrolliert werden können. Daher kann Ego sich nicht selber wieder *ent*-identifizieren, sondern bestenfalls mit einer anderen Persönlichkeit erneut identifizieren. Ein Ego verfügt über die blitzschnelle, aber leider unkontrollierte Fähigkeit zur Identifizierung mit seinen diversen Rollen und bleibt damit ein Spielball der Götter.

Die Fähigkeit des Identifizierens *an sich* wäre toll, denn sie hat uns geholfen zu lernen und uns zu entwickeln, indem wir uns mit unseren Programmierern identifiziert haben: Wir wollten sein wie sie, damit sie uns lieben. Dafür haben wir uns oft sehr angestrengt und viele Fertigkeiten erlernt. Es wäre wirklich eine gute Lernmethode, wenn wir sie kontrollieren könnten.

Ein Ego sichert auf biologischer Ebene sein Überleben einerseits dadurch ab, dass es alle von der Mutter Natur erhaltenen spezifischen Überlebensprogramme zur Verfügung hat und sich automatisch davon steuern lässt, und andererseits dadurch, dass es als ein nackter Primat von der interessanten Sorte »homo sapiens« zusätzliche Programmierungen bekam, die ihm ermöglichen, in seiner zivilisierten Umwelt einigermaßen durchzukommen, indem er durch die Entwicklung eines Egos zu einem *domestizierten* Primaten geworden ist. Etliche seiner Programme wirken dabei wie Prägungen und sind daher nur schwer zu verändern.

Von den später entwickelten Programmen könnten wiederum einige als *Metaprogrammierer* ausgebildet werden. Das soll bedeuten, dass Metaprogrammierer in der Lage sind, nun selber Programme zu erzeugen und zu kontrollieren. Manche Irdische nennen das Lernfähigkeit.

Vereinfacht gesagt kannst du einen Metaprogrammierer auf einer *primitiveren Ebene* als Fähigkeit ansehen, zwar zwischen unterschiedlichen Realitätstunneln zu wählen, aber immer noch mit dem Problem behaftet, dass sie vom Ego als Wirklichkeit angesehen werden. Das ist schon mal besser als gar keine Kontrolle, was besonders Politiker zu schätzen wissen, nützt dir aber nicht wirklich.

Da du mit deinen Programmen bisher gut überlebt hast, weißt du ihren Wert hoffentlich zu schätzen, erkennst aber inzwischen vielleicht auch die Notwendigkeit, sie zuerst einmal zu identifizieren und unter Kontrolle zu bringen, damit du sie später bei Bedarf verändern kannst.

Schlecht wiederum wäre für dein Weiterkommen, wenn du veraltete Programme und den sonstigen Schrott, den du inzwischen in dir angesammelt hast, ablehnen und bekämpfen willst. Das ist nicht nur kontraproduktiv, sondern wirklich schädlich. Sobald du etwas bekämpfst, ist wieder das urteilende Ego am Werk und lässt dich glauben, dass du bereits deshalb ein besserer Mensch wärst, weil du dich jetzt selber verurteilst, anstatt zu projizieren. Okay: Das ist ebenfalls besser als die Haltung anderer Irdischer, die sich einbilden, sie seien bereits erleuchtet und hätten es geschafft. Aber beides hilft nicht weiter.

Dein Ego war bisher in gewisser Weise ein guter Führer(!), denn es hat dir geholfen, dass du noch am Leben bist und dein »Drittes Reich« in eine Ordnung gebracht hast, die zwar logisch aussieht, die aber nicht wirklich funktionieren kann, weil sie *komplett* wahnsinnig ist: Es gründet ja auf der Annahme, dass es »andere« geben würde, die Konkurrenten seien und dir daher nur eigennützig Unterstützung gewähren, und dass dir irgend etwas Wesentliches fehlen würde. Es ist an der Zeit, diesen Führer zu beobachten und ihn auf diese Weise mit der Zeit zu kontrollieren und zu entmachten, damit du nicht noch den Rest deines Lebens im Wahn verbringst.

Du sollst ihn nicht umbringen, diesen Führer, sondern nur entmachten und dich danach von deinem Innersten führen lassen. (Graf Stauffenberg war also eigentlich ein Depp, nicht ein Held, was deutlich wird, *wenn man auf die Folgen schaut, die sein Verhalten für viele andere hatte.*)

Warum Egos multiple Persönlichkeiten sind

*»Das einzige, was mir in meinem Leben wirklich Leid tut,
ist, dass ich kein anderer bin.«*
(WOODY ALLEN)

Was bedeutet das Wort Persönlichkeit überhaupt?

Es kommt vom lateinischen Wort persona. Damit war die jeweilige Maske gemeint, die sich der Schauspieler in der Antike während einer Theateraufführung vors Gesicht hielt: Durch diese Maske hindurch ertönte seine Stimme, das, was er hinter der Maske tatsächlich war. *Die »Persona« ist also eine Maske,* durch die der »Eigentliche dahinter« hindurchtönt, während er seine Rolle spielt. – Aha: Eine Persönlichkeit wird beim Theaterspielen benötigt! Das Ego wäre in diesem Zusammenhang jetzt eine Fähigkeit, nämlich, *sich nach Bedarf mit den unterschiedlichsten Rollen identifizieren zu können.*

Wie jeder weiß, ist es für Schauspieler heutzutage wichtig, dass sie sich mit ihrer jeweiligen Rolle möglichst gut identifizieren. (Vor hundert Jahren reichte es noch, nur so zu tun, als ob, und dabei recht pathetisch zu wirken.) Je besser Schauspieler dazu in der Lage sind, desto besser sind ihre Chancen, in verschiedensten Aufführungen mitspielen zu können.

Wer aber immer wieder aus der Rolle fällt, bekommt bald Probleme mit seinen Mitspielern, weil die dadurch irritiert werden und dann *gezwungen* sind, an diesen Stellen ebenfalls zu improvisieren, damit die Aufführung ohne Stocken weitergehen kann. Soweit mir bekannt ist, wird das von Schauspielerkollegen nicht besonders geschätzt. Nur wenn du gut mit deiner *jeweils benötigten* Persönlichkeit identifiziert bist, kannst du mitspielen, ohne zu riskieren, als Störenfried aus dem Ensemble zu fliegen. Wenn du also denkst, du *bist* eine bestimmte Persönlichkeit, hast du dich gerade mit einer Rolle gut identifiziert.

Dazu fällt mir jetzt eine Geschichte ein. Der Burgschauspieler Otto Schenk hat sie erzählt:

Bei einem Stück von Ödön von Horvath kommt es zu der Szene, dass drei Schauspieler auf der Bühne stehen und der erste muss jetzt sagen: »Horch – sind das nicht Posaunen?« Der zweite muss antworten: »Nein, das ist der Wind, der Wind.« Und der dritte darauf: »Geh – das glaubst doch selber nicht!« Aber just in dem Moment, als es so weit ist, entfährt einem Bühnenarbeiter hinter der Bühne ein mächtiger, laut hörbarer Furz. Und darauf soll der erste sagen: »Horch – sind das nicht Posaunen?« Der zweite: »Nein, das ist der Wind, der Wind.« Und der dritte: »Geh – das glaubst doch selber nicht!« – ohne zu lachen! Die drei haben das geschafft: Echte Profis.

Aufgrund der derzeitigen Umstände auf diesem Planeten sind wir oft genötigt, einerseits nicht aus der Rolle zu fallen, aber auch flexibel zu bleiben, weil wir immer wieder in unterschiedlichste Aufführungen geraten, je nachdem, mit wem wir es gerade zu tun haben. Du kannst daher beobachten, dass ein Irdischer tatsächlich innerhalb kürzester Zeit von einer Persönlichkeit in eine andere wechseln kann und mit jeder von ihnen ist er sofort wieder total identifiziert.

Bei den Irdischen geschieht das vollkommen unbewusst, völlig automatisch. Sie alle haben die Fähigkeit, bei Bedarf sofort in eine andere Persönlichkeit zu wechseln, *nur ist ihnen die Kontrolle darüber nicht möglich, weil sie das nicht bemerken, sondern sofort wieder mit der neuen Rolle identifiziert sind.* So gesehen sind sie eher wie Schauspieler-Roboter. Sie merken nicht mal, dass es sich um ganz verschiedene Persönlichkeiten handelt, weil sie ja mit jeder von ihnen identifiziert sind und daher zu jeder davon »ich« sagen. Sie haben auch deshalb keine Kontrolle, weil ihnen die Auslöser meist nicht bewusst sind, die zu den jeweiligen Wechseln der Persönlichkeit führen.

Das hat auf dem Planeten der Affen jedoch große Vorteile: Weil sie so die »Aufführungen« nicht stören, können erwachsene Irdische bei vielen Ensembles Mitglied werden und sich ihnen zugehörig fühlen. Das beruhigt sie ungemein und gibt ihnen die Sicherheit, die sie als Egos brauchen, um gut zu funktionieren. Und weil ein Irdischer in diesen Aufführungen tut, was er soll, ist er für die anderen gut berechenbar und erhält die benötigte Zuwendung, weil die anderen sich nicht vor ihm fürchten – außer, er hat die Rolle des Bösen. Aber das gehört dann natürlich zu dem Stück, das gerade gespielt wird; und weil darin ein Böser gebraucht wird, darf er zunächst trotzdem weiter dazugehören. Diese Art von Zugehörigkeit macht aber gewöhnlich keinen besonderen Spaß und die Betreffenden werden garantiert ihre Gage nicht erhalten, sondern bestenfalls nicht verdroschen, bevor sie rausgeworfen werden und zusehen müssen, dass sie danach wenigstens in einem Klub der Bösen Mitglied werden dürfen.

Und schon sind wir wieder bei den Nachteilen:

Wenn du nicht merkst, *was gespielt wird,* und du daher weder eine Kontrolle über das Stück, noch über deine Rollenwahl hast, kannst du ganz schön in Schwierigkeiten geraten. Du hast dann nicht einmal die Wahl, ob du überhaupt bei dieser Aufführung mitwirken willst und wirst daher die zugewiesene Rolle darin nicht ablehnen; du wirkst automatisch mit, bekommst womöglich die

Rolle mit der Arschkarte und am Ende der Vorstellung statt deiner Gage nur Saures. *Die Irdischen nennen das nämlich Gerechtigkeit.*

Was ist denn der Fall, wenn du auf diesem Planeten geboren wirst?

Du gerätst in eine bereits laufende Aufführung und hast vorerst keine Wahl, ob und als was du mitwirkst. Du wirst bald eingewiesen in das Stück, in das Drehbuch und wer welche Rolle hat, und du bekommst ebenfalls deine Rolle zugewiesen. Die Einweisung beginnt meistens mit den Worten »du bist …«, »Papa ist …«, »Mama ist …« usw.; für diverse Szenen des Stückes und Hinweise aufs Drehbuch bekommst du etwa folgende Instruktionen: »Ach je, immer muss Mama alles alleine machen«, oder »Papa ist heute schon wieder mal betrunken«, oder »warum können wir nicht leben wie normale Leute?«

Erst wenn du lange genug überlebt hast und groß genug geworden bist, kannst du damit anfangen, *wieder neu zu schauen,* und du merkst, dass da tatsächlich etwas gespielt wird, anstatt dir einzubilden, du wüsstest Bescheid über die Wirklichkeit. Danach wird es dir wie Schuppen aus den Haaren fallen, weil du allmählich durchzublicken beginnst und erkennst, dass diese Aufführungen nur deswegen stattfinden, *damit DU endlich etwas kapierst.* Abgesehen davon wirst du hoffentlich schon gemerkt haben, dass Papa irgendwie anders war, wenn die Mama mal alleine die Oma besuchen ging oder wenn er mit dir und seinen Freunden zum Fußballplatz unterwegs war.

Es ist zwar prinzipiell nichts dagegen einzuwenden, eine multiple Persönlichkeit zu sein, aber es ist dringend angezeigt, das Ganze möglichst schnell zu durchschauen, damit wir imstande sind zu wählen, in welchen Aufführungen wir mitwirken wollen und in welchen besser nicht. Wenn es dir gelingt, dich bewusst mit ausgewählten Rollen zu identifizieren, dann kannst du dich auch wieder *ent*-identifizieren, falls dir die Sache nicht mehr gefällt und so eine Menge Spaß haben auf diesem Planeten. Du musst allerdings damit rechnen, dass deine Mitspieler gelegentlich stinkig werden, wenn du einfach aussteigst. Das betrachten sie als Störung. Aber dafür kannst du jetzt selber neue Spiele erfinden, für die du geeignete Mitspieler engagierst und mit denen gemeinsam schöne Zeiten haben. Vielleicht lernen die dabei ebenfalls, sich kontrolliert zu identifizieren. Damit hast du schon viel erreicht auf diesem Planeten.

Wenn man genau beobachtet, kann man bei den meisten der Irdischen zwei Gruppen von Persönlichkeiten gut unterscheiden:

Die erste Gruppe besteht aus »Kindern«, die sich weiter offensichtlich abhängig und bedürftig fühlen und daher ihre diversen Kindermanöver ausführen, um das zu erhalten und abzusichern, was sie glauben zu benötigen, insbesondere Zuwendung. Diese Persönlichkeiten benehmen sich entweder recht eifrig, nett, bockig, brav, schlau, arm, rebellisch, ängstlich, hilflos, hilfsbereit, altklug, kreativ, wichtigtuerisch usw., je nachdem, was sie in dieser Situation gerade wollen. Läuft etwas schief, benehmen sie sich wie Opfer, obwohl sie Täter sind, also verantwortlich für ihre eigenen Erfahrungen.

Die zweite Gruppe besteht aus »Kindern«, die sich bereits als kluge Experten ansehen und die daher versuchen, andere zu erziehen und sie »zu etwas zu bringen«, von dem sie denken, dass es gut und richtig sei: Sie benehmen sich wie Kinder, die für andere Mutti sein wollen. Sie wollen dabei eine gute, strenge, arme, böse, rechthaberische, überlastete, weise oder sonstige Mutti sein. Aber letztlich wollen sie die Kontrolle über andere haben, damit sie sich absichern können. Echte Erwachsene kommen in diesen Aufführungen nicht vor, nur Kinder, die sich einbilden, erwachsen zu sein, weil sie inzwischen biologisch erwachsen sind und es bis zum »Oberscharführer« geschafft haben. Weil sie aber tatsächlich noch wie ein kleines Kind entscheiden, kommt nie etwas Sinnvolles dabei heraus.

In dieser Gruppe ist eine besonders unangenehme Art von »Kind« zu erwähnen, dessen Entwicklung sogar oft in Psychotherapien als Ziel genannt wird: Der so genannte selbstbewusste Mensch, der sich behaupten und durchsetzen kann. Dem ist es wurst, was er bei seinen Mitmenschen auslöst, denn er fühlt sich im Recht und hat es juristisch meist auch auf seiner Seite. »Ist mir egal, wenn der andere damit ein Problem hat. Das ist seine Sache. Ich bin im Recht und brauch' den nicht.« Die ziehen ihr Ding durch und fühlen sich gut dabei, weil sie denken, dass ihr Verhalten ein Ausdruck großen Selbstbewusstseins sei. Es handelt sich dabei jedoch um eine kindische Form von Rücksichtslosigkeit, um einen Ausdruck von Angst, dass sie ihren Willen nicht durchsetzen könnten – ein Problem auf dem zweiten Schaltkreis. Dieses Verhalten ist also in Wirklichkeit ein Beweis für das Fehlen von Selbstbewusstsein.

Du kannst Kinder-Entscheidungen gut in der Politik beobachten: Wenn überhaupt mal eine Entscheidung getroffen wird, dann ist das bestenfalls ein neues Gesetz, das natürlich wieder nicht funktioniert. Es funktioniert nicht nur deshalb nicht, weil es verrückt ist, sondern weil es so formuliert wird, dass die entsprechenden Möchtegern-Verantwortlichen möglichst niemandem zu nahe treten, von dem sie sich abhängig fühlen. Am Ende sind's dann wieder die Kleinen, die es trifft, weil die kaum Schlupflöcher haben. Diese »Entscheidungsträger« wollen sich quasi auf Kosten ihrer kleinen Geschwister Vorteile verschaffen und es sich dabei mit ihren »Göttern« nicht verscherzen.

Jede von diesen vielen Persönlichkeiten hat ihren eigenen Realitätstunnel, der für sie absolut sicher die objektive Wirklichkeit darstellt. Keiner kann aber von solchen Persönlichkeiten erwarten, dass sie die Probleme lösen, die auf diesem Planeten gelöst werden müssen, damit wir hier als Spezies überleben, denn dazu braucht es die Fähigkeit und den Mut, ganzheitlich zu denken, anstatt nur seine eigenen Interessen oder die seiner eigenen Horde zu verfolgen – was im Endeffekt ohnehin aufs gleiche herauskommt.

*Versuche mal für eine Weile, dich als **Übung** in diverse Realitätstunnel deiner Mitirdischen zu versetzen und versuche dabei auch, eigene Realitätstunnel zu identifizieren. Probiere, die Realitätstunnel deines Partners zu erfassen und die eines normalen Politikers.*

Du solltest jedoch davon ausgehen, dass du mit dem Wechseln von Realitätstunneln nicht auf die Wahrheit kommst, sondern eben nur in andere Tunnel wechseln wirst. Bleib' also vorsichtig!

Wenn sich eines Tages keiner mehr mit irgendeiner Persönlichkeit identifizieren würde, sondern wenn zwischen allen Lebewesen auf diesem Planeten ein *echter* Kontakt stattfindet und jeder die Erfahrung des Einsseins mit Allem macht, dann wäre hier ein Himmelreich auf Erden. So wie es derzeit aussieht, wird das noch ein Weilchen dauern. Aber fang doch schon mal an damit und übe diesbezüglich Achtsamkeit.

Wenn du selber weiterkommen willst, ist als erster Schritt mit viel Training die Ausbildung deines *Inneren Beobachters* nötig, der deine »inneren Kinder« gut im Blick hat und der sofort eingreift, wenn eines dieser Kinder wieder die Führung übernehmen will. Es ist nicht gut, einem Kind die Führung zu überlassen, weil ein Kind, das allein gelassen ist, selbst in bester Absicht Dummheiten produziert. Dieser Beobachter ist auch imstande, die Kinder-Gruppe der »inneren Mütter« im Zaum zu halten, die sonst sofort auf das jeweilige »innere Kind« los geht, wenn das nicht exakt so ist, wie die »innere Mutter« es für richtig hält. (Falls du bereits psychoanalytisch vorgebildet bist, kannst du dazu Über-Ich-Attacke sagen.)

Dieser Innere Beobachter schaut endlich wieder auf dasjenige inne-re Kind, das klug und kreativ ist und nahe an der Wahrheit. Dieses meist am stärksten unterdrückte innere Kind verfügt neben vielen anderen Fähigkeiten auch über diejenige, intuitiv zu erkennen, mit wem es gerade zu tun hat. Ein Kind kann nämlich intuitiv einen Fremden sofort exakt einschätzen, *es kann aber nicht erklären,* warum es jemanden ablehnt oder ihn mag: Es *weiß* einfach.

Manche haben bereits einen inneren Beobachter entwickelt, der in bestimmten Situationen, beispielsweise im Job, die Führung hat; dann läuft alles super, sie machen ihre Arbeit gut und wissen, was zu tun ist. Der kann aber sofort verschwunden sein, wenn der Chef zur Tür rein kommt: Dann sitzt da sofort wieder ein kleines Kind, das Angst hat, etwas falsch zu machen und ausgeschimpft zu werden – ohne seinen Beobachter, der nun helfend eingreifen könnte.

Im Gegensatz zu der Art von identifiziertem Beobachter, der zu den jeweiligen Persönlichkeiten gehört und daher ebenfalls mit denen zusammen wieder verschwindet, ist diese Art *reiner innerer*

Beobachter in der Lage, mit zunehmender Übung immer besser Situationen korrekt einzuschätzen, diverse Spiele und Lebensdramen auf der Bühne der Welt zu durchschauen, anstatt sie ernst zu nehmen, Tatsachen von Einbildungen zu unterscheiden und alle Geschichten als Unterhaltung anzusehen, anstatt sie zu glauben. *Nur er* ist in der Lage, angemessen zu handeln und die komplette Verantwortung für sein Leben zu übernehmen, anstatt diese vielen programmierten »inneren Kinder« in ihren eingebildeten Abhängigkeiten alleine zu lassen und sich danach als Opfer darzustellen.

Halt, da fällt mir jetzt noch etwas ein – speziell für Katholiken: Was soll denn damit gemeint sein, wenn die Rede ist von einem persönlichen Gott? Dass der eine Persönlichkeit ist, dass der sich ebenfalls hinter einer Maske versteckt, weil er von uns was will und es nötig hat zu bekommen, etwa unsere Lobpreisungen und unseren Gehorsam? Das wohl eher nicht. Ich vermute aufgrund gewisser Erlebnisse, *dass Er durch seine gesamte Schöpfung hindurch jederzeit erfahrbar ist, weil er sich ganz offen überall zeigt;* dass er zwar gewissermaßen durch seine Schöpfung »hindurchtönt«, selbst wenn diese Schöpfung von Naturgesetzen gesteuert scheint, die annehmen lassen, dass sie auch ohne einen Schöpfer auskommt, weil sie aus dem Nichts hätte entstehen können, *aber dass er sich ganz offen zeigt.* Und wenn Gott in Wahrheit Nichts ist?! Kein Problem: *Nichts und Alles ist Eins.* Er ist jedenfalls weder beweisbar, noch ist beweisbar, dass Er nicht existiert. Er ist jedoch für jeden Irdischen *erfahrbar,* sobald dieser sich wieder an sein eigenes wahres Wesen erinnert. *Dann ist dieser Irdische endlich wieder außerirdisch geworden und selber Gott – und er wird es demonstrieren.* Und wer Augen hat zu sehen, der wird es sehen.

Allerdings scheint es nicht nur Katholiken schwer zu fallen, zwischen echten Erfahrungen und zwischen eingebildeten Erfahrungen klar zu unterscheiden. *(Gibt es da einen Unterschied?)*

Warum Egos Energieräuber sind –
und ihre Haupttechniken dabei

Oft genügt es, mit dem Finger zu drohen.
Am besten, indem man ihn an den Abzug legt.
(AL CAPONE)

Irdische sind Bio-Roboter, mitunter extrem schlaue Egos, die allerdings ein großes Problem haben: *Sie haben immer Hunger nach irgendetwas und den wollen sie umgehend stillen, denn sie fürchten dauernd drohendes Aushungern, das für sie völlige Vernichtung bedeutet.* Sie hungern nach diversen Arten der Zuwendung (ihren Lauseinheiten), nach Macht über andere, nach Geld, das für sie ebenfalls Macht und somit Sicherheit repräsentiert, nach Ablenkung und Reizen aller Art – manchmal sogar nach schmerzhaften.

Ihnen wird auch schnell langweilig, da sie mit sich allein nichts Rechtes anzufangen wissen. Deswegen werden sie unruhig, wollen sich ablenken und machen dann lieber irgendwelchen Unsinn, bei dem sie entweder sich selber oder anderen schaden.

Würde man ihnen äußere Reize über längere Zeit konsequent entziehen, würde das sogar lebensbedrohlich für sie sein: Nach einiger Zeit fangen sie nämlich an zu spinnen und später gehen sie regelrecht ein. Dieses Verfahren wird daher von gewissen Irdischen systematisch eingesetzt, um missliebige andere Irdische gefügig zu machen. »Isolationsfolter« wird das zutreffend genannt. So etwas könnte nur ein Außerirdischer folgenlos ertragen.

Irdische haben ein Ego entwickelt, was ihnen aber nicht bewusst ist, denn sie sind überzeugt, dass all diese Einbildungen, die das

Ego erzeugt, Wirklichkeit seien. Welche Folgen daraus entstehen, habe ich bereits einigermaßen dargelegt.

Hier will ich nun auf eine ihrer Spezialitäten zu sprechen kommen, die besonders zu beachten ist, wenn du vermeiden willst, deiner Energie beraubt zu werden: Es handelt sich um vier Haupttechniken des Vampirismus. In seinem Roman »Die Prophezeiungen von Celestine« hat sie James Redfield näher beschrieben, obwohl man diesen Roman ansonsten nicht unbedingt gelesen haben muss.

Die vier Techniken gehören paarweise zusammen, denn es handelt sich hier um *Technik und Gegentechnik,* genau wie beim Judo; sie sind später aber auch getrennt zu beobachten. Jeder Irdische kennt sie wahrscheinlich und hat solche Techniken sicher bereits selber angewandt.

Erstes Vampir-Paar: Der *Einschüchterer* und der *Arme*

Was ein Einschüchterer ist, kannst du dir bestimmt gut vorstellen, denn du hast ja auch einmal als Kind angefangen, nicht wahr? Es ist ziemlich sicher die erste Vampirart, die ein Kind im Leben kennen lernt. Oft handelte es sich um ein anderes Kind, das damals stärker und größer war als du und dich schikaniert hat. Gelingt es nun dieser Art von Vampir, dich zu bannen, indem er dich in Angst versetzen kann, dann saugt er sich an dir voll; wenn er genug hat und satt ist, trollt er sich wieder und du bleibst zurück als ein kleines Kind, das im Vergleich zu vorher jetzt arm und schwach geworden ist.

Aber so ein Kind findet bald heraus, dass es sich nicht nur dadurch schützen kann, dass es sich bei Erscheinen dieses Vampirs sofort als arm, schwach und bedürftig zeigt – Vampire gehen ja normalerweise nicht an Aas – sondern es entdeckt auch, dass es auf diese Weise selber Energie von anderen zapfen kann: Es werden damit nämlich Helfer angelockt, die dieses arme Kind retten wollen. Die werden vom Armen so lange ausgesaugt, bis sie völlig groggy sind, wenn sie sich nicht rechtzeitig wieder verpissen und von ihrem Helfersyndrom ablassen.

Allerdings ist Achtsamkeit angezeigt, denn es gibt arme und ängstliche Vampire, die sich nur noch an solche Opfer rantrauen, die schon fast ausgesaugt sind – Leichenfledderer quasi. Hier nun fühlen sie sich wieder stark genug, selber als ein Einschüchterer aufzutreten.

Zweites Vampir-Paar: Der *Vernehmungsbeamte* und der *Unnahbare*

Den Vernehmungsbeamten kannst du dir ungefähr vorstellen wie den »guten« Bullen bei der Kripo, der meist mit einem Kollegen arbeitet, der den Einschüchterer spielt. Der gute Bulle macht den Eindruck, als ob er dir helfen will und es gut mit dir meint und daher bekommt er am Ende auch das Geständnis, das er natürlich haben wollte.

Und schon ist es vorbei mit seiner Güte: Jetzt hat er dich am Sack! Jetzt saugt er dich aus und du fühlst dich von ihm so abhängig, dass du glauben *willst,* dass er dir tatsächlich doch noch helfen wird, wenn du nur weiter an ihn glaubst und brav bist. Häufig kommt diese Vampirart anfangs sogar wie ein Missionar daher.

Die Gegentechnik ist hier der Unnahbare. Genau wie in einer Vernehmung bei der Kripo merkt das Opfer, dass ihm der Vernehmungsbeamte sofort einen Strick drehen wird, wenn er jetzt nicht aufpasst und etwas preis gibt, was sich dazu verwenden lässt.

Er wird daher sehr zurückhaltend, vage in seinen Aussagen, kann sich nur schlecht erinnern und verwendet alle Manöver, die er bereits als kleines Kind entdeckte, als ihn seine Mama verhört und mit Strafe bedroht hatte.

Dieses Verfahren, das ursprünglich ein Schutz war, eignet sich aber auch, um damit Opfer anzulocken, die nun versuchen, dem Unnahbaren näher zu kommen und die sich anstrengen, um etwas aus ihm herauszuholen, das ihnen hilft, sich zu orientieren. Die Opfer strengen sich sehr an, um etwas zu erfahren, was es ihnen endlich ermöglicht, »das Richtige« zu tun, damit diese seltsame Art von Spannung wieder aufhört, diese Ungewissheit, wenn man nicht weiß, was los ist. Wer als Kind eine Mama hatte, die für ihn unnahbar war, der versteht den Stress dieser Opfer genau. Und er versteht gut, wie schwer es sein kann, in so einem Fall einfach zu gehen. Viele mutieren da zum Vernehmungsbeamten, was die Sache nicht besser macht, sondern nur zu einem Gleichgewicht des Schreckens führt.

Du hast sicher gemerkt, dass es sich bei den vier Vampirarten um »Kinderpersönlichkeiten« handelt, wie sie schon weiter oben erwähnt wurden, *denn ein Erwachsener sollte wissen, dass er nichts und niemanden je wieder auf eine Weise braucht wie ein Kind und dass er von niemandem ohne seine Zustimmung ausgesaugt werden kann.* Entweder handelt es sich bei diesen Vampiren um »Kinder«, die sich abhängig und bedürftig fühlen und hungrig sind, oder um solche, die sich wie eine Mutter benehmen, um jetzt als der große Boss an das Nötige zu gelangen. Natürlich fühlen auch sie sich trotzdem weiterhin bedürftig.

Alle Irdischen sind die meiste Zeit ihres Lebens Vampire, weil sie davon überzeugt sind, dass ihnen etwas Lebenswichtiges fehlen würde. Sie haben dauernd Hunger nach irgendetwas und große Angst, dass sie eines Tages nicht mehr genug Futter vorfinden.

Vampire können sich übrigens gelegentlich zusammenrotten und gemeinsam auf Futtersuche gehen. Sollte das in deiner Umgebung hin und wieder der Fall sein, so ist es deutlich vernünftiger, wenn du dich umgehend verziehst, denn Knoblauch hilft dir da nicht wirklich.

Wenn Tiere ebenfalls ein Ego hätten, würden sie in ihrer tatsächlichen Abhängigkeit von der Mutter Natur und von all den Unwägbarkeiten in ihr vor lauter Stress wahrscheinlich psychotisch werden. – Halt, das ist jetzt eine Tautologie: »Ego« ist ja eigentlich nur ein anderes Wort für Psychose. (Klar, dass dein Psychiater das anders sieht.)

Warum die Eltern deine wichtigsten Lehrer sind

Wer einmal von einem Seil gebissen wurde,
traut keiner Schlange mehr
(Zen-Weisheit)

Keiner von uns würde hier biologisch überleben, wenn er nicht irgendwo zugehörig sein kann und keinen Lehrer hat, der ihn ausreichend liebt. (Aber erinnere dich: Das Wesentliche ist zeitlos und daher unsterblich und jenseits von Gut und Böse. Es kann nicht gelehrt, sondern nur erkannt werden.) *Lehrer sind für dich diejenigen, die dir zeigen, was wirklich Sache ist* und wie du ein Leben führen kannst, das gut funktioniert, indem sie dir beibringen, dass nur du allein deines Glückes Schmied bist – im Idealfall. Normal ist derzeit aber eher, dass diese Lehrer dir in deiner Kindheit und auch später nur all das Zeugs beibiegen wollen, von dem sie *glauben,* dass es wahr ist, obwohl es eben nicht in einer Weise funktioniert, dass du damit ein gutes Leben führen kannst. Sie haben dir jedenfalls bisher dazu verholfen, dass du überleben konntest und dass du offenbar kein Analphabet geblieben bist, da du das hier lesen kannst. Das ist immerhin eine Grundlage.

Die ersten Lehrer, die ein neu angekommener Außerirdischer zur Verfügung hat, sind für ihn meistens seine biologischen Eltern. Die Beziehung zwischen Lehrern und Schülern ist derart, dass die Schüler ihre ersten Lehrer auf eine kindlich-abhängige Art lieben *müssen* – dass sie darüber also keine Wahl haben. (Das kannst du natürlich von einem gewissen Standpunkt aus Pech nennen; dann wird es jedoch schwerer, ihre zentralen Lektionen zu lernen.) Die betreffenden Lehrer lieben ihre »Schüler« ebenfalls auf eine gewisse

Weise, sonst würden sie kein Interesse an deren Überleben haben und ihnen nichts von dem beibringen wollen, was sie für wesentlich halten in *ihrer* Welt. *Dass dich deine Eltern in jedem Fall geliebt haben ist schon dadurch bewiesen, dass du überlebt hast, egal, was du in dieser Sache gerade wieder glaubst.*

Wenn dir dein Leben noch nicht gefällt, dann liegt das jetzt nicht mehr an deinen Lehrern, sondern daran, dass du ihre wichtigsten Lektionen nicht kapiert hast. Das ist nicht deren Schuld, sondern dafür bist du inzwischen ganz allein verantwortlich. In Bayern kann einer zu hören kriegen, wenn er sich andauernd über irgendetwas beklagt: »Tja, da kann die Hebamme aber nichts mehr dafür!« Das ist zwar etwas kurz gegriffen, stimmt jedoch vom Prinzip her allemal.

Wenn dir also jemand beisteht bei deinem Kampf für Gerechtigkeit gegen irgendeinen deiner Mit-Irdischen oder sogar gegen deine Eltern, dann tut er dir trotz deiner Erleichterung keinen echten Gefallen, sondern er unterstützt dich in deiner Dummheit, meist, damit er sich auf deine Kosten groß und gut fühlen kann: Er will jetzt die bessere Mama für dich sein, weil dir deine nicht gut genug ist.

Die Eltern sind die wichtigsten Lehrer für ihre Nachkommen, denn sie verpassen denen im Lauf der ersten fünf bis sechs Lebensjahre alle zentralen Programme, die in den meisten Fällen den Rest ihres Lebens bestimmen, wenn sie später nicht endlich identifiziert und durch neue Erfahrungen geändert werden. Eltern geben ihr *gesamtes* »Erbe« an ihre Nachkommen, selbst wenn das gewöhnlich in den wichtigsten Bereichen unbewusst geschieht. In diesem Erbe kann sowohl dasjenige vorhanden sein, was sie selbst bereits in Gold zurück verwandelt haben, als auch das, was nach wie vor Mist ist. Aber der gehört ebenfalls zum Erbe und muss *von dir* später in Gold verwandelt werden. Beschwerst du dich jedoch über diesen Mist-Anteil, anstatt ihn später zu transformieren, dann wird es in deinem Leben weiterhin deutlich stinken. Nun bist du selber dafür verantwortlich, nicht mehr deine Eltern oder andere Mit-Irdische, die du jetzt in deiner Ignoranz dafür verantwortlich machen willst.

Die wichtigsten Lektionen deiner ersten Lehrer sind Lektionen in verschiedenen Formen der *Liebe,* der *Dankbarkeit* und der *Vergebung.* Werden diese Lektionen nicht gelernt, kannst du niemals deines Glückes Schmied werden, sondern du lebst weiter wie ein abhängiges Kind, das sich, in seiner eigenen Scheiße sitzend und nach einem Windelwechsler greinend, wenigstens als unschuldiges Opfer fühlen darf.

Liebe ist die Basis, und Vergebung ist von den anderen beiden die wichtigere Lektion, denn Dankbarkeit als Drittes leitet sich daraus ganz von selbst ab und führt dich zurück zur Liebe:

Vergebung ist nichts weiter als die Erkenntnis, dass dir niemand etwas angetan hat, sondern dass andere die Assistenten für dich waren, die dir halfen, eine selbst gewählte Erfahrung zu machen, aus der nur du etwas zu lernen brauchst, sonst niemand.

Falls du aber der Ansicht bist, dass andere dir sehr wohl Unrecht zugefügt hätten und du sagst dann trotzdem, dass du ihnen verzeihen willst, bist du ein selbstgefälliger Trottel. Wie soll denn da ein notwendiger Ausgleich gelingen, wenn du auf deine »gerechte« Rache verzichten willst? Diese Art von Vergebung funktioniert nicht, weil damit deine Bindung an den Täter bestehen bliebe. Eine solche Lösung würde ja einen Ausgleich erfordern, damit jeder der Beteiligten wieder frei wird von dieser Bindung.

Derartiges »Verzeihen« hält jedoch die Bindung aufrecht und der »gute« Verzeihende erhebt sich damit nur über den »niederen« unwissenden Täter, von dem er natürlich weiterhin glaubt, dass der ihm tatsächlich etwas angetan habe und eigentlich Strafe verdienen würde. Stell' dir vor, welche Wirkung das auf dein Leben haben wird, wenn du diesen Unfug mit deinen Eltern anstellst.

Nahezu jedes Mal, wenn mir einer erzählt, dass er seinen Eltern inzwischen verziehen habe, denn sie hätten es nicht besser gewusst, möchte ich ihm in einem ersten Impuls eine reinhauen – direkt aus Mitgefühl sozusagen. Ein solcher Hochmut kommt nämlich vor dem nahen Fall. Da ist es fast besser, wenn er vorerst weiter böse auf seine Eltern bleibt.

Ist es aber zu einer wirklichen Vergebung durch Einsicht gekommen, entsteht automatisch eine große Dankbarkeit gegenüber den ersten Programmierern, die dir deine jetzige Existenz ermöglicht haben und die dir ihr gesamtes Erbe zur Verfügung stellten, damit du etwas daraus machst, anstatt zu jammern, dass dich die Mama als Kind immer auf den Kopf geschlagen hat und zusätzlich zu behaupten, dass du deswegen wieder keinen Job hast.

Wer sich weigert, diese zentralen Lektionen von seinen Eltern zu lernen, dem ist auch später schwer zu helfen. Er wird weiter Erfahrungen machen, in denen er sich als unschuldiges Opfer erlebt, das ein Recht hat, böse zu sein auf die üblen Täter und der auch glaubt, dass er ein Recht hat zu fordern, dass andere seine eingebildeten Ansprüche gefälligst erfüllen sollen – was jedoch nicht geschieht, genau wie damals in seiner Kindheit – bis er zu sich kommt und endlich erkennt, dass er für sein jetziges Leben ganz alleine verantwortlich ist. Gegenwärtige böse Täter sind für ihn bis auf weiteres *Nachhilfelehrer,* die ihm helfen werden, diese zentrale Lektion zu lernen, die eine Voraussetzung ist für seine

Mutation zum Außerirdischen. Es ist deutlich klüger, die drei Lektionen gleich von den Originalen zu lernen, denn damit erspart man sich eine Menge Stress und Geld, die die »Nachhilfestunden« der späteren Nachhilfelehrer gewöhnlich kosten.

Die Basislektion ist dabei immer die Erfahrung *diverser Formen der Liebe,* von denen es aber Formen gibt, die für das ungeschulte Auge eines kleinen Kindes nicht als Liebe, sondern als Zumutung erscheinen: Es gibt wohl nur wenige Kinder, die Einschränkungen und Strafen als Liebe erfahren können, denn dafür fehlt ihnen noch der rechte Durchblick. Die Fähigkeit der Transformation von Mist in Gold wird erst später entwickelt. Bis dahin kann es durchaus für viele schlimm bleiben.

Du *bist* deine Eltern. Wenn du also an denen irgendetwas zu nörgeln hast, bist du zu deinem eigenen Feind geworden. *Denk' dran: Die Aufgabe der Eltern ist einfach und besteht darin, ihre Nachkommen so lange am Leben zu erhalten, bis sie fortpflanzungsfähig sind. Alles Weitere ist bereits Zugabe und kein berechtigter Anspruch, den ein Kind angeblich hat.*

Hier noch ein Vorschlag, bei dessen Ausführung du deinen gegenwärtigen Durchblick in dieser Sache testen kannst: *Meditiere darüber, welche Lektionen solche Kinder von ihren richtigen Eltern erhalten, die von denen zur Adoption freigegeben wurden.* (Lass' dir genügend Zeit für diese Übung, dann wird dir schon was einfallen.)

Warum du für deine Feinde dankbar sein sollst

Paranoide haben recht: Sie haben viele Feinde.
Wer will denn schon mit ihnen befreundet sein?
<small>(ANONYMER SCHLAUKOPF)</small>

Um mich heilen (das bedeutet: ganz machen, ergänzen) zu können, *brauche ich die Einbildung, dass ich es jetzt noch nicht sei.* Damit ich mich als vollkommenen Selbst-Erschaffer erkenne, muss ich ja die Erfahrung machen, dass ich mich tatsächlich selbst erschaffe. Diese Erfahrung wird möglich, weil wir bei unserer Inkarnation vergessen, dass wir bereits Außerirdische und vollkommene Götter sind und stattdessen hiesige Bio-Roboter werden, die sich als abgetrennt erleben und die ihre Welt und sich selber in scheinbar zusammenhanglose Teile aufsplittern, die sie danach auf völlig verrückte Weise wieder zusammensetzen wollen. Der Drang nach Heilung ist aber, Gott sei Dank, bereits »eingebaut«.

Die Heil-Methoden der Irdischen sind jedoch oft ebenso verrückt wie die Irdischen selber und führen daher eher zu weiterer Kränkung, anstatt zur Heilung – natürlich in bester Absicht.

Erkenne ich irgendwann, dass ich selber die Ursache meiner Erfahrungen bin, beginnt damit gleichzeitig mein Erinnern daran, dass mein göttliches Selbst mein eigentlicher Ursprung ist: Ich *bin* bereits Alles in Einem – *ich bin Gottes Sohn, eine individuelle Erscheinung meines Vaters, und ich kann nicht von ihm getrennt werden. Es war nie anders, sondern ich habe nur geträumt, dass es anders sei.* (Die Wörter Vater, Gott, Gottes Sohn sollen hier Metaphern für *Prozesse* sein und haben bestimmt nichts mit Frauenfeindlichkeit zu tun. Beruhige dich bitte wieder und versuche das zu erfassen.)

Damit ich also überhaupt Heil-Erfahrungen machen kann, brauche ich andere Teile, die scheinbar völlig von mir getrennt sind; *durch Wiedererkennen dieser anderen Teile als Eigenes erfolgt dann die Heilung: Was vorher getrennt erschien, wird wieder als Eins erkannt.*

Liebe ist die Kraft, die alle Teile so lange sucht und *heranzieht,* bis wieder alles beisammen ist, alles heil und ganz »gemacht« ist. So wie es immer schon war und sein wird.

Im Film »Terminator II« gibt es eine Sequenz, in der diese automatische Tendenz anschaulich wird, dass das Ganze trotz seiner offensichtlichen Teilung wieder zusammenfindet:

Der erste Terminator – eine Maschine in Menschengestalt, die etwas zu Ende bringen: terminieren soll – kommt erneut aus der Zukunft zurück und ist in diesem Film der Helfer. Aber die Maschinen aus der Zukunft schicken nun ein deutlich verbessertes Modell eines Terminators, das nicht nur den nunmehrigen Helfer terminieren soll, der ja seinen Job nicht erledigt hat, sondern der es auch schaffen muss, den künftigen Retter der Menschheit bereits als Kind zu terminieren, damit er nicht später die Maschinenherrschaft zerstören kann. Dieser neue Terminator besteht aus einer Substanz, die sich bei Bedarf *verflüssigen* und jede beliebige Form annehmen kann, die nötig ist, um seine Aufgabe zu erfüllen; er scheint tatsächlich absolut unzerstörbar zu sein. Die Guten schaffen es aber, ihn in eine Falle zu locken: Sie können ihn mit flüssigem Gas *schockgefrieren* und *zersplittern.*

Kaum haben sie sich dann verkrümelt, tauen diese Splitter wieder auf und rinnen langsam aufeinander zu, ähnlich wie Quecksilber – bis wieder alle Teile vereint sind: Und schon ist dieser Terminator »geheilt« und macht sich wieder daran, seine Aufgabe zu erfüllen. Er hat seine extreme Spaltung automatisch geheilt, *weil er so programmiert wurde.* Seine Selbstheilung ist ihm einprogrammiert.

Ein passendes Bild.

Am Ende wird er aber doch vernichtet, indem sich der erste Terminator gemeinsam mit ihm in ein Höllenfeuer von geschmolzenem Stahl plumpsen lässt, um das Lebendige vor der Vernichtung zu retten. *Die menschliche Maschine hat ihr »Leben« geopfert für das Leben.*

Die eingebaute Selbstheilung des schockgefrorenen Geistes funktioniert ähnlich wie beim zweiten Terminator, wird jedoch behindert durch die Illusion eines Egos: Dieses Ego versucht zu verhindern, dass die Teile wieder *flüssig* werden und zueinander finden, indem es urteilt: »Nein, dieses Teil gehört nicht zu mir, dieses Teil ist anders, es ist nicht gut, sondern böse und soll verschwinden.« (Wenn das Ego gerade wieder Schuldgefühle produziert, geht es umgekehrt: »Ich bin schlecht und der ist so toll. Ich bin ganz anders als dieser Gute und ich sollte eigentlich verschwinden.«)

Auf diese Weise versucht das Ego, die Heilung des Geistes mit allen Mitteln zu verhindern, weil das ja die Entmachtung des Egos durch Erkenntnis zur Folge hätte. Auf Dauer gelingt ihm das aber nicht, weil die Programmierung des Geistes eine Heilung vorschreibt. Illusionen können die Wirklichkeit nicht außer Kraft setzen, sondern nur ihr Wirken verzögern.

Deine Feinde – das sind diejenigen Irdischen, die dich am meisten nerven oder gar ängstigen – sind nun die Teile, die sich dir regelrecht *aufdrängen,* damit du sie endlich als Eigenes anerkennst und so zunächst deine eigene Spaltung heilst. Der Volksmund sagt dazu: »Gleich und Gleich gesellt sich *gern*« und »Gegensätze ziehen sich an«. Und es heißt auch: »Sage mir, mit wem du umgehst, und ich sage dir, wer du bist.«

Du kannst beobachten, dass du nichts los wirst, was du bekämpfst und als schlecht verurteilst. Abgelehntes verändert dabei bestenfalls seine Erscheinung, taucht in neuer Verkleidung auf und wird in gewissen Zusammenhängen Symptomverschiebung genannt.

Das Abgelehnte drängt sich also regelrecht zu dir hin und du hast es dauernd vor der Nase, so dass du immer wieder neu entscheiden kannst, ob du es als Eigenes annimmst und dich somit heilst, oder ob du weiter kränkenden Stress haben willst durch deinen Widerstand.

Du hast jetzt die Wahl.

Warum du einen andersgeschlechtlichen Partner benötigst und wie das Weib-Mann-Spiel derzeit noch läuft.

Ein innntelligennnterrr Mannn
solllte sich eine dummme und prrrimitive Frrrau nehmen.
(ADOLF H., FÜHRER UND FRAUENVERSTEHER)

Es gibt auf diesem Planeten einen Gegensatz, der eine besonders starke Anziehung erzeugt: Das ist der Gegensatz von Männlichem und Weiblichem.

Wenn es mit dem Leben hier wirklich weitergehen soll, dann müssen sich diese Gegensätze wenigstens kurzzeitig vereinigen, weil es sonst nämlich keinen Nachwuchs gibt. In grauer Vorzeit waren sie ohnehin noch vereinigt als »Adam«, denn die Trennung in Geschlechter hat Gott durch unsere Mutter Erde im Lauf der Evolution erst spät eingeführt: als die Organismen auf diesem Planeten ausreichend komplex geworden waren dafür. Welchen Überlebensvorteil diese Trennung bringt, kannst du in jedem aktuellen Biologiebuch im Kapitel über Genetik nachlesen – es sei denn, du bist ein so genannter Kreationist: Du kannst dann zwar lesen, aber du wirst das nicht in einem Buch über Genetik tun, weil du nämlich weißt, dass Gott die Welt und alle Lebewesen darin in Wahrheit vor gut sechstausend Jahren in sechs Tagen erschaffen hat und dass daher alle Funde der Paläontologen nur raffinierte Fälschungen sind.

(Ein rechtschaffener Kreationist zu sein ist ein interessanter Realitätstunnel. Versetz' dich mal probeweise hinein – nur um zu sehen, dass nicht einmal universitäre Bildung vor extremer Dummheit schützt.)

Wie auch immer:

Die Irdischen haben mit der Vereinigung dieser beiden gegensätzlichen Aspekte des *geeinten Menschen* jedenfalls ein Problem: Sie halten nämlich den jeweils andersgeschlechtlichen Teil für etwas wesentlich Anderes und haben in diesem Konflikt sogar den interessanten Ausdruck »Kampf der Geschlechter« erfunden. Dieser Ausdruck ist berechtigt und er zeigt klar, dass sie nicht erkannt haben, dass ein »richtiger« Mensch erst entsteht, wenn diese beiden Teile sich in Liebe vereinigt haben.

Außerirdische wissen, dass sie weder männlich, noch weiblich sind, sondern beides in unterschiedlicher Form: Diese beiden Gegensätze, in denen der »Adam« *erscheint,* müssen nun wieder vereinigt werden, sonst ist der Mensch nicht vollständig, sondern er bleibt eine halbe Portion. *Ein Mann oder ein Weib alleine können nicht zum Außerirdischen mutieren, egal, wie sehr sie sich dafür anstrengen. Sie müssen sich zu diesem Zweck zusammentun, um so ein ganzer Mensch zu werden, anstatt zwei getrennte Hälften des einen Adam zu bleiben.* Es nützt dir nicht viel, wenn du es vorziehst, schwul oder lesbisch zu sein – aber besser ist es noch, sich auf diese Art zusammenzutun, als alleine zu bleiben, weil du vielleicht denkst, dass du nur als asketischer Eremit zu Gott finden wirst.

Dieser Kampf der Geschlechter hat bisher zu recht makaberen und kuriosen Effekten geführt. Die Unangenehmsten davon sind eine Folge der verbreiteten Überzeugung, dass eines der beiden Geschlechter dem anderen unterlegen oder in gewisser Weise behindert sei. *Das ist etwa so schlau, als ob man ausdiskutieren will, welcher der unterschiedlichen Pole einer Batterie besser ist als der andere.* Bisher war meistens der weibliche Teil derjenige mit der

Arschkarte, was trotzdem beiden Seiten sehr geschadet hat. Hier ist am klarsten zu erkennen, dass man selber nur Nachteile hat, wenn man auf Kosten anderer Vorteile haben will.

Viele meinen, das Problem läge einfach darin, dass die männlichen Irdischen Angst vor dem »aufsaugenden Weiblichen« hätten und es deshalb unterdrücken wollen. Das ist zwar richtig, ist aber nicht der wirkliche Grund. Der eigentliche Grund ist der, dass ja beide Hälften ein Ego haben *und das würde eine echte Vereinigung nicht unbeschadet überstehen, weil beide danach nicht mehr dieselben wären wie vor der Vereinigung.*

Es handelt sich also *beiderseits* um eine Form der Vermeidung eines echten Kontakts, einer Vermeidung, die vom Ego als eine sehr raffinierte Verteidigungsstrategie eingesetzt wird. Das Ego präsentiert anstatt eines Kontaktangebotes nämlich eine *angepasste Persönlichkeit*, mittels derer es seine Ziele erreichen will – in der Regel Kontrolle über den Partner, damit der das herausrückt, wovon das Ego glaubt, dass es ihm selber fehlt.

Pseudokontakte gibt es ja jede Menge: Unbewusste Schauspieler sind dabei unbewusst mit ihren jeweiligen Rollen identifiziert, die sie dabei als individuelle Persönlichkeit betrachten; *eine Persönlichkeit will aber etwas haben und ist nur im Notfall bereit, dafür etwas zu geben.* So werden jedoch ein echter Kontakt und damit Selbsterkenntnis unmöglich. Wenn es weitergehen soll mit dir, dann musst du dich nämlich *vollständig* auf ein Wesen des anderen Geschlechtes einlassen. Dieses Einlassen ruft nun trotz aller Sehnsucht auf beiden Seiten eine Art von Todesangst des Egos hervor. Daher wirst du als Irdischer konsequent versuchen, besonders Angehörige des anderen Geschlechtes auf irgendeine Weise unter Kontrolle zu bekommen, um diese Angst wieder zu beseitigen: Ihr werdet meist das Mutter-Kind-Spiel spielen, in dem jeder von euch versucht, den Partner zu manipulieren, damit der so werden soll, wie ihr euch das jeweils einbildet. Erziehungsversuche in Partnerschaften sind aber eine Form der Ablehnung und somit ein Urteil. Deswegen ist Pädagogik in einer Partnerschaft kein geeignetes Mittel, um zusammen glücklich zu werden.

Lassen Sie sofort diese Frau los! Ich hab' sie zuerst gesehen!

Die Einsicht darin, wie das Spiel zwischen dem Weiblichen und Männlichen derzeit tatsächlich läuft, wäre besonders für den männlichen Teil ernüchternd: Damit das zerbrechlichere männliche Ego nicht gleich kollabiert, gibt es nämlich eine Art von »Verschwörung des Weiblichen«. Diese Verschwörung hat zum Ziel, dem männlichen Teil eine Illusion von Kontrolle über das Weibliche zu verschaffen. Es wurde da ein Märchen geboren, das zwar ein inter-essantes Muster aufweist und vom männlichen Teil natürlich gerne für wahr gehalten wird, das aber nicht wahr ist. (Ich habe den Verdacht, dass die weibliche Seite nur so tut, als ob sie dieses Märchen ebenfalls glaubt, aber eben aus Gründen der Rücksichtnahme auf das empfindlichere männliche Ego. Ich kann mir einfach nicht vorstellen, dass irgendein Weib, und sei es noch so dumm, dieses Märchen im Innersten tatsächlich selber glaubt, sonst würde keine Nutte auf diesem Planeten auch nur einen Cent verdienen. – Nein, Frau Schwarzer! Ich hab' doch nicht gesagt, dass alle Frauen Nutten sind, sondern dass ich glaube, dass Nutten hier gut durchblicken und das Spiel deshalb recht offensiv spielen.)

Das Märchen geht etwa so:

Ein Mann beschließt, sich ein Weib zu besorgen, indem er jetzt eines erobert. Er sitzt mal wieder an der Theke in seiner Lieblingskneipe und bemerkt eine Frau allein an ihrem Tisch. Sie gefällt ihm. Er rutscht also von seinem Barhocker, geht hin zu ihr und sagt dann etwas enorm Tiefgründig-Philosophisches, das exakt seinem akuten intellektuellen Zustand entspricht, zum Beispiel: »Hallo, schöne Frau, darf ich Sie heute zu einem Gläschen Wein einladen?« Dabei zeigt er ein gewisses Balzverhalten, damit sie merkt, was er für ein toller Hecht ist. Ist sie einverstanden, denkt er: »Kluge Frau! Die sieht sofort, was sie an mir haben kann.« Lehnt sie nach kurzer Prüfung sein Angebot ab, denkt er: »Blöde Kuh, du weißt gar nicht, was dir entgeht!«

Stimmt sie jedoch zu und alles läuft nach Plan, werden sie ein Paar und pflanzen sich vielleicht sogar fort. Es kann gut sein, dass sie dazu auch noch heiraten.

Nach einiger Zeit aber beginnt sich dieser Mann erneut umzuschauen, ob nicht weitere interessante Frauen auf dem Markt sind, weil er sich inzwischen etwas langweilt mit seiner Angetrauten. Und irgendwann ist es so weit: »Schatzi, ich muss dir was sagen: Ich hab' da vor ein paar Monaten eine tolle Frau kennen gelernt und wir lieben uns wirklich. Ich werde ausziehen.« Die Frau macht dann Lärm und führt sich als die Betrogene auf, was unseren Helden jedoch nicht mehr von seinem Plan abbringt. Er hat ja bereits seine neue Eroberung gemacht und präsentierte sie schon stolz seinen Kumpels. Die arme Frau bleibt zurück und darf dafür die Kinder behalten. (Wird das Spiel anders herum gespielt, ist das aus Sicht des Mannes eine ausgesprochene Sauerei.)

Soweit das Märchen.

Die Realität wäre aber von jeder der Parteien klar zu sehen, wenn sie nicht an das Märchen glauben würden. Tatsächlich geschieht nämlich Folgendes:

Das Weib sendet Locksignale aus, die teilweise unterhalb der Wahrnehmungsschwelle liegen können, und der Mann wird fast sofort zum Zombie. Er wird stark angezogen und bildet sich dabei ein, er wäre der aktive Teil bei der Angelegenheit. Wenn gleich mehrere Interessenten von einem Weib angezogen werden, heißt das Spermienrennen. Sie wählt nun aus diesem Haufen dasjenige Spermium aus, das ihr am ehesten als nützlich für ihre Zwecke dienen wird. *Erst danach* bekommt dieser ausgewählte Zombie eine erste Chance, mitzubestimmen, wie es weitergehen wird: Er muss sich jetzt bewähren.

Das läuft fast wie bei einer spießigen Tanzveranstaltung: Das Weib *wirkt passiv,* sendet aber dezent Signale aus, die zeigen, dass sie bereit wäre für ein Tänzchen. Der Mann *re-*agiert und will sie möglichst als Erster erwischen, um sie auf die Tanzfläche zu führen, damit die gewünschte Vereinigung stattfinden kann: Die beiden stimmen sich nun gemeinsam auf etwas Drittes ein, die Musik, und er *darf* jetzt erstmals die Führung haben. Macht er das gut, wird aus drei Elementen *eine dynamische Einheit* (Weib, Mann, Musik) und wenn sie nicht gestorben sind, dann tanzen sie noch heute und er darf sie weiter führen und ficken (wieder dieses böse Wort; ich meinte: weiter mit der Dame geschlechtlich verkehren) – was er ja schon von Anfang an im Sinn hatte.

Aber der Mann kann dabei durchaus etwas falsch machen *und dann wird er wieder entlassen.* Der dümmste Fehler ist natürlich, wenn er sich als Hochstapler entpuppt und überhaupt nicht tanzen kann. Das Weib wird ihn da sehr zügig entlassen.

Ein dummer Fehler ist auch, wenn er beim Tanz der Frau die Führung aufdrängt: »Ist's recht so, Schatzi – oder willst du es lieber so?« Der ist ebenfalls schnell aus dem Rennen.

Genauso falsch ist es, wenn er zwar ganz taff führt, aber seine Führung nicht zur Musik passt: »Das ist mir egal, was die Musik spielt – ich tanze jetzt Walzer!«

Und es gibt Tänzer, die zwar sehr wohl gut führen können und die trotzdem wieder entlassen werden: Das Weib hat nämlich gemerkt, dass er sie nur dazu benutzt zu demonstrieren, welch toller Tänzer er ist und sie kommt sich mit ihm langsam vor wie eine Gummipuppe aus dem Pornoladen. Diese Typen wundern sich natürlich am meisten, dass sie entlassen werden, weil sie denken, sie seien wirklich toll.

Grundfalsch ist es auch, wenn der Mann den Eindruck erweckt, dass er ganz, ganz, ganz unbedingt nur mit dieser einen Auserwählten tanzen will, weil nur sie allein ihn glücklich machen wird. Da kann er ja gleich zu seiner Mutti laufen und sie fragen, ob er jetzt wieder bei ihr im Bett schlafen darf. Damit kommt er bei Mutti bestimmt genau so gut an.

Dann gibt es noch die *Damenwahl.* Die findet statt, damit sogar die einmal tanzen können, die bisher nicht geholt wurden, weil sie zwar Signale aussenden, aber offenbar zwiespältige, so dass kein Spermium wirklich anbeißen will. Die werden nun offensiv und *holen* sich einen Mann. Diese Sache hat jedoch einen Haken: *Der Mann darf bei der Damenwahl nicht nein sagen.* Und wenn er das nicht darf, sagt er auch nicht ja, sondern: »Ja. – *Aber* sobald die Sache vorbei ist, verschwinde ich wieder!« (Die Frau macht danach pflichtgemäß Lärm, wie oben erwähnt.)

Das Weib kann selbstverständlich ebenfalls Fehler machen: Sie lockt beispielsweise einen an, kann aber selber nicht tanzen. Das kann gut ausgehen, wenn der Mann ihr geduldig die ersten Schritte beibringt und sie Talent hat; manchmal wird dann doch noch was draus.

Es kann auch geschehen, dass sie zwar erfolgreich ein Spermium angezogen hat und auf der Tanzfläche weiter die Initiative behält, weil sie den Mann weiter führen will, anstatt ihm dort die Führung zu überlassen. In dem Fall wird sie bemerken, dass ihr Tänzer sich bald verzieht, außer, es handelt sich um Mutters Sohn, denn die lassen sich überall gerne führen – wenn sie nicht gerade wieder in der Trotzphase stecken. (Mutters Sohn sieht manchmal aus wie ein Mann, ist jedoch keiner, sondern noch wie ein Bubi, der aber bereits Haare um seinen Schniepel herum vorweisen kann, den er auch gerne mal vorzeigt. In manchen Fällen kommt dann die Polizei, anstatt ein ordentlicher Orgasmus. Den gibt es nämlich erst, wenn er auf die rechte Weise tanzen kann.)

Wenig ratsam ist für die Frau, wenn sie sich sofort an den Mann hängt wie eine Ertrinkende und wissen will, wie lange es dauert, bis er einen Ständer hat. Auf diese Weise bekommt sie bestenfalls ein Männchen oder einen Abstaubertypen, aber keinen Mann. *Ein gewisser Abstand muss nämlich sein beim richtigen Tanzen.*

Es gibt noch eine weitere Möglichkeit, die Sache zu einem guten Ende zu bringen, selbst wenn sie ungünstig begonnen hat: Das Weib kann sich aus geeignetem Material *einen Mann schnitzen.* Sie muss aber wissen, wie das geht! Die meisten machen hier den schweren Fehler, dass sie das entsprechende Rohmaterial – sofern sie überhaupt in der Lage sind, das richtige auszuwählen – dazu bringen wollen, so zu werden, wie sie sich halt einen Mann vorstellen. Sollten sie es tatsächlich schaffen, ihn soweit zu kriegen, haben sie nicht mehr viel davon, denn dieser Mann wird sich verabschieden, sobald er »groß genug« geworden ist – *so wie ein Sohn die Mutter verlässt, wenn er erwachsen ist.*

Das rechte Schnitzen geht ähnlich, wie Michelangelo angeblich sagte, als er einmal von einem Fan gefragt wurde, wie er es schaffe, aus einem Marmorblock eine derartig wunderbare Figur wie diesen David zu meißeln. Er soll gesagt haben: *»Hm – das ist leicht: Ich sehe in diesem Block die Figur und meißle einfach alles weg, was nicht dazugehört.«*

Das Weib kann sich daher einen Mann erst schnitzen, wenn sie gelernt hat, das richtige Holz dafür auszuwählen und wenn sie in dem Rohmaterial bereits das sieht, was dieser Mann eigentlich ja *selber sein will und sein könnte,* wenn ihm jetzt eine liebevolle Hebamme hilft bei seiner Selbstgeburt. *Sie behandelt ihn dazu auf eine Weise, als ob er bereits jetzt so wäre, wie er sein wird, wenn seine Selbstgeburt vollendet ist.*

Die Sache mit Weib und Mann ist also genau anders herum, als es aussieht: Das Weib zieht den Mann an, prüft ihn ausreichend, und wenn er durchgefallen ist, entlässt sie ihn wieder. Er darf sich allerdings einbilden, es sei umgekehrt.

Meditiere gut über diese Tanz-Metapher.

Ich will hier allerdings feststellen, dass es sich bei dieser Tanz-Metapher um den Ablauf handelt, der von der Mutter Natur vorgesehen ist, solange die nackten Affen ihre höheren Schaltkreise nicht aktiviert haben. Es wäre besser, hier vorerst die Bezeichnungen Weibchen und Männchen zu verwenden, wie das zur Unterscheidung der Geschlechter im Tierreich gemacht wird. Sobald aber die höheren Schaltkreise aktiviert sind, gibt es diese vorprogrammierten Abläufe nicht mehr, denn dann ist es so weit, dass sich vollkommene Götter in vollkom-

mener Liebe und in absoluter Freiheit miteinander verbinden – und auf einer gewissen Ebene auch wieder lösen. Ganz wie es ihnen gefällt. Sie wissen ja, dass Trennung nicht wirklich existiert, sondern dass das eine Illusion ist. Sie wollen all ihr Glück miteinander teilen, anstatt weiter jemanden zu suchen, der ihren eingebildeten Mangel endlich beheben soll.

Wenn nur dieser Kampf der Geschlechter bald aufhören würde, dieser irre Kontrollversuch des Egos, der die beiden Hälften des Adams trotz der starken Anziehung bisher nicht wirklich zusammenkommen lässt, sondern der dafür sorgt, dass sie sich manchmal sogar als erbitterte Feinde gegenüber stehen, anstatt endlich im Tanz Eins zu werden zur himmlischen Musik des Universums und so ihre Mutation zum Außerirdischen einzuleiten.

Aber du kannst ja sofort selbst damit anfangen, dieses Drama zu beenden, *indem du endlich **übst**, deinen Partner als deine entsprechende andere Hälfte zu sehen,* anstatt ihn weiterhin erziehen zu wollen auf eine Art, die du wahrscheinlich von deiner Mutti gelernt hast. Du wirst dich wundern, wie sich eure Beziehung allein dadurch verändert. Wenn du hier die ersten interessanten und heilsamen Effekte beobachtest, wirst du von selbst auf die nahe liegende Idee kommen, diese Übung *in allen deinen Begegnungen* auszuführen, weil das ein Grundprinzip jeder Art von Selbst-Heilung ist. Du wirst mit der Zeit erkennen, dass du in Wirklichkeit bereits *mit allem* eins bist, nicht nur mit deiner besseren Hälfte.

Das mag jetzt auf den ersten Blick zwar so aussehen, als ob du es doch auch ohne einen andersgeschlechtlichen Partner schaffen könntest, ein »ganzer« Mensch zu werden, aber das täuscht: Für die Erfahrung der Einheit von Allem musst du zuerst die Dualität von Weiblichem und Männlichem aufheben. Das Selbst ist weder männlich noch weiblich, sondern *es ist. Einfach.*

Falls du als Mann nun deine Transformation einleiten willst, dann beginne damit, dich deinem Weib vollständig hinzugeben, ohne jeden Vorbehalt. Lass' dich ganz auf sie ein mit all deiner Liebe. Dadurch wird sie quasi »belebt« und als Gegenleistung wird sie die schwere Aufgabe übernehmen, dich zerstückelten und herumirrenden anderen Teil des wahren Menschen soweit zu »heilen« (ganz zu machen), dass ihr beide endlich auf die rechte Weise zusammen ein »ganzer« Mensch sein könnt.

Gibst du dich ihr aber hin wie ein kleines Kind seiner Mutter, statt als freier Mann, wird sie dich natürlich nicht heilen, sondern dich zu Recht gründlich einsalzen. Diese kindliche Form der Liebe ist dabei nämlich kontraproduktiv. Du musst schon vorher deine Mutter entbinden.

Willst du andererseits bei diesem Prozess des »Sterbens in das Weibliche hinein« die Kontrolle behalten, kannst du die ganze Sache ohnehin vergessen. Wer da nicht alles wagt, gewinnt gar nichts.

Wende also auch hier Unterscheidungsvermögen an.

3. Kapitel

Wege zur Befreiung

Warum wir endlich unsere Mutter entbinden müssen

Die größte Furcht eines Mannes rührt meist daher,
dass seine Mutter hereinkommen könnte.
(Sinclair Lewis)

Die Grundzüge des Problems habe ich bereits über einige Kapitel und Abschnitte dieses Buches verstreut in unterschiedlichen Zusammenhängen dargestellt; ich möchte mich daher auf eine Übersicht beschränken und das Zentrale zusammenfassen:

Es geht hier vor allem um die Überwindung des von der Natur vorinstallierten Überlebensprogrammes; meinetwegen kannst du auch Clan-Gewissen oder Sippengewissen oder überhaupt Gewissen dazu sagen, oder einfach Horden-Denken. *Das muss nun jeder für sich alleine schaffen.* Die Mutter Natur hat das Ihrige dazu getan. Wenn es dem Einzelnen nicht gelingt, seine Schimpansenprogramme zu identifizieren und endlich unter Kontrolle zu bringen, wird der riskante Sprung zum Außerirdischen nicht gelingen. Er kann sich zwar Unterstützung besorgen, aber den Sprung selbst muss er alleine wagen – einen Sprung ins völlig Unbekannte, ins Nichts. (Den Anlauf dazu kann er ja noch in Gesellschaft durchführen.)

Wir alle werden von unserer Mutter *einmal* entbunden: bei der Geburt. Seltsamerweise bilden sich die Irdischen ein, dass sie von ihr *zweimal* entbunden werden sollten: Sie bilden sich beispielsweise ein, dass die Mutter sie endlich loslassen soll, weil sie doch inzwischen erwachsen geworden seien mit ihren sechsundfünfzig Jahren – als ob sie noch kleine Kinder wären, die ohne Erlaubnis nichts selbständig machen dürfen: »Nein, Berndi, diese Frau ist nichts für dich. Ich möchte nicht, dass du weiter mit ihr verkehrst.« »Wie du meinst, Mama.«

Sie sind sogar noch an ihre Mutter gebunden, wenn diese schon jahrelang auf dem Friedhof liegt, weil sie diverse Ersatzmütter gefunden haben, mit denen sie danach ihre Mutterbeziehung fortführen. Oft sind sie überzeugt, dass damit dieses Problem bereits gelöst wäre.

Das ist jedoch bei keinem der betreffenden Irdischen der Fall. *Du kannst sogar behaupten, dass er aus genau diesem Grund ein Irdischer geblieben ist: Er richtet sich weiterhin nach anderen aus wie ein Kind, anstatt eigenständig zu handeln und selber zu denken, weil er davon überzeugt ist, dass er von den anderen etwas braucht und dass er es mit den Oberaffen seiner jeweiligen Horden nicht verscherzen darf.*

Das Problem besteht darin, *dass jede Mutterbindung eine Form von Abhängigkeit ist.* Wenn du deine Mutter nicht entbunden hast, dann wirst du dich in deinem Leben immer in diversen Beziehungen finden, die alle in irgendeiner Art dieses Charakteristikum aufweisen.

Derartige Abhängigkeiten sind natürlich nicht mehr real, sondern eine Einbildung, Folge nicht aufgelöster alter Programme: Die Erfahrung von Abhängigkeit ist bei erwachsenen Irdischen nur eingebildet, wirkt sich jedoch real aus. Das heißt, es gibt entsprechende reale Auswirkungen in seinem Leben, solange er sich noch einbildet, abhängig zu sein. Es ändert sich daran auch nichts, wenn er sich später kompensatorisch einbildet, er könnte inzwischen selber Mutti für andere sein, weil er reif und weise geworden sei und daher sogar die Pflicht habe, anderen vorzuschreiben, wie sie zu sein und zu denken haben, wenn er quasi ein Oberaffe sein will. Selbstverständlich bleibt er als Oberaffe abhängig von seiner

Horde. Was wäre er denn ohne sie? Diese Art von Kontrolle über die Außenwelt ist ebenfalls eine Einbildung und sie führt meist zu Konflikten auf dem Territorial-Hierarchie-Schaltkreis. Die werden Machtkämpfe genannt. Kämpfe sind ein Ausdruck von Angst und Folge unserer Schimpansen-Programmierung.

Wie bereits an anderen Stellen erwähnt, wird *die Mutter deiner Kindheit* später nicht nur durch andere Personen vertreten, sondern auch durch abstrakte Gebilde und durch Objekte, die für dich eine Mutterfunktion einnehmen – was nicht nur jeder Politiker, sondern besonders jeder Fetischist und jeder Süchtige bestätigen könnte. Die konfliktreichen Muster, die sich daraus ergeben, sind allerorts gut zu beobachten, denn unser ganzer Planet wird noch davon beherrscht. Du kannst aber nicht Herr deines Lebens sein, solange du dieses Problem nicht gelöst hast. Da wäre es einfacher, gleich ein richtiger Schimpanse zu sein, denn der hat eine Reihe weniger eindeutig unnötiger Probleme als ein normaler Irdischer: Er ist wenigstens bloß von der Mutter Natur, seinen Instinkten und von seiner Horde abhängig, selbst wenn er dort inzwischen Oberschimpanse geworden ist.

Warum ist die Entbindung der Mutter so schwer, obwohl sie einfach geht? Eben weil jeder Versuch, sie zu entbinden, *indem man sich* (im Guten) *von ihr löst,* sofort die Überlebensprogramme unserer Primatennatur aktiviert. Die erfordern, dass du dein Überleben dadurch sicherst, dass du zu einer Horde gehörst und dort wichtig bist, damit du ausreichend von dem bekommst, was du zum Überleben brauchst; und deine Horde schützt dich auch. *Abtrennung bedeutet Tod für den Bioroboter.* Jedes Ego will aber als Bioroboter überleben. Am liebsten ewig.

Unsere erste Horde heißt *Mama*. Wird der kleine Bioroboter größer, wird auch die »Horde Mama« größer, und bei den Irdischen können später alternative Mutterhorden gewählt werden, also solche Horden, mit denen wir nicht blutsverwandt sind, beispielsweise Schulklasse, Sportverein oder Partei. Das ändert jedoch nichts an den grundsätzlichen Beziehungsmustern, *die immer eine Mutter-Kind-Beziehung abbilden* und weiterhin vom Überlebensprogramm gesteuert werden: »Wie muss ich sein, damit ich zugehörig bleibe und in der Hordenhierarchie aufsteige? Wie darf ich keinesfalls sein, weil ich sonst verstoßen werde und alles aus ist? Welcher anderen Horde darf ich nicht zugehörig sein, weil ich sonst ein Verräter bin und sicher sterben muss, denn ich bin dann ganz ohne Horde?« (Verräter werden nämlich von *jeder* Horde ausgeschlossen.)

Abgrenzungsversuche lösen daher unsere Überlebensprogramme aus, die meistens als Angst, Schuldgefühl, diversen Anpassungsbemühungen – etwa durch »Ausrichten« nach anderen, Rechtfertigen und Erklären – und als schlechtes Gewissen empfunden werden.

Trotzanfälle und Rebellion helfen dir nicht wirklich, weil ja ein trotziges Kind immer noch ein Kind ist und durch sein Trotzverhalten nicht plötzlich erwachsen wird.

Wir brauchen besonders anfangs viel Mut bei der Abgrenzung, die Fähigkeit zur klaren Sicht und die Bereitschaft, unserer jeweiligen Horde nicht mehr zugehörig zu sein – und diese Spannung auszuhalten, statt bockig oder zappelig zu werden wie ein Kind. Wer das nicht ertragen will, dass andere oft mit Ablehnung reagieren, wenn es nicht nach ihrem Kopf geht, der bleibt eben vorerst weiter ein normaler Irdischer. Er überlegt zwar nicht mehr wie ein Kind: »O je, wenn das die Mama erfährt, wird sie mich wieder würgen!« Aber er denkt wahrscheinlich:

»Das kann ich nicht bringen. Was sagen denn die Leute, wenn sie das erfahren?« Oder:

»Ich geh' jetzt lieber nach Hause, sonst krieg' ich Ärger mit meiner Frau!« Oder:

»Wenn ich das jetzt mache, wird der Vorsitzende sauer. Ich lass' es lieber und sag' auch nichts mehr.«

Das alles kann zwar klug sein – aber nicht, wenn du's aus Angst machst.

Politiker haben gleich eine ganze Serie von Mamas, denen sie es recht machen müssen: Ihren Wählern, den betreffenden Oberaffen in ihrer Fraktion, den Lobbyisten, diversen Medien, ihrem schlauen Verstand und oft ihrem Partner. Katholiken denken natürlich in höheren Dimensionen und fragen sich daher gleich, ob es wohl Gottes Wille sei, was sie jetzt machen. Für Sektenangehörige und sonstige Verrückte ist nämlich Gott ebenfalls wie ihre Mama. Ebenso die Sekte selber und der Sektenführer.

Und Irdische haben ja auch noch ihre »innere Mama«, die sie Gewissen nennen, *ohne zu merken, dass es sich dabei um eine eingepflanzte Fernsteuerung handelt, die sie seit ihrer Kindheit in sich tragen.* Meinetwegen sag' dazu Über-Ich und mach' dann eine Psychoanalyse.

Es wird häufig behauptet, dass es auf diesem Planeten längst patriarchale Gesellschaften gibt und schon gegeben hat – von pater, was übersetzt Vater bedeutet – eine Ansicht, die nicht nur von Soziologen und Ethnologen, sondern recht oft von so genannten emanzipierten Frauen vertreten wird. *Das ist aber Unsinn. Gesellschaften dieser Art hat es bisher noch nie gegeben.* Dieser Irrtum rührt daher, dass die Irdischen glauben, es würde sich bereits um Vater-

Gesellschaften handeln, sobald die »Mutter« einen Bart und ein Schwänzchen hat und daher männlichen Geschlechts ist.

Wie bereits erwähnt besteht in allen Formen von Abhängigkeit eine Mutterbindung und wie jede Mutter mischt sich die Führung aller derartigen Gesellschaften laufend in das Leben der *Untertanen* ein und gängelt sie mit Gesetzen und Verboten aller Art. Ihr Standardargument heißt dabei: »Wenn wir keine Gesetze und Verbote erlassen, bricht das Chaos aus.« Als ob die Irdischen noch dümmer wären als sie tatsächlich sind und eine Mama brauchen, die ihnen sagt, was richtig und falsch ist und was man darf und was nicht. Weil das nicht funktioniert, wird daraus der Beweis abgeleitet, dass man eben mehr Gesetze und Verbote braucht. *Aber jedes neue Gesetz sorgt nur dafür, dass es sofort eine neue Klasse von Verbrechern gibt, weil jedes Gesetz seine Übertretung erzwingt.* Das ist wirklich absurd. *Sie bräuchten endlich einen »Vater«, statt weitere »Mütter«.*

Das Ziel ist klar: Es geht um Kontrolle, genau wie das jede Mutter macht, die Angst hat, dass ihre Kinder sonst Dummheiten anstellen. Aber zusätzlich findet noch ein Missbrauch der Kinder statt, weil diese »Mütter« am Ende nur ihren eigenen Vorteil im Auge haben – genau wie jeder Oberaffe in seiner Horde.

Besonders klar wird diese Geschichte in Gesellschaften sichtbar, in denen die Obermutti ein Schwänzchen hat und Diktator genannt wird: Der Diktator ist wie ein Kind, das sich in Wirklichkeit sehr fürchtet auf seinem riesig hohen Ross, weshalb er total aufgebläht und wichtigtuerisch daher kommt und sich oft aufführt wie eine gestresste böse Mutter, die ihre Kinder einschüchtert und bedroht, damit sie nicht aus der Reihe tanzen. Sie sollen mit dieser »Mutti« unbedingt übereinstimmen, damit alles unter Kontrolle ist. Nur weil diese Mutti nun einen Bart und ein Schwänzchen

hat (obwohl manche glauben, dass unser Adolf – Gott hab' ihn se-
lig – keines hatte, und falls doch, dass ihm dazu die nötigen Eier
fehlten), ist sie noch längst kein Vater, *sondern eine böse Mama in
männlicher Gestalt.* Die ist dann gut zu den braven Kindern, also
zu denen, die mit ihr völlig übereinstimmen, und sehr böse mit all
denen, die ihr nicht »folgen« wollen: Sie ist *exclusiv* und schließt
daher alle aus, die anders sind und nicht ins Schema passen. *Eine
Mutterbeziehung hat nichts mit dem Geschlecht zu tun, sondern sie
ist eine Beziehungsform;* auch Männer können bemuttern und bei
kleinen Kindern müssen sie das sogar. Mütter können dabei gute,
böse, missbrauchende, arme, harte oder partnerschaftliche Muttis
sein. (Letztere sind besonders tückisch. Du merkst das aber erst,
wenn du etwas machst, das ihr nicht passt.)

Freilich gab es Gesellschaften, in denen die Männer das Sagen
hatten und Frauen stärker unterdrückt oder anderweitig stärker
in ihrer Entfaltung gehindert wurden als die Männer selber. Besonders im islamischen Kulturkreis ist die Asymmetrie zwischen
den Geschlechtern heute gut beobachtbar. Aber deswegen sind
das doch keine Vatergesellschaften! Solche werden sich hoffentlich
noch entwickeln – wenn wir uns nicht vorher aufgrund unserer
kollektiven Dummheit selber ausgerottet haben.

*Eine patriarchale Gesellschaft wäre charakterisiert durch den Sachver-
halt, dass jedes Mitglied absolute Freiheit genießt und in dieser Freiheit mit allen anderen kooperiert, anstatt zu konkurrieren wie die
Schimpansen, und in der eigenständiges und ganzheitliches Denken
normal ist, anstatt Spezialistentum und Abgrenzung. Jedes Mitglied
wird gefördert, so dass seine individuellen Stärken und Fähigkeiten
allen zugute kommen. Jeder kennt die Regeln und wird freundlich*

damit konfrontiert, wenn er sie auf die falsche Weise übertritt; er wird nicht bestraft deswegen, weil das völliger Unsinn ist, sondern er wird mit den Folgen seiner Irrtümer konfrontiert, damit er sie korrigiert. Das ist jedoch keine Strafe, sondern ein liebevolles Zumuten, damit er was lernen kann dabei. Und Kinder werden angeleitet, wie sie sich selber frei programmieren können, anstatt sie zu »erziehen«.

Ein Gegenteil dazu wäre der perfekte Wohlfahrtsstaat, der jeden durchfüttert, selbst wenn der nichts zum Allgemeinwohl beitragen will. Diese parasitären Mitglieder werden hierbei als »arm« und als Opfer angesehen und daher nicht mit den Folgen ihrer Verweigerung konfrontiert, sondern gepäppelt. Das wäre eine Form von Muttergesellschaft.

Die Entbindung der Mutter besteht darin, dass du dich trotz deiner Angst, deiner Schuldgefühle und deines schlechten Gewissens befreist von all den Bindungsformen, die in irgend einer Weise deine Freiheit und deine Integrität bedrohen, weil sie Bedingungen stellen für Liebe und andere Zuwendung, oder in denen du mit Sanktionen bedroht wirst, wenn du Erwartungen nicht erfüllst.

Der Wahn, dass der Mensch eine Arbeit braucht, damit sein Leben einen Sinn und er selber eine Existenzberechtigung hat, muss ebenfalls überwunden werden. Das ist ja wohl das Letzte! Man soll eine gut funktionierende Maschine sein, damit man auf diesem Planeten eine Existenzberechtigung hat. Sinnvoll ist doch wohl, dass jede Art von Arbeit, die eine Maschine besser erledigen kann, auch von Maschinen ausgeführt wird, damit das kreative Potenzial des eigentlich Außerirdischen sich endlich frei entwickeln kann, weil es befreit wird von seinem elenden Zwang zu funktionieren.

Je mehr Arbeitslose eine Gesellschaft produziert, desto mehr lebendige Kreativität wäre also möglich. Derzeit wird aber eher Armut daraus, denn Reichtum wird weiterhin so definiert, dass er sich auf wenige konzentriert. *Wirklicher Reichtum entsteht in einer Gesellschaft aber erst, wenn es dazu kommt, dass* alle *einen Nutzen davon haben.*

Die Entbindung der Mutter ist so schwer, weil, wie erwähnt, unsere Überlebensprogramme anspringen, wenn wir uns abgrenzen und dabei mit Ablehnung und Entzug der Lauseinheiten bedroht werden. Du brauchst Mut und Risikobereitschaft, wenn du noch in diesem Leben ein freies Wesen sein willst, anstatt weiter ein funktionierender Bio-Roboter zu bleiben – ein Irdischer.

Übe zunächst, die Ablehnung und den Rückzug anderer zu ertragen, der eintritt, wenn du zu dir und zu dem stehst, was für dich jetzt richtig ist. Und bleibe ruhig und achtsam, damit du nicht in die Falle der Rebellen oder sonstiger trotziger Rechthaber tappst. Gewöhne dir an, mit deinem eigenen Kopf zu denken und selber nachzuschauen, anstatt zu glauben, was andere dir weismachen wollen. Du hast dazu sicher jeden Tag viele Gelegenheiten.

Beobachte auch sehr genau, wie du selber auf andere reagierst, wenn die nicht so sind, wie sie doch deiner Ansicht nach sein sollten. Beobachte und gehe in dich, damit du erkennst, was deine Aufregung verursacht, wovor du also eigentlich Schiss hast. (Erinnere dich: Ärger ist eine Form von Angst.) *Und dann übe, auf die Abweichler so zu reagieren, wie du dir das von ihnen wünscht, wenn du selber auf deiner Spur bleiben willst und sie anderer Ansicht sind als du. Werde ein Vorbild in dieser Sache.*

Falls du meinst, dass es besser ist, das später zu versuchen, weil es jetzt angeblich noch nicht ginge, besonders wegen deines starrsinnigen Chefs oder weil sich deine Frau sonst scheiden lässt, wenn du nicht spurst, rate ich dir zu bedenken: Wenn du eine Lösung in die Zukunft verlegst, die nicht existiert, wird sie unerreichbar. *Wenn nicht jetzt, wann denn dann?*

Und ob du als braver und rechtschaffener Bio-Roboter später von deiner fantasierten Großen Mutti Gott zur Belohnung für deine Anpassungsbereitschaft in einen Bioroboter-Himmel befördert wirst ist eher unwahrscheinlich, und ob es ein späteres Leben so überhaupt gibt, das wissen wir nicht. *Wir wissen aber, dass es ein jetziges gibt, für das wir selbst verantwortlich sind, nicht andere.*

Wenn du lange genug geübt hast, wird dir auch dämmern, dass wir hier auf diesem Planeten einen gemeinsamen Job haben: Wir sind »Passagiere auf dem Raumschiff Erde« und wir müssen daher *kooperieren,* weil wir nämlich alle zugleich die Besatzung dieses Raumschiffs sind. Wir müssen selbstbewusste und ganzheitlich denkende Individuen werden, anstatt von unseren Affen-Programmen gesteuert zu bleiben. Wenn wir zulassen, dass wahnsinnige und auf diverse Art berauschte Oberschimpansen bestimmen, was geschehen soll, dann wird die *komplette* Besatzung dieses Raumschiffes die Folgen tragen müssen, die wohl darin besteht, dass sie ihr Raumschiff für den vorgesehenen Zweck völlig unbrauchbar macht und zugrunde geht, weil sie zu ihrem Raumschiff noch keine Alternative entwickelt hat. Wir sollten uns nicht zu sehr darauf verlassen, dass unsere Mutter Erde den Schaden, der von uns angerichtet wird, schon irgendwie kompensieren kann.

Sie braucht *uns* nicht!

Es nützt natürlich nichts, über unsere Führer zu schimpfen und beim nächsten Mal andere zu wählen. Sie sind im Prinzip alle gleich, sonst wären sie nicht dort, wo sie sind. Sie tun ihr Bestes und haben ohnehin keine Chance, Wesentliches zu verändern – schon deshalb nicht, weil von denen ohnehin keiner mehr durchblickt. Die ganze Sache ist viel zu komplex geworden für unseren Verstand. *Jeder von uns muss bei sich selber anfangen. Das ist der einzige Ort, an dem du etwas bewirken kannst, sonst nirgends. Wach' auf und sei ein Außerirdischer, anstatt weiter ein schlafender Schimpanse zu bleiben, der sich nur einbildet, bereits ein richtiger Mensch zu sein. Fang' sofort damit an, nicht erst nach deinem Urlaub!*

Zum Schluss jetzt ein kleiner **Test,** mit dem du überprüfen kannst, ob deine Mutterbindung bereits gelöst ist:

Glaubst du, dass du noch von irgendjemandem etwas brauchst, damit du glücklich sein kannst, oder dass sich erst jemand oder etwas verändern muss, oder dass dir noch irgendetwas Wichtiges fehlt, damit du alle deine Probleme lösen kannst?

Falls deine Antwort Ja ist, dann hast du deine Mutter nicht entbunden.

Warum die Welt völlig ohne jede Bedeutung ist.

Pustekuchen schmeckt am besten,
wenn man dazu reinen Wein einschenkt.
(AUS MAD –
DAS VERNÜNFTIGSTE MAGAZIN DER WELT)

»Die Welt ist alles, was der Fall ist.« Diese banal klingende Aussage hat der Philosoph Wittgenstein getroffen. Als Definition ist sie zwar ausgesprochen kurz, jedoch zutreffend und vor Allem sehr bündig.

Das, was der Fall ist, kann in einem sehr eingeschränkten Bereich mit Hilfe der Sinnesorgane oder durch Erweiterung derselben, etwa durch Messinstrumente, beobachtet werden. Weil du deine Gefühle und Zustände beobachten kannst, gehören sie natürlich ebenfalls dazu, genau so wie die diversen Beziehungsformen, die zwischen Menschen, anderen Lebewesen und den sonstigen Dingen und Sachverhalten der Welt auftreten. *Die meisten derjenigen, die von uns Menschen geschaffen werden, sind allerdings verrückt.*

Aber selbst wenn du's mir jetzt nicht glaubst: *Diese Welt ist an sich völlig ohne jede Bedeutung.* Keiner der von dir beobachtbaren Sachverhalte bedeutet irgendetwas. Alle Bedeutungen, die du meist unbewusst und reflexartig deinen Beobachtungen zuschreibst, sind »gelernt« und in der Regel ziemlich willkürlich – *und sie stellen Urteile dar.* Jedes Urteil ist ein Fehlurteil, das sich besonders krass auswirkt, wenn es dir als bewiesen und gerechtfertigt erscheint.

Die ganze Sache ist äußerst schwer zu durchschauen, denn du teilst deine automatisierten Bedeutungszuschreibungen – Folge der Prägungen des dritten Schaltkreises – mit einer Menge Irdischer, besonders mit solchen, die dir wichtig sind. Auf diese Weise wird dein Wahn, dass du korrekt wahrnehmen würdest, auch von anderen immer wieder als »wahr« bestätigt. Wenn es dir nicht gelingt, diese Automatik zu erkennen und du jetzt weiterhin Bedeutungen für Tatsachen hältst, hast du keine Chance, je zu merken, was wirklich los ist in der Welt. Es ist zwar ein echt geiler Zustand, sich dabei im Recht zu fühlen und ein gutes Gewissen zu haben, aber du hast keine Möglichkeit mehr, dich zu korrigieren und eine Lösung deiner Probleme zu schaffen. Wie soll das denn noch gehen? Du spinnst ja total und bildest dir dabei ein, die Wirklichkeit vor dir zu haben, während du nur deine Einbildungen »wahrnimmst« und ihnen zusätzlich erfundene Bedeutungen verleihst.

Falls es dich tröstet: du befindest dich damit in größter Gesellschaft.

Warum ist das so? Warum nehmen wir nicht die vorliegenden Tatsachen wahr, sondern das, wovon wir uns einbilden, dass es da sei?

Wir mussten das lernen, als wir noch recht klein waren. Wir mussten lernen, die Welt und uns selber so zu sehen, wie uns das gesagt und »gezeigt« worden ist. Wir sehen danach aber zum Beispiel nicht mehr einmalige und wunderbare Lebewesen, sondern wir sehen dann Vögel, Bäume, Kühe und sonstige Sachen, die es nicht gibt. *Es gibt keine Bäume, Vögel, Katzen usw., denn diese Wörter sind Begriffe,* sind Schubläden, in die wir bestimmte Dinge stecken, weil sie eine gewisse Ähnlichkeit miteinander aufweisen. Es gibt in Wirklichkeit nur einmalige und wunderbare Lebewesen, *die du ausschließlich im Hier und Jetzt erfahren und begreifen kannst.*

Wir sehen aber inzwischen Eichen und Blaumeisen und Katzen und Trottel und glauben, das sei die Wirklichkeit. Unsere Programmierer trichterten uns in einer Art Gehirnwäsche ein, dass das eine Blaumeise sei, das da ein Schäferhund und unsere Nachbarin eine blöde Kuh.

Wir hörten auf zu staunen und wurden zu Experten, die sich auskennen und später vielleicht sogar promovieren. Und wir kommen damit gut klar auf dem Planeten.

Diese Gehirnwäsche hatte einen großen Nutzen für unser Überleben: Wir durften uns damit all unseren wichtigen Bezugspersonen zugehörig fühlen, unseren ersten allmächtigen und allwissenden Göttern, besonders Mama-Gott und etwas später Papa-Gott. Weiterhin hat diese Gehirnwäsche bewirkt, dass die Welt für uns eine überschaubare und verständliche Ordnung bekam. Es ist zwar eine willkürliche und verrückte Ordnung, die uns beigebracht wurde; sie ist aber vorerst für uns besser als das unendliche »heilige« Chaos, dem wir entstammen und in dem in Wahrheit auch unsere Erlösung liegt, denn auf diese Weise haben wir zunächst wenigstens unser biologisches Überleben gesichert. Hätten wir es damals nicht geschafft, unseren Göttern ausreichend ähnlich zu werden, ihre erfundene Ordnung zu akzeptieren und so zu sein, wie sie uns *bestimmten,* wären wir in größte Schwierigkeiten geraten: Wir wären zu Außenseitern geworden und die haben bekanntlich sehr schlechte Überlebenschancen. Wir müssen als Irdische irgendeiner Horde zugehörig sein (und das geht nur, wenn wir wenigstens in primitiver Weise kommunizieren können), damit unsere biologische Maschine nicht gleich wieder abstirbt. Da ist ein Irdischer genau wie ein Hund: Wenn der trotz aller Mühe nirgends zugehörig sein kann, wird er apathisch und hört auf zu fressen; irgendwann legt er sich hin und stirbt einfach.

Um seine Zugehörigkeit zu sichern hat der Bio-Roboter, wie erwähnt, einen ganz besonderen Instinkt: *Sein Gewissen.* Dieser Instinkt sorgt dafür, dass wir – zunächst wenigstens – nichts tun, was unsere gerade aktuelle Zugehörigkeit gefährden könnte. Wenn wir noch recht klein sind, ist für uns nur die Mutter wichtig; der wollen wir also unbedingt zugehörig sein, damit wir weiterleben können. Mit zwischenzeitlichen Ersatzmüttern geht's auch meist noch gut. Später kommen zwar weitere größere und kleinere Mutter-Horden dazu, aber alle vertreten sie nur die ursprüngliche Mutter. Wenn wir größer werden, werden die persönlichen »Götter« zwar kleiner, dafür tauchen abstrakte Götter auf und werden größer. Die heißen beispielsweise Gesellschaft, Wissenschaft, Geld, Sekte, Partei, Kirche; für die armen Kinder heißen sie meist Psychiatrie, Medikament, Klinik, Arzt, Suchtmittel, oft sogar »Partner«, und für die bösen Kinder Polizei, Justiz, Scheiß-Gesellschaft usw. Alle vertreten sie weiterhin unsere ursprüngliche Mutter – bis wir die entbunden haben.

Den notwendigen und anfangs meist schmerzhaften Prozess, durch den wir unsere Einbildungen endlich als solche erkennen und durch den die Wahrheit für uns offensichtlich wird, könntest du *Jüngstes Gericht* und dann *Fegefeuer* nennen: Er ist die Rückerinnerung an unser wahres Wesen und die ist verbunden mit dem schmerzhaften »Verbrennen« unserer Illusionen. Wir sind ja in unserem Innersten reines Nichts, reines Gewahrsein, in dem alles entstehen und wieder vergehen kann – ein Nichts, das ein sich selbst organisierendes Chaos entstehen ließ, das aus sich selbst heraus alles Mögliche erschafft und wieder vernichtet. Auf diese Weise kann Nichts sich seiner selbst gewahr werden und sich an sich selbst erfreuen. Dieses Nichts will nichts weiter, als *sein.* Das

Nichts, das Alles ist, erkennt sich in seiner Schöpfung wieder und liebt sich selbst darin unermesslich.

Weil Nichts vollkommen ist, ist auch alles in seiner Schöpfung vollkommen und daher gibt es nur diese eine Erkenntnis: *Alles ist. Vollkommen. Es gibt keinerlei Bedeutung in diesem Seienden. Es existiert einfach und ist vollkommen* – ganz im Gegensatz zu deinen eigenen erfundenen Schöpfungen. Selbst wenn du denen hochtrabende Bedeutungen zuschreibst, die du mit der Wirklichkeit verwechselst und sie zusätzlich beurteilst und vielleicht eine Menge Anhänger dafür findest, so hat doch keine von ihnen eine wirkliche Existenz. Nicht mehr jedenfalls, als deine nächtlichen Träume.

Jede Art von Krieg ist Folge des Irrtums, dass Bedeutungen mit Sachverhalten verwechselt werden - sogar der Krieg, den du gegen dich selber führst, wenn du dich wieder einmal »zu etwas bringen« willst, von dem du denkst, dass es richtig sei. Die Dinge der Welt bedeuten nichts, sondern sie existieren einfach und hängen irgendwie miteinander zusammen. Daher können bestimmte Sachverhalte durchaus auf andere Sachverhalte *hindeuten,* mit denen sie ebenfalls zusammenhängen. Durch waches und »wissenschaftliches« Schauen in Achtsamkeit kannst du diese Zusammenhänge erkennen und nutzen. Erklärungen und Bedeutungen helfen dir jedoch nichts, weil sie ein Schwindel sind.

Wenn deine Frau für dich stressig ist, dann bedeutet das also nicht, dass sie halt neurotisch und gemein ist und ihr Vaterproblem nicht gelöst hat, sondern dass ihr Verhalten mit anderen Sachverhalten in irgendeiner Weise zusammenhängt – wahrscheinlich am stärksten mit der Tatsache, *dass du sie verkennst, anstatt sie zu erkennen,* du Dumpfbacke.

Es gibt als Unterscheidungshilfe eine nützliche **Übung:**

Blicke mehrmals täglich in Ruhe um dich, benenne das, was du gerade im Blick hast und sag' dazu beispielsweise: *Diese Vase bedeutet nichts, dieser Stuhl bedeutet nichts, diese Vorhänge bedeuten nichts, dieser Baum bedeutet nichts, mein eingeschlafener Fuß bedeutet nichts,* usw. (Das ist eine der ersten Übungen aus dem Buch »Kurs in Wundern«.)

Es gibt eine weitere einfache Übung, damit du zu unterscheiden lernst *zwischen drei ganz verschiedenen Bereichen:*

Zwischen wirklichen Sachverhalten, die du auf einer gewissen Ebene beobachten kannst,

zwischen der Bedeutung, die du dazu fantasierst und die es aber nicht gibt,

und zwischen der Bewertung der ganzen Sache, die das Problem noch verschärft.

Diese **Übung** geht so:

Triff zuerst eine *einfache Beobachtung,* beispielsweise: »Mein Mann trägt eine abgetragene Hose.« Als nächstes gibst du dieser Beobachtung eine Bedeutung, etwa, dass das ein Zeichen seiner grundsätzlichen Schlampigkeit aufgrund seiner trotzigen Mutterbindung sei. Danach *bewertest* du das Ganze, indem du behauptest, dass das neurotisch und schlecht sei. Neurotisch ist doch schlecht, oder etwa nicht?

Das einzig Wahre daran ist, dass dein Mann eine abgetragene Hose an hat, aber das bedeutet natürlich nichts.

Du kannst zur Verdeutlichung dieses Wahns als nächstes wirklich verrückte Bedeutungen erfinden, beispielsweise, dass das bedeutet, dass der Papst unfehlbar ist, oder meinetwegen, dass seine Mutter eine alte Hexe ist. Es ist natürlich völlig egal, welche

Bedeutung du der Sache gibst: sie ist in *jedem* Fall Nonsens. Es bedeutet nichts, dass er eine abgetragene Hose an hat, sondern es ist halt einfach so und hängt vielleicht noch mit irgendwelchen anderen Sachverhalten zusammen, nach denen du jetzt suchen kannst – möglicherweise dem, dass du eine schlampige Hausfrau bist und er deswegen keine andere Hose finden konnte. Aber auch diese weiteren Sachverhalte bedeuten nichts. Sie hängen einfach nur damit zusammen.

Wenn du willst, dann kannst du diese nun gefundenen Sachverhalte dazu verwenden, eine Veränderung zu erzeugen, wenn du weißt, wie das geht. Die einfachste Form wäre, wenn du ihn bittest, eine andere Hose anzuziehen, weil dir das besser gefällt. Es könnte sein, dass er das ohne Zögern tut und du bist wieder zufrieden.

Die Welt steht dir zur Verfügung, damit du hier spielen kannst und damit du dich mit ihrer Hilfe selbst erkennen und paradoxerweise *dabei gleichzeitig selbst erschaffen* kannst. Da es dir in Wirklichkeit an nichts mangelt, weil du ja im Innersten »Teil« des Großen Nichts bist, könntest du jetzt wunschlos glücklich sein, statt der Welt deine selbst erfundene und wirre Ordnung aufzwingen zu wollen und dich jedes mal aufs Neue aufzuregen, wenn deine Pläne wieder nicht funktioniert haben – oder dich aufzuregen über erfundene Bedeutungen, die du den Dingen der Welt zuschreibst und die du zusätzlich bewertest.

Du kannst natürlich versuchen, gewisse Dinge der Welt zu verändern, um auf diese Weise deinen Zustand zu verändern. Manchmal klappt das ja, beispielsweise wenn du endlich das Steinchen aus deinem rechten Schuh entfernen würdest. *Wenn du aber Be-*

dingungen stellst, wie die Welt sein soll, damit es dir darin passt, dann bekommst du schnell Probleme. Die Welt ist bereits völlig okay, nur du bist verrückt, so lange du das nicht erkennst.

Und sie bedeutet nichts: *Sie existiert nur, damit du deine Einbildungen und erfundenen Bedeutungen so lange erleben kannst, bis du dich entweder zu Tode geärgert oder geängstigt hast, oder bis du mit diesem Unsinn aufhörst und sie so anerkennst, wie sie ist.*

Warum es die Traumzeit gibt,
oder warum die Welt eine Bühne ist

Erst wer seinen Traum verwirklicht,
erkennt, dass es ein Alptraum war.
(MARILYN MONROE)

Dieser Abschnitt ist eine weitere Variation in Grün vorheriger Abschnitte und ich hoffe, dass du inzwischen ausreichend genervt bist von den vielen Wiederholungen, um das Buch aus dem Fenster zu werfen, damit noch ein anderer darin blättern und lesen kann.

Wie bereits erwähnt existiert auf diesem Planeten eine Spezies, die eine außergewöhnliche Fähigkeit besitzt: Sie verfügt über *die Möglichkeit* eines freien Willens und könnte sich daher selbst frei erschaffen und selbst bestimmen, wie sie *sein* will. Das unterscheidet sie von allen anderen Lebewesen, die auf diesem Planeten leben oder die hier gelebt haben und inzwischen ausgestorben sind. Diese anderen Geschöpfe sind allesamt zwar ebenfalls ein Produkt der Mutter Natur, aber sie haben diese Möglichkeit nicht. Sie sind nicht frei und werden daher von ihrer »Mutter« weiterhin geleitet und geformt. Weil sie in der Einheit mit dieser Mutter geblieben sind, haben sie keinerlei Problem, in den ihnen »zugewiesenen« Nischen gut zu existieren – oder eben wieder zu verschwinden, wenn die Zeit dafür gekommen ist und sie nicht mehr passen. Sie fügen sich problemlos und störungsfrei in ihre Nische ein und sind dafür optimal von ihrer Mutter ausgestattet. So lange die Mutter sich nicht über ein bestimmtes Maß verändert, läuft alles bestens. *Das Problem, das bei dieser Spezialisierung jedoch entsteht, ist fol-*

genschwer: *Wer auf irgendeine Art spezialisiert ist, der ist nicht mehr flexibel genug, sich rechtzeitig umzustellen, wenn sich die Umstände stärker verändern. Er wird aussterben.*

Aber seit relativ kurzer Zeit – gemessen am Alter dieses Planeten – gibt es eben diese Abart von Lebewesen, die sich von der Mutter Natur auf einer gewissen Ebene abtrennen konnte und seither nicht mehr in der Einheit mit ihr ist, sondern extrem eigenwillig und auf eine *dumme Weise* intelligent. Diese ausgesprochen dumme Form der Intelligenz heißt Schlauheit oder auf Neudeutsch Cleverness. Deswegen kann diese Lebensform seiner Mutter Erde massive Störungen zufügen, da sie nicht mehr innerhalb der gegebenen Ordnung lebt, sondern eine eigene Ordnung geschaffen hat, die nicht mehr mit der Wirklichkeit des Ganzen übereinstimmt.

Allerdings hätte sie auch die Fähigkeit, ganzheitliches Denken zu entwickeln, anstatt sich zu spezialisieren und nur clever zu werden. Leider gibt es erst wenige, die damit angefangen haben, denn die Irdischen wollen lieber Experten und Spezialisten sein. *Es ist aber schlecht für alle, wenn ganzheitliches Denken nicht bald stärker in Mode kommt.*

Und was soll das nun in diesem Zusammenhang sein, die Traumzeit?

Na ja – es ist zunächst mal ein Wort wie jedes andere: Eine Geräuschkombination, der du eine bestimmte Bedeutung geben wirst. Hier soll es jedoch folgende haben: *Es soll die Zeitspanne benennen, während der du einen Körper hast, mit dem du Erfahrungen machen kannst, die du dir gewissermaßen selber zusammenträumst.* Welche das sind, das kannst du später zwar selbst bestimmen, aber am Anfang deiner Traumzeit bekommst du zunächst Lehrer, die dir deine ersten wichtigen Erfahrungen mehr oder weniger krass verpassen.

Diese Erfahrungen werden dir vielleicht nicht gefallen, ebenso einiges an deinen ersten Lehrern, die für jeden Menschen gewöhnlich die Eltern sind.

Für jeden von uns sind die *allerersten* Erfahrungen zwar meist schön, weil wir da noch im Paradies der Einheit mit der Mutter sind – sofern es der halbwegs gut geht. Spätestens mit der Geburt hört der Spaß aber auf und wir haben den ersten elementaren Stress: Wir werden unter äußerst stressigen Umständen aus unserem Paradies vertrieben und *alles* wird nun chaotisch: Licht, Geräusche, Gerüche, Empfindungen – und noch kein Unterschied zwischen Innen und Außen oder zwischen sonst irgendwas: Das ist genau dieses Tohuwabohu, das in der Schöpfungsgeschichte unserer Bibel von Moses skizziert wurde. Und zunächst ist da kein »Ich«, das in dieses Chaos irgendeine Ordnung bringen kann.

Aber halt, nicht ganz: Wir haben bereits eine eingebaute Automatik, die sofort damit beginnt, eine erste Grundordnung zu erschaffen. Mit ihrer Hilfe können wir bald nach unserer Geburt die ersten Unterscheidungen treffen, weil diese Automatik in der Lage ist, einfache Muster zu identifizieren, angenehm und unangenehm zu unterscheiden, sowie den Geruch und das Gesicht unseres »Muttertiers«: die Große Gottheit, auf die wir sehr stark geprägt werden. Das ist jedoch die Automatik der kleinen biologischen Maschine, nicht ein »Ich«, das da Unterscheidungen trifft.

Etwas später keimt etwas auf, das ich hier »Ego« nenne. Es handelt sich dabei um eine Erfindung deines Geistes, die sich etwa im dritten Lebensjahr anfängt zu entwickeln. Wir erkennen das daran, dass ein Kind das Wort »ich« anfängt zu verwenden, anstatt seines Namens. Das Ego entsteht, weil du das Chaos um dich herum und in dir selbst durch deine Schöpferkraft jetzt definieren, also begrenzen *musst,* sonst könntest du nicht überleben. Die markanteste Grenze, die du da erfindest, ist die *Erbsünde,* nämlich die Abgrenzung zwischen Innen und Außen, also zwischen deinem Körper einerseits und der anscheinend ganz andersartigen Außenwelt andererseits: *Das ist dann ein fiktives Unterscheiden zwischen Gott und der Welt, also zwischen Gott und dir selber.* Aber ein derartiger Unterschied existiert nicht. Er ist erfunden. Diese Erfindung bringt dich nun in immense Schwierigkeiten, so lange du sie für wahr hältst, denn du machst jetzt wesentliche Unterschiede, wo es keine gibt.

Du glaubst inzwischen sogar, dass außer deinen Hordenmitgliedern weitere äußere Mächte existieren würden, die mit dir etwas anstellen könnten, was dir nicht gefällt; oder du erhoffst dir von ihnen, dass sie dich retten, indem sie dir das verschaffen, was dir zu fehlen scheint. Du siehst jetzt im wahrsten Sinn Gespenster und hast dich mit dieser Einbildung nun selbst *eingeengt;* damit hast du einen sehr unangenehmen Zustand erzeugt: *Angst* (übersetzt bedeutet das nämlich »Enge«).

Wenn du das nicht im Lauf deiner Traumzeit durchschaust, wirst du den Rest deines Lebens damit verbringen, dieses erfundene Problem zu bekämpfen, anstatt zu erkennen, dass jede Form von Angst Folge deiner Einbildungen ist. In Wirklichkeit gibt es überhaupt nichts zu fürchten, *denn da ist nichts außerhalb deines Geistes.* Alles, was du wahrnimmst, sind deine Projektionen, die du der Wirklichkeit aufdrängst – der Traum, den dein erfundenes Ego träumt, ohne dabei zu erkennen, dass es selber der Schöpfer seines Traumes ist. *Wie soll man je Herr seiner Träume werden, wenn man sie für wahr hält, anstatt sie als eigene Projektionen, als eigene Schöpfung zu erkennen?*

Das Ego ist aber überzeugt, dass seine Erfindungen wahr seien, weil es sie ja »wahrnimmt«. Das Ego träumt und merkt es nicht. Deshalb glaubt es, dass seine Erfindungen äußere Mächte seien, die real existieren würden – genau so, wie du das in der Nacht erfährst, wenn du träumst und nicht merkst, dass dem so ist und daher deine Träume als real ansiehst. Deshalb regst du dich im Traum auf und kannst wirklich froh sein, dass du eine eingebaute Automatik hast, die dich während dieser nächtlichen Träume zu wichtigen Teilen lahm legt, damit du in deinem Wahn wenigstens nichts anstellen kannst. Wenn diese Schutzautomatik versagt, zum Beispiel wegen zu viel Stress, dann redest du zuerst im Schlaf und später wirst du noch zu einem Schlafwandler, der herumwandelt als ob er wach wäre, der sich aber weiter in seiner Traumwelt befindet. Jemand muss da auf dich aufpassen, damit nichts passiert. *Du solltest dir angewöhnen, das selbst zu tun.*

Regst du dich tagsüber außerhalb deines Bettes über irgendetwas oder jemanden auf, bist du zu einem Schlafwandler geworden: *Deine »Lähmungsautomatik« ist aber jetzt ausgeschaltet, so dass du durchaus etwas Dummes anstellen kannst, wenn keiner auf dich aufpasst.* Gott sei Dank gibt es genug Schutzengel. Das sind meistens Irdische, die sich vielleicht für einen Augenblick sogar wieder daran erinnert haben, dass sie ja eigentlich Außerirdische sind. Sie übernehmen diese gelegentlich schwere Aufgabe gerne für dich, manchmal scheinbar ganz zufällig.

Aus gewissen Quellen kam jedoch die Information, dass Engel

wieder verschwinden, sobald sie ihren Job erledigt haben. Du wirst also ziemlich sicher Probleme bekommen, wenn du versuchst, einen Engel länger festzuhalten, indem du ihn zum Beispiel heiraten willst. (Manche dieser Engel sind traurig, wenn sie sehen, dass andere sich vor ihnen fürchten, statt sie als Engel zu erkennen.)

Aber wozu soll das gut sein, dass wir in der Traumzeit landen? Wir sind doch in Wahrheit bereits göttliche Außerirdische, die alles in sich haben, was sie wirklich brauchen: »Wisst ihr denn nicht, dass das Himmelreich inwendig in euch ist?« Wir sind ja im Innersten göttliche Schöpfer geblieben, die tief drinnen noch ahnen, dass jede Erfahrung von Abgetrenntheit Illusion ist. Warum muss ein Außerirdischer das alles komplett vergessen und zu einem wahnsinnigen Irdischen werden, der in einer Traumzeit, in einer Welt von Einbildungen landet, ausgestattet mit der Macht, seine heilige Mutter Erde, von der er ebenfalls ein Teil ist, in seiner unglaublich dummen Cleverness soweit zu beschädigen, dass er sich dabei selber umbringen wird, wenn er nicht bald zu sich kommt?

Nun, das hat mindestens drei Gründe.

Ein Grund ist, wie bereits erwähnt, dass wir gewissermaßen Energie-Transformatoren sind. Eine unserer Aufgaben ist es, »niederfrequente« Energieformen in solche zu transformieren, die eine »höhere Frequenz« haben, damit in unser übliches Dunkel endlich mehr Licht kommt – und zwar so lange, bis *alle* Formen in diesem Licht der Erkenntnis als Erscheinung der gleichen »göttlichen Ursubstanz« erkannt werden.

Der zweite Grund ist natürlich, dass du nichts transformieren kannst, was du nicht selber hast und bist.

Und der dritte Grund ist, dass du dich nicht selber vollkommen frei erschaffen kannst, wenn du nicht vorher vergisst, wer du wirklich bist. Wir haben als »eigentlich Außerirdische« also die Aufgabe, zuerst »einzuschlafen« und alles zu vergessen, was wir schon immer gewusst haben: wir müssen zu einem Irdischen werden. Wir müssen zuerst all den Schrott erfinden und für wahr halten und uns mit allen möglichen Einbildungen identifizieren, z. B., dass wir eine Persönlichkeit und einen Charakter haben usw., damit wir diesen Unsinn anschließend wieder zurück ins »Licht« – in Erleuchtung – transformieren können. *Der dritte Grund ist also die Sache mit dem freien Willen.*

Bei diesem Prozess treten unweigerlich ausgesprochen unangenehme Zustände auf und auch deine biologische Maschine wird einiges mitmachen. Aber bleib' cool und steh' das durch. Es wird bald besser, wenn du dich nicht zu stark dagegen wehrst. Außerdem wirst du bei Bedarf geeignete Hilfe erhalten. (Vermeide dabei möglichst die Konsultation eines Irdischen-Psychiaters.) Die entsprechende Hilfe wird kommen, wenn du innerlich darum bittest und sie wird vermutlich anders aussehen als du dir das gerade vorstellst.

Wenn du bei deiner Geburt nicht alles wieder vergessen würdest, was du in deinem Innersten nach wie vor noch weißt, dann könntest du niemals freiwillig wieder zurück wollen in deine wahre Heimat. Wer würde sich denn freiwillig dazu entscheiden, sich *wieder* in den Himmel zurückzuerinnern, wenn er sich nicht vorher freiwillig herausträumen und eine Hölle erfinden würde als diesen gegensätzlichen Pol zur Wahrheit – eine Erfindung, die er während seines Aufenthalts auf diesem Planeten gemeinsam mit all den hier anwesenden Irdischen weiterhin *scheinbar* erschafft – bereits erschaffen und vorbereitet von vielen Ahnengenerationen?

Wahrheit soll hier ein anderes Wort sein für ewige Freiheit, oder für unermessliche Liebe, oder für Gott, oder für den Geist Gottes, oder für das Unteilbare Ganze, oder für das Nichts, aus dem alles kommt und in das es wieder zurücksinkt. Das ist alles dasselbe.

Jede Form von Gewalt hingegen ist ein Beweis, dass etwas bei der Geschichte, in der sie auftritt, nicht wahr sein kann. Oft bist du sogar gewalttätig gegen dich selber, wenn du z. B. von dir etwas verlangst, von dem du *denkst,* dass du es jetzt tun solltest. Jeder Zwang, jedes Muss ist eine Form von Gewalt und behindert die Ausdehnung des Lebens und der Lebenslust, was du besonders schnell beim Sex bemerken wirst.

Verdeckte Gewalt kannst du »Manipulation« nennen.

Das Problem besteht nun darin, dass deine Programmierungen eine Art Eigenleben führen und sich gegen ihre Auflösung wehren: Der Traum schützt sich selbst. *Ein Irdischer will gar nicht wach werden;* er denkt ja, er sei schon wach, sobald er aus dem Bett gestiegen ist. Er benötigt zum Erwachen entweder einen enormen Schock – sogar danach will er lieber gleich wieder einschlafen – oder er muss sich enorme Mühe geben, damit er wach bleibt, falls er bereits durch ein Wunder »erleuchtet« wurde.

Am Schlimmsten sind diejenigen dran, die es im Leben zu etwas gebracht haben, die es also geschafft haben, endlich Oberaffe in einer Horde zu werden. Im Buddhismus gibt es daher *die drei schlimmen Karmas: Schönheit, Reichtum und Ruhm.* Wer damit ausgestattet ist, der braucht ein echtes Wunder, damit er noch zu sich kommt. So jemand hat sich seine Hölle derartig toll eingerichtet, dass er sie keinesfalls verlassen will. Diese Art von Glück ist in Wirklichkeit ein Fluch: Es ist der erfüllte Wunsch von kleinen Kindern nach Sicherheit bei der Mama, statt dass sie das Risiko eingehen, das für eine Selbstverwirklichung in Freiheit erforderlich ist.

Du kannst die Traumzeit aber auch »Bühne für Inszenierungen« nennen:

Die Welt wäre dabei eine Bühne, auf der du mit Hilfe anderer Irdischer all das inszenieren kannst, was du für wahr hältst – oder wo du mit Hilfe der anderen aus *deren* Inszenierungen lernen kannst, was gut und klug ist oder was du besser nicht machen solltest, weil es sonst für dich ebenfalls recht unangenehm werden wird. Wenn du da durchblickst, hast du die Wahl, bei diversen Aufführungen freudig mitzuspielen und etwas zu lernen – oder du bleibst ein Experte, der sich zum Kritiker, zum Richter aufschwingt und stattdessen die Schauspieler und das Lehrstück beurteilt, weil du dir einbildest, dass du Bescheid weißt und daher nichts mehr zu lernen brauchst. Wenn du aber diese Schauspieler und diese Inszenierung verändern willst, weil die nicht das spielen, was du für richtig hältst, riskierst du Ärger, nicht nur einen Rückfall in Zeiten deiner Dummheit. Damit bist du bestenfalls ein gebildeter Depp geworden, der sich selber blockiert, anstatt zu kapieren, *dass alles nur für dich gespielt wird, damit du erkennst, was du selber zu korrigieren hast.*

Wenn du nicht durchblickst, sondern diese Inszenierungen für bare Münze nimmst wie ein kleines Kind, dabei noch die Schauspieler mit ihren Rollen verwechselst und zusätzlich deine kindliche Vorstellung von Gerechtigkeit ins Spiel bringst, dann ist nur noch völliger Unsinn zu beobachten: Du würdest den Schauspieler, der den Bösen gespielt hat, bestrafen wollen, denjenigen, der den Armen spielte, würdest du bemuttern, und den, der den Trottel gespielt hat, würdest du verachten. Helden würdest du natürlich bewundern und ihnen eine besonders fette Gage zahlen.

Was aber ist Realität beim Theater? Realität ist natürlich, dass am Ende der Vorstellung *alle* Schauspieler nochmals auf die Bühne kommen, sogar die Toten, die bereits im ersten Akt umgebracht wurden, und sich verneigen, dass *jeder* der Schauspieler den verdienten Applaus entgegennimmt und später, *seiner Rolle entsprechend,* eine Gage erhält. Du jedoch, ohne Durchblick, aber ausgestattet mit einer selbstgefälligen und kindlichen Vorstellung von Gerechtigkeit, würdest den Bösen und wahrscheinlich auch den Trottel ohne Anerkennung und ohne verdiente Entlohnung am Ende der Vorstellung zum Teufel schicken wollen und das für sehr gerecht halten: »Das wäre ja noch schöner! Wieso sollte denn dieser intrigante Bösewicht, wegen dem ein Haufen Menschen Probleme bekamen oder umgebracht wurden und der selber ein Mörder ist, eine Belohnung für seine Untaten bekommen!?«

Ganz einfach: *Weil er die zweite Hauptrolle in diesem Stück spielte* und ohne ihn der Held des Stückes nicht als ein großer Held dastehen könnte! Ohne einen Schurken, der mindestens so böse ist wie der Held heldenhaft, kann das Heldenhafte nicht sichtbar werden. Wer kann denn als ein Held *erscheinen,* wenn er keine Gelegenheit bekommt, das zu zeigen? *Dafür ist aber ein entsprechender Gegenspieler nötig.*

Übe, die Schauspieler von ihren Rollen zu unterscheiden! (Ed O'Neill ist nicht Al Bundy, er hat ihn nur lange Zeit gespielt! Seither denken viele, Ed sei ein Trottel.)

Und lerne zu erkennen, dass »die Welt« für dich eine Bühne ist, damit *du* endlich etwas kapierst – nicht die Schauspieler und nicht die Drehbuchschreiber. Nur du allein! *Ist das nicht toll, dass du es jetzt selber in der Hand hast, was du aus der Sache machst, anstatt weiter wie ein Kind darauf angewiesen zu bleiben, dass die anderen endlich etwas kapieren und ändern?*

Hast du das verstanden? – Nein?

Um Gottes Willen: Wie vernagelt bist du denn?

Oder bist du ein Kind? Dann sei dir vergeben, weil du noch nicht durchblickst und nicht weißt, was du tust.

(Sorry – jetzt war ich grad' selber wieder gewalttätig in Wort und Geist.)

Also nochmals anders, mit etwas mehr Mitgefühl und Verständnis, denn ich hab' gerade so getan, als ob ich selber schon seit langer Zeit durchblicken würde und bereits jenseits von Gut und Böse und schon fast ein richtiger, statt nur ein potentieller Außerirdischer wäre:

Wahrscheinlich weißt du, dass in der modernen Schauspielerausbildung großer Wert darauf gelegt wird, dass Schauspielschüler nicht nur so tun, als ob sie eine bestimmte Person sind, sondern dass sie sich mit der darzustellenden Figur *identifizieren.* Sie sollen nicht ein Arschloch spielen, sondern sie sollen bei Bedarf ein Arschloch *sein,* denn je besser sich der Schauspieler mit seiner Rolle identifizieren kann, desto überzeugender wirkt er. Am besten ist es, wenn er während der Vorstellung selber glaubt, dass er ein echtes Arschloch ist.

Am Ende der Vorstellung hört er damit auf und ist wieder der Huber Josef, der die verdiente Belohnung erhält für seine Leistung auf der Bühne. Je ausgeprägter seine Fähigkeit ist, sich mit verschiedensten Rollen zu identifizieren, desto gefragter ist er als Schauspieler, denn er kann bei den unterschiedlichsten Stücken mitspielen. Das ist schön für ihn *und* für die Zuschauer. Verfügt er hingegen nur über sehr wenige Identifikationsmöglichkeiten, ist er halt oftmals nicht so gefragt und kann bei bestimmten Aufführungen dann nicht mitwirken. Das mag schade sein für ihn – oder sein Glück. Sollte er nun versuchen, trotzdem mitzuwirken, obwohl seine Rolle nicht benötigt wird, bekommt er Ärger, weil er die aktuelle Aufführung stört: Er darf nicht mitspielen und ist deswegen vielleicht traurig oder er bekommt Angst, weil er denkt, unwichtig zu sein. Klar ist aber: bei *diesem* Stück ist er außen vor.

Auf der »Weltbühne« *müssen* wir jedoch irgendwo mitspielen dürfen, sonst sterben wir. Ohne Zugehörigkeit zu mindestens einem Ensemble ist es aus mit uns. Gott sei Dank gibt es davon genug und man kann als Erwachsener ja immer wieder in ein anderes wechseln.

Wenn der vormals Außerirdische in diese Weltbühne hineingeboren wird, gerät er aber in eine bereits laufende Vorstellung, deren Drehbuch vielleicht schon lange besteht und über Generationen »vererbt« wurde, und er wird mit Schauspielern konfrontiert, die ihre Rolle seit Jahrzehnten inne haben und derartig damit identifiziert sind, dass sie selber glauben, sie seien diese Rolle. Wenn er hier überleben will, muss er schleunigst mitspielen und die übrigen Schauspieler weisen ihn dazu ein: Er wird instruiert, welche Rolle er ab jetzt zu spielen hat und welche Rolle die anderen Mitglieder seiner Truppe haben. Er merkt, dass es nicht reicht, wenn er nur tut, als ob er wäre, wie er sein soll: Er muss sich ebenfalls mit seiner Rolle identifizieren – genau so, wie die anderen mit ihrer Rolle identifiziert sind.

Seine Einweisungen erhält er mit den bekannten Suggestionen

»du bist …« und »Mama ist …« und »Papa ist …« usw.; er bekommt auch alle Informationen darüber, was da gespielt wird: »Ach Gott, Mama muss immer alles alleine machen, der Papa sitzt schon wieder beim Wirt und besäuft sich. Zur Oma muss ich auch gleich rauf, die ist ja dauernd krank. Und jetzt hab' ich dich noch am Hals! Wenn du nicht gekommen wärst, hätte ich den nie geheiratet und wäre jetzt Ärztin!«

So, nun fühl' dich schuldig und überflüssig, genau wie Mama und Papa seit ihrer Kindheit.

Zugegeben: Das ist jetzt keine Aufführung, in der jemand glücklich wird. Aber was bleibt dir übrig? Du hast als Kind keine Wahl, wenn du überleben willst: Du *musst* deine Rolle annehmen und dich damit identifizieren; und du musst auch die anderen Mitspieler mit ihren Rollen verwechseln, sonst störst du diese Aufführung und wirst womöglich daraus entfernt. Es gibt für dich vorerst keine Chance, diese Aufführung als Aufführung zu erkennen und auch keine Chance, die Schauspieler *hinter ihren Rollen* als Außerirdische zu identifizieren. Du bräuchtest dazu ein Wunder – eine Erleuchtung. Weil diese Außerirdischen aber selber vergessen haben, dass sie in Wirklichkeit tief drinnen Außerirdische sind, kannst du dir als Kind schnell eine Menge Ärger einhandeln, wenn du sie trotzdem als solche behandeln würdest, was aber nach einiger Zeit fast ausgeschlossen ist: Da du es bei deiner Geburt selber vergessen hast, wird das kaum passieren. Du wirst erst einmal mitspielen und dich mit deiner Rolle identifizieren. Wenn du groß genug geworden bist, kannst du das endlich durchschauen, allen ihre verdiente Gage geben – auch dir selber – und aus dem Gelernten etwas Schönes machen.

Für erste Schritte, um aus diesen diversen Höllen zu entkommen, reicht es zunächst, dass du lernst, Spiele allmählich zu durchschauen, anstatt sie für die Wirklichkeit zu halten. Du wirst damit auch lernen, frei zu entscheiden, in welchen Inszenierungen du mitspielen willst und vor allem in welcher Rolle, *denn dabei gilt: Mitgefangen, mitgehangen.* Das bedeutet: Wenn du noch nicht imstande bist, selber frei zu entscheiden, in welchen Inszenierungen du in welcher Rolle mitspielst, sondern wenn du dich von den Irdischen weiter in ihre Dramen hineinziehen lässt und diese Dramen dann ernst nimmst, kann dich der Teufel holen. Du bist nämlich trotz deiner Blindheit dafür verantwortlich, wenn du anderen hilfst, ihre schlimmen Inszenierungen zu realisieren, indem du deine zugewiesene Rolle einnimmst und dich damit identifizierst: »Unwissenheit schützt vor Strafe nicht«, meint unser Volksmund dazu etwas irreführend, weil es sich dabei einfach um Konsequenzen handelt, nicht um eine Strafe. Und du bist natürlich ebenfalls dafür verantwortlich, wenn du andere in deine eigenen Geschichten reinziehst und ihnen Schlimmes zumutest.

Alles ist nur ein großes Spiel, selbst das, was auf dich schlimm wirkt. Also mach' dich locker und lerne, Spiele zu durchschauen und zu entscheiden, in welchen Aufführungen du mitspielen willst und aus welchen du dich besser raus hältst. Auf diese Weise könntest du dir viel Ärger ersparen und stattdessen Spaß haben.

Warum du zwar bestimmen kannst,
wer du für mich sein willst
und wer ich für dich sein soll,
aber warum ich bestimme,
wer ich für dich bin und wer du für mich bist.

Hoffentlich liebt mein Nächster mich nicht so wie sich selbst.
(ARNO SCHMIDT)

Zur Ergänzung des Vorhergehenden hier noch eine etwas detailliertere Skizze:

Da unser Leben auf diesem Planeten von einem gewissen Standpunkt aus ein Spiel ist, das auf der Bühne der Welt von den Irdischen mit großer Ernsthaftigkeit, von Außerirdischen aber mit Durchblick und daher mit viel Spaß und Freude gespielt wird, kommt es laufend vor, dass du von anderen Irdischen aufgefordert wirst, in deren Spiel mitzuwirken und bestimmte Rollen zu übernehmen. Die Aufforderung und die Art des Spiels wird jedoch von ihnen nur sehr selten bewusst mitgeteilt. Es liegt an dir, dass du da selber achtsam bist, wenn du nicht in Spiele geraten willst, in denen du am Ende nur Saures kriegst. (Aber okay: Du kannst am Ende ja deinen Mitspielern ins Gesicht lachen, falls du wenigstens dann in der Lage bist, das Ganze als Spiel zu durchschauen. Das wäre noch ein echt guter Abgang.)

Ihre bevorzugten Spiele könntest du nennen:

»Bitte, sei meine Mammi«, beziehungsweise:

»Hör' mal – *ich* bin hier die Mammi und du wirst jetzt gefälligst so sein, wie ich das will!«

Diese Spiele enden gewöhnlich bald langweilig, manchmal aber recht dramatisch, und sie werden bei den Irdischen anfangs meist Verliebtheit genannt – oder wahlweise: »Ich habe endlich meinen Guru gefunden!« In jedem Fall geht es dabei um Formen der Kontrolle und des Abschiebens von eigener Verantwortung.

Eines der Grundmuster geht etwa so:

Einleitung:

»Du wirst mich glücklich machen. Du bist die/der einzig Richtige! Ich werde alles tun, damit ich mit dir zusammen sein kann. Versprich mir aber ganz fest, dass du dich so reinhängst wie ich!«

Mittelteil:

»Wieso bist du jetzt in letzter Zeit so komisch geworden, wo ich in all den Jahren so viel für dich geopfert habe? – Du hast mich betrogen!«

Ende:

»Nur wegen dir bin ich derartig unglücklich. Ich werde dich übermorgen verlassen. Ich hab' nämlich inzwischen die/den wirklich Richtige/n gefunden!«

Oder dramatischer:

»Ich bring' dich jetzt um, damit dich wenigstens kein anderer kriegt.« (Ähnlich bescheuert ist diese Variante: »Ich bring' mich jetzt um – wegen euch. Fühlt euch auf ewig Scheiße!«)

Du kannst mit einiger Übung bald erkennen, wenn dich jemand auffordert, eine bestimmte Rolle in seinem Spiel zu übernehmen, *denn er wird damit anfangen, dich auf eine Weise zu behandeln, als ob du das bereits wärst.* Das ist sein gutes Recht, selbst wenn's letztlich dumm ist. (Die Psychoanalytiker mögen das; sie nennen es Übertragung.)

Versucht der andere, dich auf eine nette Art zu bestimmen,

indem er dir eine gute Rolle anträgt, kann das natürlich zunächst auf dich förderlich wirken: Du wirst dann tatsächlich »besser« als du bisher dachtest. Aber bleibe wach und achtsam dabei, damit du die Kontrolle über dieses Spiel nicht verlierst, sonst bekommst du am Ende doch ziemlich Ärger, wenn du dich irgendwann weigerst, *deine Bestimmung* weiter zu erfüllen. Höchstwahrscheinlich wirst du vom anderen nämlich genau deshalb ausgesucht, weil du eine gewisse Ähnlichkeit mit einem seiner früheren Götter (Mama-Gott oder Papa-Gott) aufweist; du wirst wahrscheinlich am Ende der Vorstellung wie ein Betrüger behandelt, obwohl du dein Bestes gegeben hast, so zu sein wie du solltest.

Du kannst dir jedoch, wie das ein gefragter Schauspieler tun würde, zunächst das Drehbuch zeigen lassen, ehe du dich entscheidest, ob du die angebotene Rolle annimmst. Das geschieht, indem du sehr achtsam bist und genau zuhörst, wie der andere etwa über seine Eltern, seinen Expartner, über »die Männer« oder über »die Frauen« redet. Du kannst dann schon bald erkennen, wie der Hase läuft und bereits einen Blick in deine Zukunft bei dem Spiel werfen. Lass' dir dabei Zeit, denn es folgen weitere Einblicke in das Drehbuch, beispielsweise diverse Glaubenssätze, die der Spielpartner absondert:

»Ich werde ja sowieso immer verlassen.«

»Ich finde es so toll, wie wir immer übereinstimmen! Mit Papa ging das nie.«

»Meine Ex nervt schon wieder. Ich mach' das ja nur mit wegen der Kinder.«

»Ich muss mich schnell um Papa kümmern. Der ist schon wieder krank.«

»Gut, dass du nicht so bist wie die anderen Frauen.«

»Ich will auf keinen Fall eine Ehe führen wie meine Eltern!«

»In meiner Familie sind alle Männer früh gestorben.« (Huch! Das wird wohl eine Hardcore-Vorstellung.)

Spielst du mit, egal aus welchem Grund, bist du selbstverständlich *vollständig* dafür verantwortlich, welche Erfahrungen du dabei machst – *aber auch dafür, dass du dem anderen bei dessen Erfahrungen behilflich bist.* Mit gewissen Rollen kann sich ein Schauspieler sogar echt seinen guten Ruf versauen. Entscheidest du in dieser Sache noch unaufmerksam und wie ein Kind, dann bist du vielleicht froh, dass sich überhaupt einer für dich interessiert, nimmst jede Rolle an, nur damit du nicht verhungerst, und kommst erst recht in die Scheiße, denn du wirst für bestimmte Rollen am Ende deine Gage nicht erhalten, sondern ein Urteil. Das ist die Regel, denn Irdische verwechseln in ihrer ernsthaften und engagierten Blindheit jeden, der bei ihrem Spiel mitwirkt, mit seiner Rolle. Sie verwechseln sich ja selber mit ihrer Rolle.

Du kannst also zwar frei bestimmen, wer ich für dich sein soll – etwa der weiße Ritter oder ein Arschloch – und wer du für mich sein willst – zum Beispiel meine Mutti, die mich retten will und die sich um mich sorgt, damit ihr Leben wieder einen Sinn hat – aber ich bestimme selber, wer ich für dich bin und wer du für mich bist: Lässt du mich so sein, wie ich will, ohne Bedingungen an mich zu stellen, dann wird dir das sicher ebenfalls gut tun. Willst du das nicht, so ist das schade und wir kommen auf einer gewissen Ebene nicht wirklich zusammen.

Bleibe achtsam, ruhig, offen und liebevoll und erlaube dir, bestimmte Rollen freundlich abzulehnen; du kannst trotz aller zwischenmenschlichen Probleme ein interessantes Leben führen, denn du hast nun die Fähigkeit entwickelt, deine eigenen Aufführungen in Szene zu setzen und findest bestimmt die geeigneten Mitspieler dafür.

Bestimme besser selbst, wer du für andere sein willst und wer sie für dich sind.

Warum du eine eigene Familie brauchst – aber nicht so, wie du denkst

Wenn die Seele bereit ist,
sind es die Dinge auch.
(William Shakespeare)

Ein Irdischer ist erst dann zu einem echten Außerirdischen mutiert, wenn er sich wieder daran erinnert hat, dass er vollkommen frei und mit allem Existierenden verbunden ist. Erst durch diese Erkenntnis entsteht *wirkliches* Selbstbewusstsein: Alle Menschen haben nämlich ein *gemeinsames Selbst, das sich in jedem Einzelnen erkennen lässt.* Dieses gemeinsame Selbst kannst du meinetwegen Christus oder Buddha-Natur nennen. Es ist weder weiblich noch männlich, sondern beides und es erscheint, wie erwähnt, in unterschiedlicher Form. In diesem gemeinsamen Selbst sind alle vereint, auch wenn sie das nicht bemerken – genau wie alle Ameisen eines Ameisenvolkes Eins sind; sie *erscheinen* nur in Gestalt einzelner Ameisen. Beobachtest du daher eine isolierte Ameise, kannst du in deren Verhalten keinen tieferen Sinn mehr erkennen. Dazu musst du den Gesamtzusammenhang beobachten, selbst wenn es sogar unter den Ameisen Spezialisten gibt.

Du musst jedoch diesen Sachverhalt der Verbundenheit *erleben;* wenn er dir nur theoretisch einleuchtet und du das dann »glaubst«, reicht es nicht. Es wäre aber zumindest ein Anfang.

Eine erste unreife Ahnung dieser Verbundenheit erleben wir als Kinder mit unserer Familie, denn die Bindung der Familienmitglieder untereinander ist sehr stark. Für einen Sprung zurück zum Außerirdischen reicht diese Form der Bindung aber nicht aus; sie ist nämlich exclusiv, indem sie andere ausschließt, weil sie von unserem Schimpansen-Überlebensprogramm zu stark kontrolliert wird. Wir müssen zunächst dieses Basis-Programm erkennen, erforschen und überwinden.

Soweit ich das bisher beobachten konnte, glauben fast alle, dass sie bereits ab *dem* Zeitpunkt ihre eigene Familie hätten, sobald sie geheiratet und eigene Kinder in die Welt gesetzt haben. Das ist ein großer Irrtum, wenn man auf die Wirklichkeit schaut, denn ihre eigene Familie ist vorerst nichts weiter als eine Fortsetzung ihrer bisherigen Familiengeschichte mit fast den gleichen Mitteln, jedoch der oft unbewussten Absicht dahinter, nun all das richtig zu machen, was in ihrer Herkunftsfamilie scheinbar falsch gelaufen ist – und dabei doch das zu wiederholen, was sie dort erlebt haben. Der Versuch, das Erlebte zu korrigieren, wäre an sich eine gute Idee. *Das geht aber erst, wenn ich das Erlebte nicht mehr verurteile und mich selbst korrigiere, anstatt andere verändern zu wollen.*

Manchmal merkt man recht deutlich, dass eine echte Ablösung von den Herkunftsfamilien überhaupt nicht stattgefunden hat, weil die Eltern noch tatkräftig mitmischen und wichtige Entscheidungsträger sind in den Familien ihrer Kinder. Oft sind diese verheirateten Kinder sogar abhängig von finanziellen Unterstützungen ihrer Eltern.

Was ist dann aber eine eigene Familie, wenn Heirat und eigene Kinder das nicht automatisch zur Folge haben? Es reicht ja offensichtlich auch nicht, wenn man sich nur trotzig von den Eltern abgrenzt und sich von denen nicht mehr dreinreden lassen will, denn Trotz ist keine Abgrenzung, sondern ein Beweis für eine Mutterbindung.

Du kannst, wie erwähnt, erst dann eine wirklich eigene Familie ha-
ben, wenn du dich wieder daran erinnert hast, dass du ein Außer-
irdischer bist – wie all die anderen.

Erst damit hast du dich befreit von den starken Bindungen, die
durch das »Clangewissen der Blutsbande« und durch deine Schimpansen-Überlebensprogramme ein selbstbestimmtes Leben verhindern. Du musst zuerst deine Mutter entbinden, anstatt darauf
zu hoffen, dass sie irgendwann damit einverstanden ist, dass du
so leben darfst, wie es dir gefällt, sonst bleibst du weiter abhängig von der Zustimmung anderer. Es reicht wirklich nicht, dass
du dir jetzt einbildest, es sei dir egal, was andere von dir und von
deiner Art zu leben halten, denn es ist ohnehin nicht wahr. Das
könntest du leicht daran erkennen, dass du auf Ablehnung und
Zuneigung weiterhin *re*-agierst – und zwar ebenfalls mit Ablehnung oder Zuneigung.

Aber pass' auf, dass du dir bei der Überprüfung nichts vor-
machst.

Je mehr es dir gelingt, diese Überlebensprogramme in ihren verschiedenen Auswirkungen zu beobachten, anstatt dich weiter von
ihnen bestimmen zu lassen, desto öfter wirst du *erfahren,* dass
die Beziehungsformen Mutter-Kind, Vater-Kind, Bruder-Bruder,
Schwester-Schwester, Bruder-Schwester, Partnerschaft, Kind-Mut-
ter und Kind-Vater nicht von Blutsverwandtschaft abhängen, sondern dass sie *allgemeine* Beziehungsformen sind. Somit wirst du
erleben, dass »eine eigene Familie haben« eine vollkommen neue
Art von Leben ermöglicht:

Du kannst jetzt hunderte von Vätern haben, hunderte von Müt-
tern, tausende Geschwister und zehntausende von Kindern, ohne mit

einem von denen verwandt zu sein. Es kann sogar sein, dass du viele davon ganz selten und für kurze Momente triffst in deinem Leben, andere vielleicht nie, denn du hast nur von denen gehört oder gelesen; aber du fühlst sofort eine Verbundenheit wie zu einem »richtigen« Vater oder einer »richtigen« Mutter usw.

Aha! Du hast jetzt gemerkt, warum das erst möglich ist, wenn du dich *im Guten* von deiner Herkunftsfamilie gelöst hast: So lange du nämlich noch irgendetwas an denen auszusetzen hast oder sie retten willst, würdest du diesen Fehler auch in deiner »eigenen neuen Familie« machen. Anstatt die Verbundenheit zu erleben, die immer schon da war, würdest du dich weiter zum Richter machen und deine »gerechten« Urteile über andere, Gott und die Welt treffen, anstatt alles so anzuerkennen, wie es ist und das Gute darin zu suchen. Du wärst weiterhin überzeugt, dass die Welt anders sein sollte, dass deine Mitmenschen anders sein sollten und du selber wahrscheinlich ebenfalls.

Die Folge dieses Irrglaubens wäre weiter Krieg in Variationen, also ein Leben, wie du es bisher geführt hast bei deinem Versuch, andere zu verändern, damit du bleiben kannst wie du bist. Das ist völlig okay. Aber dann hör' wenigstens auf zu jammern darüber, dass es nicht klappt. Wie sollte es denn klappen, wenn es doch völlig plemplem ist, weil du ja damit die Wirklichkeit bekämpfst?

Falls du es tatsächlich geschafft hast, eine eigene Familie zu gründen, dann wird sich für dich mit der Zeit zwangsläufig ergeben, dass sie am Ende nicht nur die gesamte Menschheit umfasst, sondern alles Leben auf diesem Planeten.

Du wirst alles lieben und beschützen wollen, genau so, wie du das früher mit deinen Liebsten getan hättest, als du noch ein Kind warst. Du hättest damals sogar dein Leben dafür geopfert, damit es der lieben Mama wieder gut geht. Da du das nicht schaffen kannst, weil es unmöglich ist, andere auf direkte Art zu beeinflussen, hast du dich vielleicht dazu entschlossen, einen Helferberuf zu erlernen, anstatt dich endlich selbst zu befreien. Macht nichts: Sobald du erkennst, dass du sofort eine tolle eigene Familie haben kannst, anstatt vergeblich andere Leute oder dich selbst verändern zu wollen, kannst du sogar als Arzt oder Psychotherapeut ein schönes Leben haben – trotz deines bisherigen Wahns – und damit auch gutes Geld verdienen. (Aber was nützt dir dein gutes Geld, wenn du dich täglich abrackerst in deiner Praxis und daheim nicht einmal mit deiner Frau fertig wirst, weil du seit Monaten keinen mehr hoch kriegst vor lauter Stress?)

Kannst du dir vorstellen, wie die Mitglieder dieser eigenen Familie miteinander umgehen? Wie werden sie sich verhalten, wenn einer von ihnen mal etwas falsch macht? Wie reagieren sie, wenn einem Mitglied ihrer Familie etwas Schlimmes widerfährt oder wenn es einem schweren Irrtum unterliegt – zum Beispiel dem, dass es glaubt, die Welt sei nicht in Ordnung und müsse umgehend von ihm in Ordnung gebracht werden?

Wirst du sie trotzdem lieben?

Wie wirst du mit deinen Familienmitgliedern umgehen, wenn du sehen kannst, dass sie in Wirklichkeit Außerirdische sind, obwohl sie das selber vergessen haben? Wirst du weiter an Schuld und Strafe denken und dich zum Richter machen über sie?

Oder glaubst du, dass es dir wirklich egal ist, was sie tun und wie es ihnen geht, nur weil sie auf einem anderen Erdteil leben?

Würdest du dich tatsächlich wie ein Erzieher verhalten und dich ohne Auftrag in ihr Leben einmischen, weil du dir einbildest, du wüsstest, was für sie richtig oder falsch oder gut oder schlecht ist?

Würdest du sie danach bewerten, wie viel Geld sie haben oder ob sie inzwischen in deiner »eigenen Familie« eine wichtige Position einnehmen?

Wie würdest du sie behandeln, wenn du erkennst, dass sie noch wie Kinder sind, die aber einen Erwachsenenkörper haben und sich beispielsweise kolossal darüber wundern, was manche unter einem schönen Leben verstehen und dass man dafür unbedingt eine Arbeit braucht, damit man Geld verdient, weil man sonst kein schönes Leben führen kann?

Würdest du tatsächlich versuchen, das Bewusstsein deiner »Angehörigen« ohne deren Einwilligung zu verändern oder sie daran hindern, wenn sie ihr Bewusstsein auf ihre eigene Art verändern wollen?

Würdest du ihnen Vorschriften machen oder sie einfach anleiten, so gut du das kannst, sofern sie darum bitten?

Meditiere gelegentlich darüber.

Warum die Wahrheit offensichtlich ist

Von den Schülern eines Meisters haben zwei Hämorrhoiden.
Wegen des Juckreizes müssen sie sich
immer wieder am Arsch kratzen.
Da fragt der eine den Meister:
»Meister, darf ich mich während des Meditierens
am Arsch kratzen?«
Der Meister antwortet:
»Scher' dich zum Teufel, du Dummkopf!«
Der zweite fragt nun ebenfalls:
»Meister, darf ich während des Arschkratzens meditieren?«
Der Meister sagt: »Selbstverständlich! Ausgezeichnet!«

Die Welt ist so, wie sie ist, damit du endlich lernst, deine Einbildungen zu erkennen und zu korrigieren. Dazu ist es nur nötig, das, was du glaubst, sowie das, was du dir einbildest, dass anstatt der Wirklichkeit sein sollte, mit dem zu vergleichen, was tatsächlich der Fall ist.

Über Tatsachen kann man nicht streiten. Deswegen haben alle Probleme, die du auf diesem Planeten beobachten kannst, die gleiche Ursache: Es handelt sich um Glaubensprobleme. *Jede Art von Glaube ist bereits ein Problem, denn die Wirklichkeit braucht keiner zu glauben, sondern er muss sie nur anerkennen, wie sie ist.* Wegen unserer Programmierungen haben wir jedoch Vorstellungen über die Welt und über uns entwickelt, die wir nun dauernd vor uns hinstellen – darum heißen sie ja Vorstellungen – und die uns seither einen klaren Blick auf die Wirklichkeit verstellen: Wir sehen jetzt nur noch unsere Vorstellungen und glauben, dass diese

wirklich seien. Wir glauben sogar, dass wir zu Recht davon überzeugt sein dürfen.

Sobald du nun irgendetwas glaubst, anstatt einfach nur zu schau-
en auf das, was ist und es auch so anzuerkennen, wie es jetzt ist,
bekommst du Schwierigkeiten – entweder mit anderen oder mit
dir selber, etwa eine Krankheit, die hervorgerufen wird durch die
Spannung, die unweigerlich entsteht, wenn man in Konflikt mit
der Wirklichkeit gerät.

Der Irr-Glaube, der besonders bei Krankheiten schnell zu erkennen ist, besteht darin, dass die Ursache der Störung nicht etwa
beim Gestörten selbst, sondern dass sie außerhalb gesucht wird,
etwa bei einem bösen Virus oder bei einem bösen Mitmenschen,
der sich wieder mal falsch benommen hat, oder in seiner Vergangenheit. Da sie dort aber nicht ist, kann der Gestörte sein Problem
nicht mehr lösen. Er müsste dafür zunächst nach innen schauen
und die Wirklichkeit so anerkennen, wie sie tatsächlich ist, anstatt zu glauben, dass sich zuerst andere oder gar die Welt verändern müssten, damit es bei ihm wieder läuft. Das wäre nur der
Fall, wenn er noch ein kleines Kind wäre; dann wäre er in der Tat
abhängig davon, dass beispielsweise seine Eltern etwas verändern,
indem sie sich wieder vertragen.

Also nochmals: *Es ist völlig egal, was du glaubst, denn jeder Glaube
wird dich behindern.* Unser Volksmund meint dazu sehr treffend:
»Glauben heißt, nichts wissen.« Sogar wenn du behauptest, dass
du an Gott glaubst, nützt das nichts: du müsstest ihn *erfahren,* anstatt an ihn zu glauben. Dein Glaube an ihn behindert dich aber,
weil das bedeutet, dass du eine mehr oder weniger präzise Vorstellung davon hast, was Gott *für dich* sein soll und das hat mit Gott

überhaupt nichts zu tun, sondern ausschließlich mit dem, was du für wahr halten willst.

Deine Vorstellungen über das, was ist, stehen nicht nur zwischen dir und »Gott«, sondern vor allem zwischen dir und der Wirklichkeit – was vermutlich dasselbe ist. Wie sollst du je eines deiner Probleme lösen können, wenn du nicht sehen willst, was tatsächlich los ist, sondern wenn du stattdessen glaubst zu wissen, was los ist und was deiner Ansicht nach sein soll? *Der Wirklichkeit ist es egal, was du glaubst.* Sie ist, wie sie ist. Nimm das endlich zur Kenntnis oder plage dich weiter vergeblich damit ab, sie nach deinen Vorstellungen zu verändern. Es ist dein Leben. Du kannst es vermurksen wie du willst.

Die Welt ist einfach da und sie ist, wie sie ist, damit du dein ganzes Lotterleben lang jeden Augenblick Gelegenheit hast, deine vielen Einbildungen endlich zu erkennen und sie zu korrigieren. Nichts hat eine Bedeutung, sondern alles ist einfach so, wie es ist. Sobald du glaubst, dass die Dinge der Welt etwas bedeuten, bekommst du Probleme, weil es nicht wahr ist.

Du kannst dich in jedem Augenblick neu entscheiden, ob du die Wirklichkeit nun anerkennst wie sie ist, oder ob du dich erneut zum Richter machst über das, was einfach nur ist, wie es ist. Willst du daran irgendetwas verändern, so wäre es zuerst nötig, endlich den Ursprung deiner Erfahrungen zu kennen: *Du bist der Ursprung.*

All das, woran du glaubst, dass es wahr sei, wirst du aber jetzt andauernd beweisen. *Du musst es nämlich beweisen, weil es nicht wahr ist. Die Wahrheit braucht niemand zu beweisen, denn sie braucht nur erkannt zu werden.* Erkennst du sie nicht an wie sie ist, dann hast du weiter deinen Beweiszwang, mit dem du jeden nerven kannst, der sich näher mit dir einlässt. Da sich aber ohnehin Gleich und Gleich gern gesellen, hast du sicher bereits viele Zeugen, die dir deinen Wahn als wahr bestätigen. Du hast jetzt andauernd Recht – und das ist die Hölle, weil sich nun nichts Wesentliches mehr verändert.

Du bist der Schöpfer all deiner Erfahrungen, die du mit Hilfe der Welt und deiner Mitmenschen machst. Sie helfen dir zwar dabei, aber sie sind nicht die Ursache deiner Probleme. *Dass du etwas glaubst, was nicht wahr ist, ist dein Problem.*

Jeder Glaube ist ein Irrglaube. Es gibt keinen wahren Glauben.

Ein Glaube ist jedoch trotz seiner Selbstbestätigungsautomatik relativ gut zu identifizieren: Du kannst ja beobachten, *dass sich jemand nur über etwas aufregt, wenn er glaubt, dass es wahr ist.* Natürlich entsteht Aufregung, wenn du in Konflikt mit der Wirklichkeit stehst, weil du durch dein Urteil eine Spannung erzeugt hast. Die ist dadurch entstanden, dass du etwas Existierendes durch deinen Irrglauben ablehnst und stattdessen etwas für wahr hältst, was eben nicht wahr ist. Erwartest du, dass etwas besser werden soll, als es jetzt ist, lehnst du logischerweise gerade die Gegenwart ab. Schon hast du wieder ein Problem.

Dein Glaube wird auch dadurch deutlich, dass du dauernd das Zeugs erzählst, von dem du glaubst, dass es wahr sei. Du erzählst deine Geschichten und hast viele Erklärungen parat, mit denen du beweisen willst, dass dein Glaube kein Glaube sei, sondern die pure Wirklichkeit. *Erklärungen und Geschichten sind aber nie wahr! Sie sollen nur beweisen, dass dein Glaube wahr sei und nicht die Wirklichkeit.*

Was ist dann zu beachten, wenn du aus deiner selbst erfundenen Hölle wieder raus willst?

Na ja, *dass die Wahrheit dich frei macht, nicht dein Glaube!* Die Welt ist dazu da, dass du die Wahrheit erkennen kannst. Ganz besonders aber sind deine Probleme dazu da, dass du die Wahrheit erkennen kannst, denn sie sind entstanden, weil du etwas nicht wahr haben wolltest, sondern stattdessen etwas geglaubt hast.

Hier ist ein *Tipp,* wie du damit anfangen kannst, deinen Irrglauben zu korrigieren:

Gehe davon aus, dass es drei Bereiche im Universum gibt, die du getrennt halten solltest, wenn du Ärger und Frust vermeiden willst:

Deine Angelegenheiten, für die nur du alleine zuständig bist,

die Angelegenheiten *der anderen,* für die nur sie selber zuständig sind,

und *die Welt,* die einfach so ist, wie sie ist. *Und die völlig in Ordnung und »gerecht« ist.*

(Ich weiß, dass du was anderes glaubst.)

Sobald diese drei ganz verschiedenen Angelegenheiten vermischt werden, gibt es Probleme:

Mische ich mich etwa in die Angelegenheiten anderer Leute ein, weil ich überzeugt bin, dass die sich verändern müssen, damit es gut weitergeht, gibt's Stress und keine Lösung.

Lasse ich zu, dass sich andere in meine Angelegenheiten einmischen, weil ich beispielsweise glaube, dass ich ihnen etwas recht machen muss, passiert das gleiche.

Mische ich mich in die Angelegenheiten der Welt ein, weil ich glaube, dass sie nicht in Ordnung ist, wie sie jetzt ist, gibt's ebenfalls Stress.

Jede Art von Krieg auf diesem schönen Planeten kommt davon, dass Einmischungen stattfinden aufgrund eines Irrglaubens – sogar der Krieg, den du seit langer Zeit mit dir selber führst, weil du glaubst, dass du nicht okay bist und dich daher ändern solltest.

Mitgefühl ist schon gut, aber Einmischen gibt unweigerlich Stress.

Hier sind ein paar Glaubensformen, die von den meisten Irdischen in unserer Kultur für wahr gehalten werden:

Ich bin nicht okay, so wie ich bin und muss mich daher bessern. (Oder anders herum: Die anderen sind nicht okay und sollten sich bessern.)

Es gibt Schuld und Strafe ist daher notwendig.

Ich bin ein Opfer der Umstände und sonstiger äußerer Mächte und ich kann nichts machen.

Andere (Partner, Eltern, Nachbarn usw.) müssen endlich etwas einsehen, damit es bei mir wieder gut wird.

Es gibt viel Ungerechtigkeit auf dieser Welt.

Meine Eltern hätten mich anders erziehen sollen.

Meine Eltern haben mich nicht wirklich geliebt.

Ich bin ein ungewolltes Kind.

Erlebnisse in meiner Vergangenheit sind die Ursache meiner derzeitigen Probleme.

Die Welt ist ein Jammertal.

Mir fehlt etwas sehr Wichtiges und ich muss sehen, dass ich es bekomme (Liebe, Intelligenz, Geld, Zeit, Anerkennung, Bildung, etc.), sonst kann ich endgültig abstinken.

Im Endeffekt bin ich ja sowieso allein.

Wenn ich nicht kämpfe, werde ich untergebuttert.

Ich bin verantwortlich für meine Frau und für meine Kinder und für sonstige Behinderte.

Gott – falls es ihn tatsächlich gibt – ist außerhalb von mir und wenn ich ihn wirklich brauche, ist er ohnehin nicht da.

Ob ich nun existiere oder nicht: es macht keinen Unterschied.

Ich weiß Bescheid.

Ich bin ganz anders als die anderen.

Von Nichts kommt nichts – man muss sich schon anstrengen.

Zum letzten Satz schlage ich dir eine *Übung* vor:

Versuche für einige Zeit, folgenden Satz zu glauben: *Aus dem Nichts kommt alles! Ich kann also locker bleiben und mich überraschen lassen. Das wird bestimmt interessant!*

So, und jetzt schau selber nach, welche Glaubensformen du bei dir und anderen sonst noch entdecken kannst. Aber erinnere dich dabei, dass es keinen wahren Glauben gibt, sondern dass jeder Glaube ein Irrglaube ist. *Du erschaffst zwar mit deinem Glauben deine Realitäten, aber das bedeutet nicht, dass sie deshalb auch wahr sind!*

Damit du eine Chance hast, deine Glaubensformen aufzulösen, gibt es die Welt so, wie sie eben ist. Ihre Wirklichkeit, ihre Wahrheit ist offensichtlich. Du kannst sie mit dem vergleichen, wovon du glaubst, dass es wahr sei oder wie du glaubst, dass es sein sollte, damit alles gut wird. Das wird dich mit der Zeit hoffentlich befreien von den Einschränkungen, die jeder Glaube mit sich bringt.

Wer Augen hat zu sehen, der sehe und wer Ohren hat zu hören, der höre.

Warum jeder erleuchtet sein kann, aber kaum einer es bemerkt

Fremde lernen die Stadt besser kennen,
wenn man ihnen den falschen Weg zeigt.
(Helmut Qualtinger)

Vorweg ein Definitionsvorschlag:
Erleuchtung bedeutet, zu erkennen, was ist.
(Gegensätze dazu wären Einbildung oder Ignoranz.)

Wie es aussieht, gibt es Erleuchtung in unterschiedlichen Größen, quasi vom kleinen Zündholz, das nur wenig und kurz leuchtet, bis zum Flutlicht im Stadion oder gar der Sonne. Es sieht auch so aus, als ob es jedem Irdischen möglich ist, *jederzeit* Erleuchtung zu erfahren, sobald er halbwegs die Augen öffnet und die Ohren aufsperrt, denn die Welt, in der wir leben, bietet reichlich Gelegenheiten dazu.

Beispielsweise dient dir jeder Mitmensch, der dich in irgendeiner Weise in Aufregung versetzt, in diesem Moment als Erleuchtungsgehilfe, sobald du erkennst, dass es interessante Ähnlichkeiten zwischen euch beiden gibt – trotz aller Unterschiede in der äußeren Form:

Regst du dich etwa über jemanden auf, der gerade Blödsinn verzapft hat, dann erhältst du eine kostenlose Vorführung, wie das auf andere wirkt, so dass *du selber* achtsamer wirst, wo und wann und auf welche Weise du deine eigene Klappe betätigst.

Hättest du einen guten Rat für einen Bekannten parat, der gerade in der Klemme steckt, wäre es gut, umgehend zu prüfen, wo du diesen Rat in deinem eigenen Leben beherzigen solltest. Würdest du dich selber nicht daran halten, dann ist es kein wirklich guter Rat.

Diese Form der Erleuchtung bedeutet, eigene Projektionen zu erkennen und sie führt dich daher wieder zurück zu dem Ort, an dem das Problem korrigiert werden kann: zu dir selbst.

Achte gut darauf, wenn du selber Lösungsideen für eigene Probleme hast, damit du sie nicht wegen deines momentanen Ärgers gleich wieder verwirfst:

»Ich kann doch *nicht* einfach zu meiner Schwiegermutter sagen, dass es mir Leid tut! Dann denkt die Alte ja, sie hätte den Krieg gewonnen und ich bin für sie nur noch der Depp!«

Das wäre jetzt wirklich eine gute Idee gewesen, den Krieg mit ihr zu beenden.

»Ich kann doch *nicht* …« ist oft eine Einleitung, die zu einer Lösung führen würde, wenn wir sie nicht sofort verneinen und verwerfen würden: »Ich kann mich doch *nicht* scheiden lassen und das Haus verkaufen! Dann ist ja alles hin!« Selbstverständlich kannst du. Vermutlich ist eh bald alles hin, wenn du es nicht tust.

Du kannst auch Erleuchtung erfahren, indem du jemanden beobachtest, der etwas macht, das wirklich gut funktioniert, etwa indem der eine ruhige, freundliche Haltung bewahrt in einer Situation, in der du dich sofort aufregen würdest – und er löst den Konflikt elegant und friedlich. Du wärst gut beraten, dir so etwas ebenfalls anzugewöhnen, statt sofort zu erklären, warum das in deiner Situation nicht geht.

Die Welt ist voll von Helfern aller Art, die dir helfen würden, erleuchtet zu sein (beachte dabei: viele kleine Lichter machen mit der Zeit auch sehr hell!), wenn du nur achtsamer wärst und öfter mal dein Brett vor deinem Hirn entfernen würdest. *Dieses Brett vorm Hirn besteht aus all den Vorstellungen, die du inzwischen entwickelt hast darüber, was richtig und falsch ist und wie etwas sein sollte.*

Sogar diejenigen, die dich auf einen falschen Weg schicken konnten, weil du denen Autorität und Durchblick zugeschrieben hast, statt das Denken bezüglich deiner Angelegenheiten selber zu übernehmen, werden dir Helfer sein, wenn du endlich die Verantwortung für deine Entscheidungen übernimmst, statt diese Autoritäten verantwortlich zu machen dafür, dass du in ein Schlamassel geraten bist. Entschieden hast du doch selber!

Du hast sicher beobachtet, dass sogar du gelegentlich Geistesblitze produzierst und dass du kreativ sein kannst, und sei es nur in Situationen, in denen du locker warst, weil es scheinbar um nichts Wichtiges ging – oder leicht angesoffen. Aber kaum ist dir eine Sache wichtig genug, regst du dich gleich wieder auf und futsch ist der erleuchtete Zustand. Falls du dich später wieder daran erinnerst, denkst du vielleicht, dass es ohnehin Quatsch war, was du damals produziert hast.

Schade.

Warum du auch nach deinen Erleuchtungen wieder ein Trottel sein kannst.

In einem Südstaaten-Schulbus kommt es wieder einmal zum Streit
zwischen den weißen und den farbigen Schulkindern.
Den Busfahrer nervt die Streiterei.
Er hält an und lässt alle Kinder aussteigen.
Dann hält er ihnen eine Predigt über Gleichheit
unter den Menschen und sagt am Ende:
»Stellt euch doch einfach vor, wir sind alle grün!
So, und jetzt wieder rein mit euch – die Hellgrünen nach vorne,
die Dunkelgrünen nach hinten!«

Zunächst sollte klar sein, dass Erleuchtung in unterschiedlichen Formen geschieht, dass die meisten aber denken, Erleuchtung sei *immer* eine tolle und überwältigend schöne Erfahrung. Das ist ein ziemlicher Irrtum. Es gibt sehr unangenehme Erfahrungen, die ebenfalls Formen der Erleuchtung sind, beispielsweise die, wenn du klar erkennst, was für ein Trottel du bisher meist gewesen bist. Diese Form wird allerdings nicht besonders geschätzt, sondern eher als eine Form von Depression verunglimpft. (Eine solche entsteht unter Umständen, wenn du diese Art von Erleuchtung ablehnst, nur weil sie dir unangenehm ist.) Du wirst doch aber sofort verstehen, dass Einsicht der erste Schritt zur Selbstkorrektur ist. Wie sollst du sonst auf die Idee verfallen, dich neu zu entscheiden, wenn du nicht merkst, auf welchem Holzweg du bisher warst. Freilich ist das nicht schön, es zu erkennen, ist aber halt die Voraussetzung für eine radikale Umkehr. Manche sagen zu dieser Form von Erleuchtung *Reue*.

Nehmen wir zu deinen Gunsten an, dass es bei dir bereits zu Erleuchtungseffekten kam, die dir Einblicke in Teile der Wahrheit, der Wirklichkeit des reinen Seins gestattet haben und die so ähnlich waren, wie du dir Erleuchtung immer vorgestellt hast: wo du daher voller Freude und Dankbarkeit warst über dieses Wunder der Einsicht. Wie kann es dann möglich sein, dass du zwei Wochen später deine Frau erneut wegen einer Kleinigkeit zusammenscheißt? Weil du jetzt im Gegensatz zu ihr bereits erleuchtet bist und sie noch ein Dummchen ist?

Nein: *Du* bist wieder ein Dummchen geworden, weil du einen Rückfall erlitten und deine Erleuchtung komplett vergessen hast. *So wirkt nämlich die Macht der Gewohnheit.* Wie du merkst, heißt sie nicht umsonst so.

Es reicht also nicht, irgendwann spontan eine Erleuchtungserfahrung zu machen, sondern du musst dich auch *danach* immer wieder dafür entscheiden – *für das Licht,* statt für deine alten Gewohnheiten. Das gilt für alle deine Erleuchtungen, für die kleinen wie für die großen. Kleine Erleuchtungen wirst du in deinem Alltag öfter haben und sie wieder vergessen. *Jedes Aha-Erlebnis ist ja bereits eine kleine Erleuchtung* und sogar einem Volltrottel widerfahren sie gelegentlich. Der vergisst sie aber meist besonders schnell.

Halte durch: *Du wirst zwar weiterhin deine Rückfälle haben, aber dein Bewusstsein wird sich durch jede Erleuchtungserfahrung verändern und kann nie mehr ganz zurück zu dem Zustand vorher. Du wirst dich in gewissen Momenten wieder daran erinnern.*

Wenn du jedoch so bleiben willst wie du jetzt bist, dann musst du Erleuchtungen unbedingt verhindern. Du musst quasi die Sache schon im Keim ersticken. Das ist zwar nicht einfach, aber es geht, wie ich bisher hoffentlich ausreichend dargelegt habe, etwa an den Stellen über Expertentum. Der Preis dafür ist allerdings hoch.

Wir brauchen die Kontrolle über unsere Programme, wenn nicht weiterhin die Macht der Gewohnheit unser Leben bestimmen soll. Wir müssen sie identifizieren, damit wir in die Lage kommen, sie zu steuern – *durch unseren »Meta-Programmierer«.* Erst der ist fähig, *bewusst* zwischen den verschiedensten Realitätstunneln zu wählen *und sie auch als solche zu erkennen, anstatt sie mit der Wirklichkeit zu verwechseln.* Erst dieser Meta-Programmierer ist imstand, zwischen Einbildungen und Tatsachen zu unterscheiden. Er ist sozusagen die erste bleibende Erleuchtung, weil er im Licht der Bewusstheit tätig ist, anstatt ein Automat zu sein wie der Beobachter, der zu den diversen »Persönlichkeiten« des Bio-Roboters gehört.

Das Ausbilden dieses Metaprogrammierers erfordert jedoch Übung. Ich hoffe, dass dir meine Ausführungen über die grundsätzlichen Probleme der Menschwerdung dabei helfen, weil das Wissen darum eine der Voraussetzungen ist, das Problem überhaupt zu lösen. Wenn ich ein Problem nicht einmal erkenne, wie soll ich es lösen?

Wenn du echtes Pech hast, dann hast du jedoch in deinem Leben derartig viel Dusel, dass du keine Chance mehr hast, jemals zu erkennen, dass du ein ganz grundsätzliches Problem hast, das du lösen musst, wenn du der bewusste Schöpfer deiner Welt sein willst, anstatt ein Bio-Roboter zu bleiben, der sich einbildet, bereits ein Mensch zu sein – der aber cin Bio-Roboter bleibt, obwohl er Oberaffe geworden ist in einer möglicherweise riesigen Horde. Es gibt einen Sufi-Fluch in dem Zusammenhang: *Mögen alle deine Wünsche in Erfüllung gehen!*

Damit verweilst du in der Hölle.

Du darfst aber gedämpft optimistisch bleiben, denn es gibt auch hierbei einen Punkt, ab dem die Sache ein Selbstläufer wird, genau wie bei allen anderen Fertigkeiten, die du bisher erlernt hast. Bei jeder Sache, die du wirklich lernen willst, kommst du ja irgendwann an die Stelle, an der du begreifst, worum es dabei überhaupt geht und ab da bist du in der Lage, dich zunächst auf einer gewissen Ebene selbst zu kontrollieren und anzuleiten. Du erkennst dann schnell, wenn du einen Fehler gemacht hast und kannst ihn daher umgehend selber korrigieren.

Bis zu diesem Punkt brauchst du aber wohl einen guten Lehrer, der diese Aufgabe für dich übernimmt. (Hüte dich jedoch vor solchen, die sich dabei unentbehrlich machen wollen!) Solltest du diesen Punkt bereits erreicht haben, gratuliere ich dir von Herzen.

Aber danach geht's wirklich ans Eingemachte! Willst du jetzt noch deine Mutation zum Außerirdischen schaffen, dann musst du bereit sein zu sterben.

Warum der Bio-Roboter sich selbst programmieren und Mensch werden kann

Irre sind menschlich.

(EINDEUTIGER SACHVERHALT)

Wie erwähnt verfügen die nackten Affen seit Jahrtausenden über die Voraussetzungen, um vom derzeitigen Zwischenstadium, ihrem Larvendasein, zum »Übermenschen« zu mutieren. Ihr Glaube, dass ihnen dazu noch etwas fehlen würde, ist eines der Hindernisse, warum es bisher so wenig geschafft haben. Wenn sie einen richtigen Außerirdischen doch einmal zu Gesicht bekommen haben, waren sie sofort davon überzeugt, dass der ganz anders sei als sie selbst und beteten ihn daher an, oder sie brachten ihn vorsichtshalber gleich um.

Viele dieser Außerirdischen haben deutlich darauf hingewiesen, dass es keinen grundsätzlichen Unterschied zu ihnen gibt: »Was immer ich getan habe, das könnt ihr ebenso tun!« So hat sich einer von ihnen ausgedrückt. Die nackten Affen jedoch beweisen auch heute noch sofort, dass sie selber keinesfalls so sein können und wollen daher, dass der erschienene Außerirdische mit seinen übermenschlichen Fähigkeiten alle ihre Probleme lösen soll, wenn er denn schon mal da ist, weil sie selber dazu nicht in der Lage seien.

Diese faulen Säcke!

Aber jedes dieser Gewohnheitstiere könnte letztendlich zum Außerirdischen mutieren, indem es anfängt, seine weiterführenden Schaltkreise zu entwickeln, damit es zu einem wirklichen Gottwesen wird; mit größter Wahrscheinlichkeit werden ihm diese neuen Schaltkreise nach ihrer Entfaltung die *absolute* Kontrolle über seine Existenz ermöglichen.

An dieser Stelle muss ich nun einräumen, dass meine Erfahrungen in diesem Bereich vergleichsweise gering sind. Aufgrund eigener Erlebnisse, häufig auch mit Hilfe psychedelischer Substanzen wie LSD, Psilocybin, Mescalin und Cannabis induziert, halte ich Learys Behauptungen allerdings für möglicherweise wahr. Ich vermute, dass Leary tatsächlich gewisse Dinge genauer erkannt hat, obwohl er sie selbst nicht sonderlich weit realisierte. Jedenfalls orientiere ich mich auch hier an dem, was er beispielsweise in seinem Buch Info-Psychologie skizzierte, selbst wenn ich es etwas anders darstellen werde. Er war der Ansicht, dass wir über vier weitere Schaltkreise verfügen, die aber nicht mehr automatisch programmiert werden, so wie das bei den ersten vier geschehen ist:

1. Der fünfte, der *neuro-somatische Schaltkreis,* würde nun solche Erfahrungen ermöglichen, wie sie in Berichten skizziert werden, die als Berichte über Wunderheilungen angesehen werden. Gesundbeten, Spontanremissionen von Krebs, extreme Regenerationen in kurzer Zeit, Heilungseffekte durch Hypnose und dergleichen wären Beispiele dafür, dass der fünfte Schaltkreis bereits aktiviert werden konnte. Hinweise darauf sind auch ekstatische Zustände und solche, die bereits als »echte Erleuchtung« angesehen werden. Meist sind diese Fähigkeiten zeitlich beschränkt und nicht dauerhaft; nur wenige haben darüber eine Kontrolle. Durch diverse Techniken wie Yoga und auch durch die kontrollierte Einnahme gewisser Drogen wie Cannabis oder LSD kann dieser Schaltkreis aktiviert werden. Allerdings kann es dabei passieren, dass eine unkontrollierte Aktivierung äußerst unangenehme Wirkungen hat: psychoseartige Zustände oder extreme Über-

empfindlichkeiten zum Bespiel. Man hat danach einiges zu tun, um das anschließend in die rechten Bahnen zu lenken – sofern die derzeitige Psychiatrie mit ihren mittelalterlichen Therapiemethoden einen nicht davon abhält.

Eins ist ziemlich sicher: Die Aktivierung dieses fünften Schaltkreises löst Abwehrprozesse der ersten vier Schaltkreise aus, die ja auf Überlebens-Sicherheit ausgelegt sind; und dein Ego will Unkontrollierbares mit oft radikalen Mitteln verhindern. Eine gewisse Anleitung ist dabei also nötig, wenn du unangenehme Überraschungen vermeiden willst. Viele schnappen an der Stelle auch über, indem sie sich mordsmäßig was auf derartige Erfahrungen einbilden. Das ist ganz gefährlich, aber ein beliebter Trick des Egos, das damit weiter die Kontrolle behalten wird.

2. Der *neuro-genetische Schaltkreis* würde als sechster den *erfahrungsmäßigen* Zugang zu Informationen der DNS ermöglichen. Dort sind alle Erinnerungen an unsere bisherige Evolution gespeichert, inclusive derjenigen an unsere Verwandtschaft mit allen Lebewesen. Es könnte sogar möglich sein, »Unsterblichkeitserfahrungen« zu machen, weil unsere DNS ja nicht wirklich mit unserem Körper abstirbt, sondern von unseren Ahnen empfangen und an unsere Kinder weitergegeben wurde. Sie ist das »Archiv« für unsere gesamte Entwicklung, *auch unserer künftigen Entwicklungsmöglichkeiten,* die darin bereits angelegt sind.

Vielleicht ist die Reinkarnationslehre deswegen entstanden, weil schon vor langer Zeit immer wieder ein paar Leute diesen Schaltkreis aktivieren konnten und so in dieses Archiv gerieten.

Dieser Schaltkreis kann offenbar ebenfalls mit starken Dosen von LSD – und mit viel Glück dabei – wenigstens zeitweise aktiviert werden. Er bleibt aber zunächst selten stabil, sondern du plumpst danach meist wieder zurück in dein normales Primatenbewusstsein, dem der ersten vier Schaltkreise. Aber du kannst dich an diese Erfahrungen ja wieder erinnern.

Es ist wahrscheinlich, dass du ohne Anleitung das temporäre Öffnen dieses Schaltkreises gar nicht richtig mitbekommst, sondern solche Erfahrungen eher für besonders beeindruckende Halluzinationen hältst. Mir sind bisher leider keine zuverlässigen Techniken bekannt, mit deren Hilfe ich bei mir diesen Schaltkreis kontrolliert aktiviert halten könnte. Vermutlich ist auch das eine Übungssache.

Weitere Hinweise auf ein Öffnen dieses Schaltkreises sind Erfahrungen von Einheit mit allem Leben auf diesem Planeten und das bewusste Erfassen »bedeutungsvoller Zufälle«; C. G. Jung hat dafür den Begriff »Synchronizität« vorgeschlagen. Es handelt sich hierbei um Einsichten in komplexe, übergeordnete Zusammenhänge, zu denen unser Verstand keinen Zugang hat und daher sofort anfangen wird, sie wegzuerklären, falls sie zufällig doch erfahrbar wurden.

3. Den siebten Schaltkreis könnte man den *metaprogrammierenden Schaltkreis* nennen und sich damit an Robert A. Wilsons Vorschlag halten; er hat sich in seinem Buch »Der neue Prometheus« ausführlicher als ich mit der ganzen Schaltkreisthematik befasst.

Eine Öffnung dieses siebten Schaltkreises würde nun die Neuprogrammierung aller bisherigen Schaltkreise ermöglichen: Du wirst dadurch zum Programmierer all deiner Programme und kannst damit sogar *deinen Metaprogrammierer* nach Belieben weiter programmieren, so dass er immer interessantere Programme schreibt – und ihn bei seiner Arbeit beobachten. Der Meta-Programmierer ist mit keinem seiner Programme mehr identifiziert, sondern er kann damit spielen und zum Meta-Programmierer seines Meta-Programmieres werden; du wirst damit zum Seienden und ewig Werdenden: Du hast jetzt längst aufgehört, eine multiple Persönlichkeit zu sein, sondern bist zum bewussten Schöpfer deiner Erfahrungen, deines Universums geworden.

Damit kommst du zu der überwältigenden Erkenntnis, dass dein unendlicher Geist, dein Hyper-Programmierer, wohl ein Wesen sein muss, das deshalb ein Universum erfunden hat, damit es sich darin selbst erkennen und auf ewig neu erschaffen kann.

Nach erfolgter Aktivierung dieses Schaltkreises bist du vermutlich in der Lage, bei anderen, sofern deren Einverständnis vorliegt, unmittelbare Heilung zu bewirken oder ihnen zeitweise zu so genannten übersinnlichen Erfahrungen zu verhelfen. Jedenfalls kannst du in diesem Zustand bereits als Katalysator dienen für deren Öffnung der höheren Schaltkreise und bist fähig zu kontrollierter telepathischer Kommunikation.

Versuche jetzt einmal als *Übung,* dir für mindestens zwanzig Minuten vorzustellen, dass du selber das Universum bist, das du gerade erfährst und achte darauf, wie oft und wie schnell du in die alte Vorstellung zurück fällst, das Universum sei außerhalb von dir.

Alle Erfahrungen der *Einheit von Beobachter und Beobachtetem* gehören zu dieser Wirklichkeit des »Ich bin der Seiende, der ewig Werdende«. *Es gibt nichts außerhalb deines Geistes!*

4. Der *nicht-örtliche Quantenschaltkreis* wäre der achte. Er würde Erfahrungen ermöglichen, die zeigen, dass Bewusstsein nicht an

einen Körper oder einen sonstigen Ort gebunden ist, sondern frei ist von *jeglichen* Beschränkungen der Materie-Raum-Zeit, deren Gesetzmäßigkeiten wir ja mit unserem Primatenbewusstsein völlig zu unterliegen scheinen. *Geist als Information* hingegen ist unabhängig von Zeit und Raum und daher wären in diesem Bereich »Zeitreisen« sehr wohl möglich, denn der Geist ist nun angeschlossen an *Alles-Was-Ist* und daher auch an alles, was jemals war und noch sein wird: *Kosmische Einheit. Nirwana.*

Hierfür gibt es ebenfalls *temporäre* Hilfsmittel, die jedoch nur unter genauer Anleitung benutzt werden sollten und möglichst unerkannt von unseren Behörden, beispielsweise ein Aufenthalt im so genannten »Isoliertank« bei vorheriger Einnahme starker Dosen LSD oder einer subkutanen Ketamininjektion, wobei letzteres riskanter ist und ein gewisses Suchtpotential aufweist.

Jahrelange vorbereitende Übung in kompetenter Begleitung ist sicher sehr ratsam, weil du sonst überschnappen und in der Klapsmühle landen wirst, aus der du vermutlich bis zu deinem Lebensende nicht mehr herauskommst.

Wenig empfehlenswert für das Öffnen dieses Schaltkreises wäre eine Nahtod-Erfahrung, denn diese zu steuern ist fast noch schwerer. Es ist jedenfalls zu beobachten, dass Menschen mit einer derartigen Erfahrung anschließend die Angst vor dem Tod verloren haben und sich vor außerkörperlichen Erfahrungen nicht mehr fürchten.

Ich halte es für unwahrscheinlich, dass der achte Schaltkreis bereits in jungen Jahren geöffnet werden kann und schätze, dass der Adept älter als vierzig Jahre sein sollte und viel Training hinter sich haben muss, denn die »Gesetze«, die dir vertraut sind, so lange du mit deinem Körper verbunden bist, gelten nicht mehr, sobald dieser Schaltkreis geöffnet ist. Die Stabilisierung des achten Schaltkreises wäre dann ein Zeichen, dass wir unsere Bestimmung realisiert haben: *Wir sind jetzt Gott.*

So, und jetzt trinkst du erstmal ein Bier und beruhigst dich wieder. Möglicherweise gelingt es dir danach, diesen Abschnitt als Skizze für eine künftige Entwicklung der Menschheit zu sehen, anstatt mich endgültig für bescheuert zu erklären und zusätzlich zu behaupten, dass ich dich zum Konsum illegaler Drogen anstiften würde.

Warum wir für die Menschwerdung durch das Chaos müssen

Isaak Silberstein kommt überraschend zu viel Geld
und kann sich endlich einen Jugendtraum erfüllen:
Einmal Skiurlaub in Sankt Moritz.
Als er erstmals losrutscht, verliert er jedoch die Kontrolle,
kommt von der Piste ab und stürzt einen Abhang hinunter.
Im letzten Moment erwischt er einen Busch,
der aus der Steilwand wächst.
Da hängt er nun: fünf Meter unterhalb der Kante,
hundertfünfzig Meter nach ganz unten, und fernab der Piste.
Er ruft also: »Ist hier jemand?« –
Keine Reaktion (außer dem Echo).
Als er einige Male vergeblich gerufen hat,
ertönt plötzlich eine Stimme:
»Lass' den Busch los, mein Sohn, und ich werde dich retten.«
Isaak schweigt drei Sekunden, dann schreit er:
»Ist hier noch jemand?«

Irdische haben eine Unmenge an Anleitungen erfunden, wie man seine Programmierung mit der Zeit überwinden kann, wenn man nur lang genug übt. Einige davon funktionieren recht gut, wenn man damit seine ungünstigen Prägungen auf dem Bio-Überlebens-Schaltkreis ändern will, etwa das gründliche Erlernen einer Kampfkunst; am besten wäre da wohl Ai-Ki-Do. Keine dieser Anleitungen hilft dir aber, den endgültigen Sprung, deine Mutation zurück zum Außerirdischen zu schaffen, weil sie die Illusion fördern, dass man mit »Machen« diesen Sprung kontrollieren könnte. Das geht jedoch nicht.

Immerhin lebt es sich deutlich leichter, wenn man eine Prägung auf dem ersten Schaltkreis soweit korrigieren konnte, dass man sich jederzeit sicher fühlt. Aber für eine Öffnung der höheren Schaltkreise reicht das allein offenbar nicht aus: Alle wichtigen Überlieferungen von bereits mutierten Ex-Irdischen haben nämlich etwas gemeinsam: *Sie stellen übereinstimmend fest, dass man zuerst auf eine gewisse Weise sterben muss, damit man wiedergeboren werden kann.*

Die meisten Irdischen nehmen das wörtlich und glauben deshalb, dass man zuerst körperlich sterben muss, damit man *danach* in einen Himmel kommen kann – sofern man dauernd brav war. Das ist aber magischer Kinderkram und nur eingefleischte Fundamentalisten halten das für wahr (davon gibt es allerdings eine ganze Menge in allen Kulturen). Es geht darum, *diesen Sprung so gut es geht körperlich unversehrt zu überstehen,* damit der »Übermensch« sich anschließend daran machen kann, nicht nur sich selbst endlich zu er-*lösen* von seinem Schimpansen-Erbe, das ihm seine gute Mutter Natur zur Verfügung gestellt hat, sondern dass er in dieser Lebenszeit, die er gewählt hat, möglichst vielen seiner schlafenden Brüder zum Aufwachen aus ihrer wirren Traumzeit verhilft, damit diese ebenfalls die Wahrheit erkennen und frei sind wie Götter. Alle derartig Transformierten wollten mit ihrer völlig neuen Art, in der Welt zu *sein,* eine wichtige Lehre verbreiten: »Alles, was ich getan habe, das könnt ihr ebenfalls tun!« So hat es ein bekannter Außerirdischer vor etwa zweitausend Jahren zu seinen Jungs gesagt und ihnen wohl doch einiges beigebracht. (Wenn dir also einer damit kommen will, dass er etwas kann, was du nie können wirst, dann verzieh' dich lieber – es sei denn, du willst ein Affe bleiben, der einen tollen Oberaffen sucht, dem er jetzt nachrennen und ihn lausen darf.)

Aber was soll sonst damit gemeint sein, dass wir zuerst sterben müssen?

Es ist die Beschreibung des Sachverhaltes, dass wir uns wieder in solche Erfahrungsbereiche begeben müssen, denen wir durch unsere Prägungen auf den ersten vier Schaltkreisen doch zu entkommen trachteten: Wir wollten Sicherheit und Ordnung, damit wir überleben, statt der Vernichtung anheim zu fallen. Wir wollten Kontrolle über alles haben, was wir uns einbilden zu brauchen, damit wir biologisch überleben können. Auf diese Kontrolle, die ohnehin immer illusorisch war, müssen wir jetzt verzichten, damit wir eine *echte* Kontrolle über unser Leben haben. *Die Ausprägung der höheren Schaltkreise erfordert nämlich, dass wir uns erneut in den Bereich der völligen Unsicherheit begeben.* Das Ego mit seinen alten Programmen sperrt sich dagegen äußerst vehement, meist indem an diesen Stellen Todesangst auftritt.

Eine harmlosere Methode des Egos wäre die Aktivierung unseres inneren Schweinehundes, der uns zügig wieder weg bringt von der Grenze zum Erwachen. Du weißt ja bereits, wie gründlich der deine schönen Pläne sabotieren kann.

Wir können uns zwar sehr wohl mit diversen Übungen an diese Schwelle herantasten, die den Übergang zum nächst höheren Schaltkreis ermöglicht, aber unweigerlich tritt an einem Punkt dann eine Art Panik auf, die zum ersten Schaltkreis gehört.

Wir müssen wohl oder übel die Kunst des Sterbens lernen, und zwar komplett, was bedeutet, dass wir auch die Angst vor dem körperlichen Tod überwinden. Dass das möglich ist, wurde auf diesem Planeten bereits oft genug demonstriert.

Damit diese höheren Schaltkreise entwickelt werden können, müssen also unsere Überlebensschaltkreise neu geprägt werden. In manchen Geheimgesellschaften wurden zu diesem Zweck Rituale entwickelt, die dem Adepten die Illusion verpassten, dass er jetzt tatsächlich sterben wird: Er bekam Todesangst und konnte »wiedergeboren« werden. Der Magus freute sich danach und sprach zu ihm: »Willkommen im Klub!« Oder so ähnlich.

Es genügt natürlich nicht, nur jemanden in Todesangst zu versetzen, damit er neu geboren wird, sonst wäre hier längst alles von erwachten Außerirdischen bevölkert. Dieser Zustand von Todesangst muss nämlich gezielt dazu genutzt werden, diese ersten Schaltkreise neu zu prägen, indem nun *ausreichend einprägsame neue Erfahrungen* gemacht werden.

Es ist ratsam, genau zu wissen, wie man dabei vorgeht, weil es sich auch dabei um eine Art von Gehirnwäsche handelt, genau wie bei den ersten Prägungen, und so etwas geht schnell mal in die Hose. Wie es aussieht, kannst du die Schwelle zu diesen höheren Schaltkreisen nicht alleine erreichen, sondern du brauchst andere, die dir helfen, sie zu erreichen. Gott sei Dank gibt es davon genug, denn es muss am Anfang nicht gleich ein toller Guru sein, der dich dort hin bringt und dich dann über die Schwelle schubst. Eigentlich ist jeder deiner Mitmenschen dafür geeignet, sobald er wichtig genug für dich ist, damit er dich in eine »existenzielle« Krise bringen kann. Damit kann deine Neuprägung beginnen, falls du bereits ausreichend geschult bist. Falls nicht, wirst du schnell wieder zu deinen alten Gewohnheiten zurückkehren.

Aber für erste **Übungen** reicht zunächst jede Situation, in der du Angst bekommst und daher lieber auf Nummer Sicher gehen willst: Du kannst in jeder dieser Situationen entscheiden, etwas zu riskieren. Das heißt, du triffst eine Entscheidung, bei der du dir nicht sicher bist, wie es danach tatsächlich weitergeht. Du kannst beispielsweise riskieren, die Erwartung eines Mitmenschen – meinetwegen deiner Frau, wenn du dich traust – *nicht* zu erfüllen, wenn du merkst, dass dir das nicht passt. (Genau! Es geht zunächst um die Entbindung der Mutter.) Aber sei achtsam: Wenn du dir sicher bist, dass deine Frau dein Verweigern schluckt, weil sie Angst hat, dich zu verlieren, gehst du kein Risiko ein und bildest dir nur ein, dass du bereits ein freier Mensch wärst; dabei bist du immer noch wie ein trotziges kleines Kind. Wenn du die Sache überziehst und sie irgendwann von dir die Schnauze voll hat und dich verlässt, wirst du aber schnell merken, was wirklich los ist mit dir.

Du wirst bei deinen Startversuchen in höhere Gefilde jedenfalls bemerken, dass du auf ein Grundproblem stößt, das bei *jeder* Art von Veränderung auftritt: *Jede Veränderung* wird vom Ego als gefährlich angesehen, weil seine Programme ja zur Absicherung entstanden sind und dir weiterhin als optimal erscheinen. Wenn du an diesen Stellen nicht wagst, in den Bereich der Unsicherheit zu geraten, kommst du nicht weiter, sondern hast eben nur wieder einmal Recht gehabt. Falls du denkst, dass es wohl schon reicht, lange genug auf die rechte Art zu meditieren, hast du dich getäuscht. Es gibt da eine Art von Gesetz:

Großes Glück erfordert großes Risiko,

kleines Glück erfordert eben nur kleines Risiko.

Wenn du aber eine Erfolgsgarantie haben willst, dann bleibt es eben, wie es ist. In diesem Dämmerzustand brauchst du den Dusel der Dussel, wenn du hier Glück haben willst, und der hört irgendwann auf.

Je radikaler die Veränderung sein soll, desto mehr Bereitschaft erfordert es, sich einzulassen auf Prozesse, die du zunächst nicht kontrollieren kannst. Das erzeugt beim Ego Todesangst – zu Recht.

Warum trotz allem Hoffnung besteht

»Herr Doktor, Sie sollten mich endlich entlassen!«
»Nun: Hören Sie denn noch immer diese Stimme?«
»Ja, natürlich!«
»Und was sagt die?«
»Dass Sie mich endlich entlassen sollen!«
(EINE WAHRE GESCHICHTE)

Das meiste, was ich geschrieben habe, klingt ja nicht gerade so, dass man optimistisch sein könnte hinsichtlich der künftigen Entwicklung der Menschheit, die bisher überwiegend aus Irdischen besteht. Die Mutter Natur hat jedoch alles getan, was ihr möglich ist, damit der nächste Evolutions*sprung* stattfinden kann. Wir alle sind also bereits mit den entsprechenden Voraussetzungen ausgestattet, und das schon seit langer Zeit. Deswegen ist es seit einigen Jahrtausenden die Sache jedes Einzelnen, ob er diesen Sprung wagt. Die Informationen zur Vorbereitung darauf sind vielfältig und inzwischen für jedermann leicht zu bekommen – im Gegensatz zu früheren Zeiten, wo dieses Wissen noch geheim gehalten wurde und nur für wenige verfügbar war. Von diesen Wenigen sind immer wieder Einzelne in die Öffentlichkeit gegangen, um zu demonstrieren, was menschenmöglich ist. Einige von denen haben diesen Liebesdienst an den Irdischen mit ihrem Leben bezahlt – *freiwillig.*

Die Chancen und Möglichkeiten für eine radikale Transformation zum Außerirdischen sind so groß wie noch nie auf diesem Planeten. Je mehr diesen radikalen Sprung riskieren, desto größer wäre dann die Chance der »Zurückgebliebenen« (ein schönes Wortspiel, nicht wahr?), diese Transformation später ebenfalls zu schaffen, weil wir trotz unserer offensichtlichen Blindheit dafür in Wirklichkeit alle miteinander verbunden sind. Was jeder einzelne von uns treibt und wie er dabei drauf ist, hat daher auf das Gesamte eine Wirkung. Genau wie die kollektiv geschaffene Kultur auf uns zurückwirkt und so fast alle unsere Programmierungen »bestätigt«, genau so können wir auf dieses kollektive »Feld« der Menschheit zurückwirken, anstatt programmierte nackte Affen zu bleiben, die sich zwar einbilden, bereits menschlich zu sein, die jedoch nur ihre »upgedateten« Schimpansen-Überlebensprogramme ausführen.

Es lohnt sich, wenn du dich gleich an die Arbeit machst in der Hoffnung, ebenfalls zu einem Außerirdischen zu mutieren; es lohnt sich schon der Versuch, selbst wenn du während deiner Lebenszeit den Endsieg nicht schaffst, und du tust es auch für alle, die mit dir verbunden sind. Es ist sogar sehr wahrscheinlich, dass du damit für den gesamten Planeten etwas bewirkst, ohne dass du das unbedingt direkt beobachten kannst. Lass' dich also nicht entmutigen, wenn dein Mühen für dich nicht sofort sichtbare Auswirkungen auf andere zu haben scheint.

Wenn dir das Problem der Menschwerdung inzwischen etwas klarer geworden ist, dann hast du bereits viel erreicht, weil Einsicht der erste Weg zur Selbstkorrektur ist. Mach' dich sofort an die Arbeit. Du wirst bald geeignete Unterstützung bekommen. *Und sie wird anders ausfallen, als du jetzt denkst.* Du kannst ja vorher noch meine Literaturhinweise studieren und dort etwas finden, was dir bei der Entscheidung deines nächsten Schrittes hilft – etwa das Buch von Michael Murphy. Aber denk' daran: *Nur deine veränderte Praxis hat Wirkung und nicht die veränderten Erklärungen deiner alten Gewohnheiten!*

Noch eine *Übung* für dich:

Suche täglich in den diversen Medien und in deinem Alltag nach Hinweisen darauf, dass sich auf diesem Planeten längst Entwicklungen zeigen in der Art, dass ganzheitliches Denken und Vernetzungen sich auszubreiten beginnen. Beobachte, wo und zu welch hoffnungsvollem Zweck sich Irdische inzwischen vereinigen, um gemeinsam Ziele zu erreichen, die für alle Lebewesen gut wären. Ich halte es für günstiger, wenn du jetzt selber suchst, anstatt hier eine Liste zu erwarten, die du ohnehin nur zerpflücken würdest.

Bedenke auch Folgendes:

Ohne die bisherige Entwicklung der Irdischen wären kaum die notwendigen Voraussetzungen gegeben, sich um die Öffnung der höheren Schaltkreise zu kümmern. Wie sagte schon Bert Brecht: »Erst kommt das Fressen, dann die Moral.« Wir haben inzwischen einen Stand der Technik und der Informationsverbreitung erreicht, dass die gesamte Menschheit gut versorgt sein könnte und keiner mehr verhungern müsste – nicht durch Nahrungsmangel und nicht durch Informationsmangel, vulgo Dummheit genannt. Nur unser kollektives Primatenbewusstsein verhindert noch, dass täglich Millionen zu Außerirdischen mutieren, anstatt ein paar tausend pro Jahrhundert; damit würde die Chance immens vergrößert, dass auch der Rest es endlich schafft. Die Theorie der morphischen Felder von Rupert Sheldrake scheint ausreichend belegt zu sein und gibt Anlass zur Hoffnung, dass die kritische Masse bald erreicht sein könnte, wodurch die ganze Angelegenheit dann enorm beschleunigt würde.

Und nun präge dir Folgendes ein und lerne es am besten auswendig wie ein Mantra. Diese Sache wird leicht in deinen Neuronen hängen bleiben, wenn du sie oft genug wiederholst:

Nochmals vorneweg, wenn's dir weiter Spaß macht:
Zum Erzeugen von Problemen brauchst du
berechtigte Urteile,
jede Menge berechtigter Erwartungen,
die Überzeugung, dass jede deiner Wahrnehmungen wahr ist,
die Überzeugung, dass die Ursachen deiner Probleme außerhalb von dir liegen
und die Überzeugung, dass dir noch etwas Wichtiges fehlen würde, um sie zu lösen.

Willst du raus aus deinem Mist, dann halte zunächst folgende Angelegenheiten getrennt:
Deine Angelegenheiten,
die Angelegenheiten der anderen
und die Angelegenheiten, die die Welt betreffen.
(Es ist dir hoffentlich klar, dass du nicht klüger bist als Gott)
Fange mit deiner Weltveränderung bei dir selbst an, anstatt andere belehren zu wollen.

Tue was du willst und vermeide dabei Gewalt …
aber hör' auf, dich dauernd am Arsch zu kratzen,
sondern kauf' dir endlich eine Salbe für deine Hämorrhoiden.

Benutze dein eigenes Hirn, anstatt irgendetwas einfach zu glauben. *Schau nach,* statt nur nachzudenken.

Und zum Schluss eine weitere kleine *Übung:*

Lies das Buch noch einmal und versuche dabei herauszufinden, in welchem Realitätstunnel ich mich in den diversen Abschnitten jeweils befunden habe.

Untersuche aufmerksam, wo ich urteile und pass' genau auf, dass du unterscheiden kannst, wo du nur *denkst,* dass ich urteile.

Versuche präzise zu diagnostizieren, ob ich eher analfixiert, manifest depressiv, ein Macho-Arschloch oder nur ein N. N. (Normal-Neurotiker) bin.

Zur Belohnung darfst du dir anschließend einen runterholen.

Offene Weite – nichts von heilig.

(ZEN-BUDDHISTISCH)

Über den Autor

Hans Jakob Beranek ist am 8. Februar 1948 geboren. Er stammt aus der unteren Gesellschaftsschicht: Sein Vater Johann war Schrankenwärter, die Mutter Frieda Arbeiterin, und sie gaben ihr Bestes, ihn und seine zwei jüngeren Brüder in schwierigen Zeiten durchzubringen.

Mit Beginn der Oberstufe des Gymnasiums brach er diese Schule ab. Danach arbeitete er – wenn er nicht gerade in eher illegalen Sparten tätig war – in diversen Bereichen, z. B. auf dem Bau, als Stahlbaumonteur, als Siebdrucker oder als Gelegenheitsarbeiter für alles Mögliche. Aus seiner ersten Ehe, die er mit zwanzig Jahren einging, stammen zwei Söhne. Dieser guten Frau gelang es jedoch nicht, ihn zu einem ordentlichen Familienvater zu machen und sie hatte mit ihm sechs Jahre ein schweres Leben, ehe sie entmutigt die Scheidung einreichte.

Nach einigen Jahren in einer »Kommune«, wie es damals hieß, mit Sex, Drogen, »Rock 'n' Roll« und viel Idealismus, geriet er eher zufällig wieder in eine Richtung, die endlich zu einigen allgemein akzeptierten Ergebnissen führte: Er konnte trotz Vorstrafen die Hochschulreife erwerben und zunächst ein Studium der Sozialpädagogik abschließen. Nach drei Jahren als Angestellter in diesem Beruf, in denen er hauptsächlich mit Haftentlassenen arbeitete, begann er ein Psychologiestudium; nebenher konnte er noch Psycholinguistik, Sprechwissenschaft und Phonetik studieren und Philosophie-Vorlesungen belegen. Bereits vor dem offiziellen Abschluss des Studiums begann er eine gut fünfjährige Tätigkeit als psychologischer Leiter einer Beratungsstelle. Seit 1990 ist er in eigener Praxis niedergelassen, die er nach seiner Psychotherapieausbildung und einer zusätzlichen Fortbildung in klinischer Hypnose zunächst in Rosenheim eröffnet hatte. Eine weitere Fortbildung zum so genannten »Systemaufsteller« folgte. Er lernte im Lauf der Jahre unter anderem die Arbeitsweisen von Bert Hellinger, Ernest Rossi, Ron Kurtz und Hunter Beaumont bei ihnen persönlich näher kennen und schätzen.

Die schon seit seiner Jugend eher unkontrollierte Erfahrung unterschiedlichster Realitätstunnel – auch solcher, die drogeninduziert waren – führten zwar immer wieder zu Aha-Erfahrungen, aber auch zu massiven Lebenskrisen und einer kurzen Inhaftierung; sie haben ihm letztlich doch zu einer ziemlichen Flexibilität in Bezug auf Einfühlungsvermögen, Verständnis anderer und kluger Lebensführung verholfen, anstatt ihn umzubringen.

Seine Liebe zur Musik der sechziger und siebziger Jahre zeigte sich zwar darin, dass er mehr als zwei Jahrzehnte in verschiedenen Bands Mitglied war, aber selbst diese Tätigkeit half ihm nicht, sich enger in sozialen Organisationen zu engagieren. Er blieb Einzelgänger, war jedoch interessanterweise trotzdem der Ansicht, er sei ein sozialer und eigentlich recht friedlicher Mensch. Andererseits meinte er in gelegentlichen Anfällen von Einsicht, dass er nicht sein eigener Vater hätte sein wollen.

Nach etwa zwanzig Jahren eines bewegten Junggesellen-Lebens mit Beziehungen zu vielen und für ihn wichtigen Frauen lernte er seine zweite Frau Renate kennen; fünf Jahre später hat er sie geheiratet. Sie scheint einen wesentlichen Beitrag dazu geleistet zu haben, dass er allmählich zu sich kommt: »Ein kluger Mann hört sein Weib, ehe er entscheidet«, hat einmal jemand gesagt und es wirkte sich für ihn günstig aus, dass er sich endlich an den Rat gehalten hat. Dieser Umschwung war offenbar auch Folge einer weiteren enormen Krise, die er Mitte der neunziger Jahre zu überstehen hatte.

Sein psychotherapeutischer Ansatz ist am ehesten zu beschreiben als ganzheitlich, systemisch und lösungsorientiert. Er interessiert sich seit Langem für diverse Kampfkünste und für Zen-Buddhismus, was sich seiner Meinung nach als sehr nützlich für seine Arbeit erweist, sowie für nahezu jede Form von Literatur und Dokumentation, besonders, wenn sie neuartige Sichtweisen ermöglicht.

Seine offizielle Berufsbezeichnung lautet inzwischen:

Diplompsychologe, psychologischer Psychotherapeut und Supervisor. Aber er will auf seine alten Tage wohl noch ein Außerirdischer werden, obgleich das bisher keine offizielle Berufsbezeichnung ist.

Trotzdem:

Ente gut, alles gut.

(CHINESISCHE ERKENNTNIS)

Literaturhinweise

»Der Müllmann ist da!«
»Sag' ihm, wir brauchen nichts.«
(Groucho zu Chico Marx)

Bauer, Joachim: Warum ich fühle, wie du fühlst. Intuitive Kommunikation und das Geheimnis der Spiegelneurone. (Hamburg, 2005) Ein gut lesbares Buch über unsere eingebauten Antennen für »Empathie« – und warum Programmierungen auch ohne bewusste Absicht funktionieren.

Ders.: Das Gedächtnis des Körpers – Wie Beziehungen und Lebensstile unsere Gene steuern (Frankfurt a. Main, 2002) Herr Bauer beschreibt verständlich, wie unsere Programmierungen sich im Nervensystem des Bio-Roboters manifestieren und dass wir Chancen haben, diese Programme wieder zu verändern.

Beranek, Hans J.: Wege zur Freiheit. Eine unvollständige Sammlung offener Geheimnisse. Vorschläge zur Entwicklung einer radikalen Psychotherapie (NORA Verlag, Berlin 2005). Überlegungen zu Gott und der Welt und wie wir in die Lage kommen könnten, unser Leben selber zu bestimmen. Ganz unbescheiden empfehle ich hier mein Erstlingswerk – aber besser die korrigierte und ergänzte *Zweitausgabe von 2010.*

Berne, Eric, Dr. med.: Spiele der Erwachsenen. Psychologie der menschlichen Beziehungen. (Reinbek b. Hamburg, 1970) In diesem netten Taschenbuch sind die bekanntesten Spiele der erwachsenen Irdischen aufgeführt und mit anschaulichen Titeln versehen. Leicht lesbar.

Ders.: Was sagen Sie, nachdem Sie guten Tag gesagt haben? Psychologie des menschlichen Verhaltens. (München 1975) Noch empfehlenswerter – aber auch dicker und ausführlicher. Er beschreibt hier viele der Programme, die wir als kleine nackte Affen von unseren ersten Programmierern innerhalb der ersten sechs Lebensjahre verpasst bekommen.

Cleary, Thomas: Zu wissen, wann man kämpfen soll. Die japanische Kultur der Strategie. (Braunschweig 1991) Cleary promovierte in ostasiatischen Sprachen und Kulturen. Er lebte sechs Jahre in Japan und hat in diesem Buch die wichtigsten Prinzipien des Zen-Buddhismus dargestellt – und wie man »falsches Zen« identifizieren kann.

Feuerstein, Georg: Heilige Narren. Über die Weisheit ungewöhnlicher Lehrer. (Frankfurt/Main 1996) Dieser englische Indologe lebt in Kalifornien, liefert einen Überblick über eine bestimmte Art von spirituellen Lehrern, gibt gute Tipps zur Unterscheidung von echten und falschen Gurus und was auf dem »spirituellen Weg« sonst noch zu beachten ist.

Gladwell, Malcolm: BLINK! Die Macht des Moments. (Frankfurt/ Main, 2005) Es geht hier um intuitives Erkennen und wie man das üben kann.

Gold, Eugene J.: Dem Tod ist es egal, wie du stirbst. (Basel, 1986) Dieser Fan von Gurdjieff hat das Tibetische Totenbuch ins Amerikanische übersetzt. Sehr locker, der alte Herr.

Harding, Douglas: Zen und die Wiederentdeckung des Offensichtlichen (Basel 1986) Die Einfachheit des Offensichtlichen kann einem ja ganz schön zu schaffen machen! Ich liebe diesen alten Herren, der als gelernter Architekt eine Erleuchtung hatte bezüglich des richtigen Schauens. Dieses kleine Buch trägt den Titel zu Recht. Er starb 2007 mit fast 98 Jahren.

Leary, Timothy: Info-Psychologie. Ein Handbuch für den Gebrauch des menschlichen Nervensystems entsprechend den Instruktionen der

Hersteller. (Neuenkirchen 2006) Leary ist von den amerikanischen Behörden u. a. wegen seiner LSD-Forschungen verfolgt und dann zu dreißig Jahren Gefängnis verurteilt worden. Er ist ein Beispiel, wie Irdische mit jemandem umspringen, der ihr System bedrohen könnte. Leary starb 1996 an Krebs.

Lilly, John C.: Simulationen von Gott. Spielräume des menschlichen Bewusstseins (Basel 1986) Lilly war ein echter Wissenschaftler, der vor allem *eigene* Erfahrungen untersucht hat. Er hat zu dem Zweck den inzwischen »Samadhi-Tank« genannten Isoliertank erfunden, bzw. weiterentwickelt. In diesem Buch skizziert er diverse Programme und Meta-Programme. Er hat sich wirklich sehr tief in die Programmgeschichten eingelassen.

Ders.: Das Zentrum des Zyklons. Neue Wege der Bewusstseinserweiterung.(Aarau, 2000) Das Buch war eine Weile verboten, weil er darin u. a. etwas über LSD-Erfahrungen schrieb.

Moody, Raymond A.: Leben nach dem Tod. Die Erforschung einer unerklärten Erfahrung. (Reinbek b. Hamburg, 1977) Dr. Moody erforschte nahezu zeitgleich mit Frau Kübler-Ross Nahtoderfahrungen; die Beschreibungen geben eine Ahnung davon, wie sich die Öffnung höherer Schaltkreise in diesen Extremzuständen zeigt.

Mori, Masahiro: Die Buddha-Natur im Roboter. Gedanken eines Roboter-Ingenieurs über Wissenschaft und Religion. Vermittlung der Wahrheit und Prinzipien des Buddhismus in einer Sprache, die unseren modernen, wissenschaftlich orientieren Zeitalter gerecht wird und all jene anspricht, die sich ein glückliches, erfülltes Leben wünschen. (Freiburg i. Breisgau, 1985) Ein ausgesprochen langer Untertitel, nicht wahr. Jedenfalls kann dieser Japaner sehr gut beobachten und klar schlussfolgern. Ich befürchte aber, dass das Buch vergriffen ist.

Morris, Desmond: Das Tier Mensch. (Lizenzausgabe München 1996)
Herr Morris wurde bekannt durch sein Buch »Der nackte Affe«
und dafür von diversen »Affen« kräftig attackiert. Er ist Zoolo-
ge und Verhaltensforscher und beobachtet sehr gut; hier stellt
er auf recht lockere Art wichtige Informationen über unsere biologischen Programme zusammen.

*Murphy, Michael: Der Quantenmensch. Ein Blick in die Entfaltung
des menschlichen Potentials im 21. Jahrhundert. (Wessobrunn,
1994)* Murphy hat das berühmte Esalen-Institut in Kalifornien
gegründet und er hat sich mit diesem Buch viel Arbeit gemacht,
um Belege für außergewöhnliche Möglichkeiten des »nackten
Affen« und Methoden zu deren Entwicklung zusammenzustel-
len. Leider ist es gelegentlich mit Fremdwörtern gespickt.

*Popper, Karl R.: Objektive Erkenntnis. Ein evolutionärer Entwurf.
(Hamburg 1995, 3. Aufl.)* Wer es gerne etwas wissenschaftlicher
haben will – und kluge Köpfe schätzt – der kann Sir Karl Pop-
pers Ansichten hier zur Kenntnis nehmen und so zu mehr Klarheit kommen.

*Redfield, James: Die Prophezeiungen von Celestine. Ein Abenteuer.
(München 1993, 31. Aufl.)* Wer es etwas anders mag, der kann
ja diesen Roman lesen. Er schadet wohl nicht.

*Prigogine, Ilya; Stengers Isabelle: Dialog mit der Natur. Neue Wege
naturwissenschaftlichen Denkens. (München 1981, 2. Aufl.)* Dieser Nobelpreisträger hat etwas enorm Wichtiges entdeckt: Abgesehen von Wissenschaftsgeschichte geht es hier um die Selbst-
organisation von Ordnung.

*Segal, Suzanne: Kollision mit der Unendlichkeit. Ein Leben jenseits
des persönlichen Selbst. (Bielefeld 1997, 2. Aufl.)* Der Bericht einer Frau, die unfreiwillig eine radikale Erleuchtung erfuhr und
einige Jahre gebraucht hat, um damit klar zu kommen.

Sheldrake, Rupert: Der siebte Sinn des Menschen. Gedankenübertragung, Vorahnungen und andere unerklärliche Fähigkeiten (Frankfurt am Main 2006, 2. Aufl.) Er stellt eine Sammlung von Phänomenen vor, die den Schluss erzwingen, dass Getrenntheit nicht wirklich existiert und wir alle über erstaunliche Fähigkeiten verfügen.

Siegel, Bernie, Dr.med.: Prognose Hoffnung. Heilerfolge aus der Praxis eines mutigen Arztes (Lizenzausgabe Bindlach 1996) Dr. Siegel beschreibt hier, hauptsächlich an Beispielen von Krebskranken, wie Neuprogrammierungen möglich sind und danach sogar auf der zellulären Ebene des Körpers drastische Veränderungen beobachtbar werden.

Smothermon, Ron: Drehbuch für Meisterschaft im Leben (Originaltitel: Winning Through Enlightenment) (Bielefeld 1989, 5. Aufl.) Ich stimme Herrn Smothermon immens zu – auch wenn er manche Wörter anders verwendet als ich.

Wilson, Robert Anton: Der neue Prometheus. Die Evolution unserer Intelligenz. (Basel 1985) Wilson war ein kluger, belesener Amerikaner, der Kontakt zu vielen anderen klugen Köpfen hatte. Er beschreibt hier Grundprogrammierungen des biologischen Roboters und hält sich dabei an die Ansichten Timothy Learys. Er macht auch Vorschläge, wie wir es schaffen könnten, Selbstprogrammierer zu werden, war dabei aber wohl etwas zu optimistisch.

Wolinsky, Stephen: Das Tao des Chaos. Quantenbewusstsein und das Enneagramm. (Freibg. i. Breisgau, 1996) Stephen Wolinsky zeigt, warum wir durch das Chaos müssen, wenn wir weiterkommen wollen.